PEGGY O'DONNELL HEFFINGTON

沒有小孩的她們

一段女性抉擇生與不生的歷史

佩吉·歐唐納·海芬頓——著　廖素珊——譯

Without Children

The Long History of Not Being a Mother

獻給我的選擇家庭，[1]謝謝你們給我一個世界。
獻給我的小家庭，謝謝你們給我一個家。
你們知道你們是誰。

1 選擇家庭（chosen family），指一群沒有血緣，像家人般扶持彼此的家庭。

推薦序

我們／她們為什麼不生孩子？

高雄醫學大學性別研究所退休教授　成令方

「為什麼不生小孩？」這是個在當代很常見的問題。逢年過節、親友團聚，「要不要生」的問題除了引發空氣一陣尷尬，也可能讓被問者陷入自我懷疑的迴圈。在日常生活中，我們一定也對這些對話感到熟悉：「我很想要自己的孩子，看到別人的孩子，我都在流口水。」「女人若沒有成為母親，人生一定有很大的缺憾。」「一個家沒有孩子，哪像個家？」「三十出頭女人拉警報，要是不把握時間找對象，年紀大就不能生了。」「結婚這麼多年，怎麼一直生不出來？」「我一直沒遇到好的對象，正在考慮要不要去凍卵，以防年紀大了想生又生不出來。」「人生的意義是什麼？應該就是要傳承生命吧！」「我一點都不想結婚生子，我是不是不太正常？」有前述疑惑浮現心頭的讀者，我相信這本書能幫助妳平撫內心的焦慮與困惑。

《不生小孩的她們》的作者佩吉．海芬頓是一名歷史學家。她因為沒有生孩子，在社交場合上常感到非常格格不入。與她同齡的女性朋友經常把孩子當成聊天主題，讓她覺得自己像是外星人一樣無法融入。這時人們話題一轉，往往會問她有沒有小孩？為什麼不生小孩？長年累積的經驗讓她相當困惑，於是開始以「為什麼美國女人不生孩子？」作為研究的起點，寫下這本精彩的書。

作為一名很會說故事的歷史學家，佩吉．海芬頓經過多方蒐集爬梳資料後，將這本書分成六大章，試圖回答造成我們／她們不會、不能、不要、不敢生孩子的各種因素，但其中有一些女性雖然沒有生育過，卻也有照顧孩子的經驗（毛小孩不算，嘻！）透過書寫這些「女性不生育」的理由，海芬頓對大眾普遍抱持「不生孩子都是女人自己的決定！」的想法提出反駁。這種說法似乎把生育的重擔放在女人個體身上，並認為生育只是個人自由的選擇。然而，女人會做出如此決定，背後其實還深受她們身處時代的社會文化思潮、個人經濟條件、大環境政治動盪等複雜背景影響。海芬頓舉出在歷史與現世的案例，試圖說服讀者理解她們不會、不能、不要、不敢生孩子的處境。

在現代的避孕藥發明前，女人一輩子生十多個孩子是常見的。被稱為「避孕之母」，也是美國第一所節育診所的創始人瑪格麗特．桑格（Margaret Higgins Sanger，一八七九年一九六六年），就曾親眼目睹自己的母親歷經十八次懷孕後死亡。許多女性由於同時得生養小孩與辛苦勞動，造成健康受損，為了避免一再生育，有些人四處尋找流產草藥，或請秘密診所幫忙執行流產手術。從十九世紀開始，美國國會通過的《康斯托克法》嚴格禁止與懲罰女人節育，直到一九七三年的〈羅伊訴韋德案〉（Roe v. Wade）才判定人工流產合法化（可惜到了二〇二二年，該項判決被推翻）。然而，從女性長久避免／拒絕生育的歷史發展來看，早在人們發明現代避孕方法以及避孕合法化前，女性就已發展出「拒絕生育」的行動，其中原因從支撐家計、度過經濟大蕭條時期，到尋求階級流動不等。如此可見避孕的合法化與否，始終不是影響女性生不生的關鍵。

今日在談論育兒教養時，我們對照護者的想像，多半停留在母親（最多包含父親），可是十七、十八世紀的美國人並不這麼想。當時，前往美國開墾的移民社群以及被奴役的黑人，由於各自面對具有挑戰性的生存處境，而會以群體方式思考養育後代的問題。在十九世紀，很多家庭都會撫養過世或貧窮親戚的孩子，也會邀請鄰居加入養育行列，因此即便很多女人沒有生育經驗，卻有照顧小孩的豐富經驗。但是隨著工業社會發展，核心家庭逐漸成為社會上家庭結構的主流，許多男性以擁有一名在家照顧小孩的妻子，作為躋身中產階級的標誌。母親因此得單獨肩負養育孩子的責任，過著孤立的生活。不過，有一些黑人社群依然保持集體養育的習慣，因為他們深知在面對嚴峻的現實挑戰時，只將養育責任丟給個別母親是行不通的。孤立無援的處境只會更加減低人們生育的意願。

一九六〇年代，隨著第二波婦女運動蔓延，劃分女性與母性成為公開論辯的議題。法國知名的女性主義哲學家西蒙．波娃在她的經典著作《第二性》（*Le Deuxième Sexe*）中，寫下被世人傳頌的名句：「女人不是生而為女人，而是成為女人。」波娃主張女性應該與生孩子脫鉤，不再將母職視為自身的天命。一整個世代受到這一波革新浪潮啟發的女性，而開始走出家門。一九七〇年代大量進入職場的中產階級女性，可以說是六〇年代女性主義運動的小小成果。然而，現實的職場世界仍然存在揮之不去的性別歧視。無論是針對懷孕女性或母親的懲罰條款，或對單身職業婦女的訕笑偏見，女性打從起跑點開始就面對不平等的待遇，距離新聞媒體和影視文化中傳唱女人能「擁有一切」（Having it all）的神話，總是存在一道難以跨越的鴻溝。

除了女性要兼顧職業發展與母職的不易，六〇年代自然環境出現的警訊以及人口的爆炸性成長，讓許多人開始憂慮地球不再適宜人居。環保運動人士提出限制人口增長的主張、大眾對下一代孩子會生長在什麼環境的思索，匯流成對全體人類「少生一點」的訴求（儘管這種訴求也隱含種族、經濟地位、文化地位的不平等）。今日，當我們身處在一個氣候變遷已經不證自明的年代，眼看全球暖化、森林大火、極端氣候、傳染病肆虐等現象，交織成我們生存的現實，女性會對生育下一代感到遲疑就不那麼令人感到意外。

不生小孩的女性常會被想像成一群只想過無憂無慮人生的自私女人，但有一群女性其實是想生的，但她們無法生，因為不孕而飽受痛苦。可能有人會說，當今非常夯且高度商業化的生殖科技，讓很多女性能透過凍卵和採用試管嬰兒技術，完滿生育的欲望。但別忘了人工生育療程所費不貲，從女性凍卵、保存卵子，到將卵子提取出來受精著床的過程，每一個環節都需要高昂經費，並承受著最終依然受孕失敗的風險。無怪乎有人會說生殖科技是專屬於有錢人的服務，沒有足夠經費接受生育療程，或存夠經費投入療程、最終卻宣告失敗的女性，她們也是沒有小孩的她們，她們是自私的嗎？

換一個角度想，選擇不生小孩的女性，又是自私的嗎？自古以來，就有很多女人下定決心不生。在古代歐洲，有的女人放棄生育、投入教會，成為知名宗教領袖、寫下對宗教有很大貢獻的著作。現代的女性有一些選擇與女伴共度人生，單身者因事業、想過獨立自主的生活而不婚、有人離婚後或成為寡婦不再結婚。她們不認為一定要自己生，但願意協助兄弟姐妹或親戚朋友照顧她們的小孩，並以非傳統、非主流的形式，體現家庭、親人、母職的多元性，如同書中提及「製造親屬，不製造寶寶」（Make Kin Not Babies），這些生命經歷迴然不同的女性，共同寫出的是一段百花盛開、複雜而多義的女性不生育歷史。

在讀這本書時，你可能發現自己與書中的人物有很多共同經驗。讀到全書最末，也可能接受這輩子如果沒有小孩，那是可以完全釋懷的。如果你是已經有小孩的讀者，這本書也可以讓你（們）更加理解身邊姐妹、親人、好友，或者其他不曾認識人們的心境與處境，也會發覺辛苦養育孩子的你，其實與她們的差異沒有想像中遙遠。

這是一本從社會上沒有孩子的女人視角讀歷史與觀察現世的書，它為不會、不能、不要、不敢生小孩的讀者帶來「被理解」的溫暖與希望，也讓有小孩的讀者帶來「理解」不會、不能、不要、不敢生小孩的女人。如此一來，有孩子和沒孩子的女人就能連結起來，彼此互相幫助，互相在育兒方面扶持，並進一步成為彼此的「後天親屬」，一起陪伴來到這世界上的小孩成長，讓這社會更加美好。

各界好評推薦

佩吉・歐唐納・海芬頓深入歷史脈絡，尋索各領域的精彩案例，以說故事人之姿，道出一則則生不生的故事、理由和影響，回應當今「不生」的錯解和污名，提供涵納彼此和連結歷史的多元可能。

——李欣倫 作家

在少子化被國安危機化、以催婚來催生的年代，人們經常提出的問題是「為什麼不生」？這不是臺灣或東亞限定的問題。以「美國女人為什麼不生？」的提問為起點，海芬頓描繪美國女性成為「無子女」狀態的歷史樣貌，指出以「選擇」來思考女性生育的侷限與盲點，探索女性在優生學、種族主義、市場經濟與父權交織的結構條件下，在女性主義的進展與環保的追求中，為何無法生養孩子，或決定不生孩子。在書末，海芬頓反向提問：女人為什麼要生？透過生與不生的雙重提問，新的願景因此而生：無子女與有子女的人們得以共同營造社群、製造親緣的未來。期許這本書能夠伴隨我們走向這樣的願景，翻轉婚育至上的現在與未來。

——陳昭如　國立臺灣大學法律學院特聘教授

在這個年年討論低生育率議題的時代，我們對於已育、未育和不育族群的生命經驗，應該要有更多元深刻的理解，才能避免落入推動單一婚育價值的窠臼，而是去創造一個讓政策貼近真實需求、協助有不同生命規劃的個體去實現自我的社會。本書就提供了一個這樣的視角與關懷，值得一讀。

——鄭雁馨　中研院社研所研究員

這個世界一直缺乏合適語詞，描述沒有小孩的狀態，一切皆是負面形容：無子女、不孕者、不想生小孩的人，生育被塑造成女性最重要也應完成的人生使命。但生育不應只聚焦於女性個體的決定，本書作者帶領我們深度探討「生育正義」，獲得養育家庭的能力應是每人做出選擇前的標準配備與基本支持，如此才能真正開始討論，究竟是什麼影響女性的生育選擇。

——諶淑婷 文字工作者

給以前自己的建議

燒掉你的臺詞，你的說明書，還有
你的預言。早上當你醒來時，伸個懶腰，不要抱怨，
不要在航向別人蛻變的過程中，把他們的聲音
放進你的喉嚨裡。
不要在晚宴中自認高人一等，笑道：
要不是他們沒生那麼多小孩。

修正是必要的。不可避免地綻放花朵。
當你一手握著水晶杯，一手握著復仇，
請記得在春天回返的謙卑家燕。

要不是她留下的印記，你將會完全是另一隻鳥。

——凱特．貝爾（Kate Baer），《什麼樣的女人》（*What Kind of Woman*）

作者小記

我們有個詞彙指稱有孩子的女人，那就是母親。但除了「沒有小孩的女人」（a woman without children），我們沒有一個恰當的術語描述沒孩子的女人。我們只能以她的匱乏或她不是什麼，例如一名非母親（non-mother）為她命名。對一些人而言，這是一個比語義學更深奧的問題。「我不希望『不是一名母親』成為我是誰的一部分，」二〇一八年，作家希拉·赫迪（Sheila Heti）在她的書《母職》（*Motherhood*）中說道：「我不要我的身分是別人積極認同的反面。」[1] 赫迪建議改用「並非不是母親」（not not a mother）的描述。對沒有孩子的女人而言，這種說法能讓她們拒絕負面的認同，她們並非「不是母親」的人；對母親來說，雙重否定詞則能互相抵銷，讓她們簡單變回一名母親。赫迪寫道這是「我們能共享的詞彙。」[1] 理論上我認為這個建議十分令人激賞，但它也有點不切實際，至少對寫非虛構書的目標來說。

如同你能想像到，缺乏形容沒有小孩狀態的確切詞彙，對這本書構成一項挑戰，因為在書中有很多要描述沒有孩子的情況。我盡可能避免使用蘊含特定政治、文化包袱的標籤，像是我當然不會考慮「不育的」（barren）或「不孕」（infertile），如果可以，我連「無子女」（childless）這個詞都不用。反而，我試圖描述人們的樣態，例如一名「沒有小孩」或「曾經沒有小孩」的女人；一個「不是母親」、「經歷不孕」或「選擇不生小孩」的女人。但在作為一名歷史學家受到的訓練中，我最努力擺脫的，就是自身學科折磨英語的熱忱。在某些案例中，如果只需用一個形容詞或名詞，我還是會簡單採用無子女（childless）和無嗣（childlessness）。這兩者是可被使用的詞彙中最常見也最廣泛的。

一九七〇年代早期，另一個替代性術語「自願無子女」（childfree）開始出現，而且變得流行。許多選擇不生孩子的人熱烈採納這個詞，把它視為一種正面框架，作為對「無子女」（childless）隱含缺陷意義的反制。「自願無子女」是這本書描述的其中一部分，但如果將這個概念廣泛應用，那將顯得不合時宜，而且可能造成混亂。它也違反本書中許多女性的經驗，這些女性可能是想要小孩的。如果人生中各種際遇有所不同，她們或許會選擇生小孩。她們可能試圖生但無法生，或因為生育的選項受限，打從一開始就不覺得自己有選擇。

社會學家愛黛兒・E・克拉克（Adele E. Clarke）提出她的觀察：「我們應該正當化描述

沒有親生小孩的詞彙——『無子女』和『自願無子女』已遭到曲解與感染。我們需要**複雜的詞彙**來描述親屬的製造，超越關心『生育主義者、反生育主義者和非生育主義者』，[2] 並且不使用隱含二元的『選擇』這個詞。」[2] 我誠心同意她的論點，但我也沒有一個確切的詞彙。事實是，我們缺乏詞語去描述過著沒有小孩的人生，而我們有責任解釋、定義這種人生，並為之發明詞彙。這種人生從來都不罕見，而且正變得愈來愈稀鬆平常，這是我最初寫這本書的部分原因。

1　希拉・赫迪（Sheila Heti，一九七六年—），匈牙利猶太裔加拿大作家。她的創作具有女性主義色彩與先鋒派風格，作品橫跨許多文類，包含戲劇、短篇和長篇小說。

2　生育主義者（Natalism）指支持人類繁衍後代行為，認同傳宗接代為社會責任，並支持生育對國家有利觀點的人。反生育主義者（Antinatalism）則主張人們應避免生殖或擁有孩子，認為此行為在倫理道德上為錯誤的。

目次

序言　為什麼我們不要生小孩

星期四下午，歷史系的寶寶歡迎儀式在克勞塞維茨圖書館（Clausewitz Library）閃耀的日光燈光下舉辦。這間圖書館位於西點軍校其中一棟最古老的建築物中，是個無窗地下室。圖書館的牆壁整齊排列著黑色、綠色和金色皮面的磚頭書，全都是有關軍事策略和歷史。房間中央有好幾張顯眼的光滑皮革座椅，坐在上面讀這些書一定很不舒服。克勞塞維茨圖書館是軍校學生安靜讀書的空間，也是舉辦教職人員會議和頒獎典禮的理想場所。不過在那個下午，我們把它當作慶祝生育的地點。「我們是一個非常成功的科系，」在房間前方的教職員半開玩笑半嚴肅地說。「如何判斷一個科系成不成功？算算我們為世界生出多少新歷史學家吧。」他比一比整個房間裡的嬰兒和學步孩童。孩子們一邊吃著金魚餅乾，一邊試圖掙脫母親懷抱，這些母親大部分是我同事的妻子。

我在二〇一六年七月四日抵達美國西點軍校，不會有其他時候，比在那天闖進這扇座落於哈德遜河西岸、雄偉懾人的花崗石堡壘大門更適合了。就在六周前，我披上一件藍色與金色的天鵝絨畢業袍，在加州大學柏克萊分校領取博士學位證書。隨後我跳上一架讓我淚眼汪汪、宿醉嚴重的紅眼班機，從奧克蘭飛往波士頓。我帶著所有的世俗家當，其中包括（基於我無法解釋的理由）現在仍保有的宜家家居垃圾桶，我將這些家當都塞進我從親愛的朋友那邊借來的兩只大行李袋。在波士頓，我在妹妹舉辦的假日烤肉聚餐上大啖一根熱狗，然後將行李袋塞入一輛網購的二手福特Escape，向南邊和西邊開去，走直角穿越康乃狄克州，進入繁茂蔥綠的森林和位於紐約哈德遜河谷的尖細花崗石山峰。

在西點軍校教歷史的那一年充滿不愉快的經驗。當我走進教室時學生得起立，我在七年幾乎都穿著勃肯鞋教課後，被要求得檢查學生的鞋擦得夠不夠亮。最令人不安的是，即便當時我只有二十九歲，最近才發現第一根白髮，他們還是得稱我為「女士」。每當我聽到他們在每句話、每個問題都開口閉口強調這個稱呼時，我總覺得自己的青春已經敲起喪鐘。後來我得知陸軍軍官必須以帽子和敬禮動作進行複雜手式，他們之中有些人還是我的歷史系同仁。他們也不能站在雨傘下方。教學早期，我在「從柏克萊到西點軍校」的笑話中，得到很多收穫。

一位上尉曾告訴我，陸軍軍官團「在人口統計上是都會，文化上卻是鄉野」。當時我資歷太淺，不懂他的意思。當我去參加第一場「淑女咖啡聚會」時，我才開始有點概念。「淑女咖啡聚會」是歷史系幾名教職人員和我們同事妻子的定期社交聚會，我們會啜飲咖啡，小口小口吃著烘焙甜點，每一名女性透過說出她丈夫的名字和小孩年紀作為自我介紹。輪到我時，我說我才剛開始要為養活室內的植物負起責任，隨後大家哄堂大笑的聲音讓我安心不少，但也清楚意識到我們人生的差距有多大。

從表面看來，你會無法想像我們之間有多大距離。房間裡的女人都受過大學教育，大部分是白人，至少是中產階級。她們和我在最近完成研究所學業與在大學認識的女性沒有太大差別。但我和這些女人活到三十歲時，至多只把母職想成一種未來再來考慮的事，是那種一旦我們完成所有想要或覺得必須做的事之後，最後才可能有時間處理的事。一位朋友開玩笑說，我們都在等著「歇業大拍賣」，趕著在四十歲前生個小孩。當一名年紀與我相仿的女人告訴我她懷孕時，我還在想該拿自己的臉怎麼辦。生育是一個可怕、會改變生命的潛在錯誤嗎？或我們應該要慶祝？而眼前這些三十歲的軍官妻子已經懷了第三胎。

我走出房間，室外是溫暖的秋天夜晚。我的腦袋因為糖分和酒精充滿活力，並依舊思考著這個分水嶺。作家希拉．赫迪曾一度觀察到，母親和非母親（non-mothers）正陷入「內戰」。她問：「你站在哪一邊？」[1] 在那晚以後，有許多年我對要站在哪一邊的問題不怎麼感興趣，我更關心的是「哪一邊」這種想法究竟怎麼來的。我發現自己開始思索有或沒有小孩如何成為界定許多女人身分的特徵，並隨著歲月造成愈來愈寬的鴻溝，最後「砰！」的一聲，在一個生物性決定行為後，一群女人被永遠固定在另一邊。我們每個人對這種說法都很熟悉也深惡痛絕，它在電視、電影和書籍裡重複出現到令人生厭的地步：一群母親一板一眼討論著尿布和洗澡時間，同時，因為沒小孩被排擠的人則坐在角落，猛喝著悶酒。[2]在網飛的影集《紙牌屋》（*House of Cards*）一幕場景裡，飾演總統候選人妻子的演員與克萊爾．安德伍德聊天，後者是現任總統的第一夫人和競選搭檔。「妳曾後悔沒生小孩嗎？」候選人妻子問安德伍德。安德伍德眼神銳利地看著房間門。方才那名女人年幼的兒子打斷她們談話，大聲地要果汁不成，才從那扇門怒氣沖沖地衝出去。「妳曾後悔生下他們嗎？」安德伍德回答。[3]

母親和非母親甚至無法對談，大眾文化總是以這種標題的文章跟我們溝通，比如〈沒小孩的人搞不懂的五件事〉、〈我沒在生小孩後失去朋友，我只是長大了〉，還有〈母親和沒子女的女人真的能做朋友嗎？〉[4]在我的人生中，我覺得自己和跟我差不多年紀的母親的距離變得愈來愈遠，就像那些在淑女咖啡聚會的女人，但不只是和她們。甚至那些跟我一起畢業、在酒吧灌太多的威士忌，還有一起跑馬拉松的女人，她們真的都在一夕之間轉變為大人，人生突然變得有真實責任和意義。而在此同時我仍舊是個孩子，連三餐規律都辦不到，養個室內植物也會養死，而且縱情於狂野享樂，例如每天早上出去慢跑跟有個乾淨的客廳。

我認真在心中思索這些差異，慢慢理解我們之所以感覺到這種分水嶺，是因為我們覺得理應如此。因為我們生來擁有女性的生殖器官，而被賦予參與母職內戰的義務。拿破崙一世曾大搖大擺跟他的親信古爾戈將軍（Gaspard Gourgaud）說，女人「不過是生小孩的機器」。[5] 在大西洋另一邊的美國，悠久的歷史則形成社會上對生理女性成為人母的期望，並主張繁衍後代是白種女人首要的公民貢獻，核心家庭則是她們唯一自然的家園。同時，各式各樣的政治家、思想家和文化人物透過將沒有小孩的女人描繪為反常、破碎、缺乏陰柔特質、不愛國，甚至背叛種族（當她們是白人時），來強化上述思考。這種苦心至少可以追溯到十八世紀晚期，美國獨立戰爭期間和之後。當時愛國者的妻女被轉化成「共和國母親」（republican mothers），[1] 為尚處於嬰兒時期的國家生養下一代公民。她們的後代則沐浴在美國的公民美德中，被用湯匙餵食美國的道德觀。[6] 一八七三年，美國最高法院讓這種道德觀成為官方思想。「女人最重要的命運和任務，是履行妻子和母親崇高善良的使命。」大法官約瑟夫・P・布拉德利（Joseph P. Bradley）在一項判決的協同意見書寫道，[2] 那項判決允許州政府阻止女人成為律師，並提及：「這是造物主的法律。」[7]

有別於當今兩極化政治局勢中的大多數法律，一八七三年這條最高法院判決得到民主黨與共和黨兩黨廣泛支持。「任何女人能擁有最重要的工作，就是成為母親。」二〇一六年，伊凡卡・川普在一部為她父親競選總統的助選影片中說道。[8] 二〇一五年，第一夫人蜜雪兒・歐巴馬在塔斯基吉大學（Tuskegee University）畢業典禮演說上，宣示她對布拉德利法律的忠誠：「當母親是，也總會是，第一優先工作。」[9] 而希拉蕊・柯林頓可能直到過世時，都要為她說過人生有比烤餅乾和作全職母親更重要的事這句話，向民主黨與共和黨道歉連連。[10]

近年來，《紐約時報》不斷出現類似專欄，指控不生小孩的美國人不願「肯定人生」，或拒絕擁抱「完整的希望」。[11] 參議員羅斯・多塞特（Ross Douthat），這名會在《時代》雜誌評論專欄發表文章的保守派煽動者，乾脆省去說服的功夫，在二〇二一年直接要求：「請生更多寶寶。」[12] 二〇一九年三月，猶他州共和黨參議員麥克・李（Mike Lee）在參議院議場起立致詞，提到：「我們在任何時刻與地點碰到許多問題的解決方案，就是談戀愛跟結婚生子。」[13] 二〇二一年夏天，共和黨政治家I・D・范斯（I. D. Vance）悲嘆民主黨成為一個「被沒有小孩的人控制」的政黨，他主張這些人對未來缺少一種「個人間接性的賭注」，因此社會不能信任他們做的決定。[14] 甚至在二〇一五年「最自由派的教宗」方濟各，都跟聚集在聖馬可廣場的群眾說「選擇不生小孩是自私的」。[15]這一位比多數教宗開明的男人，選擇親職以外的熱忱所在，卻一再重申他對寧願養狗勝過生小孩的年輕人感到沮喪。他認為這種現象代表「文化墮落」，[16]應該讓人警鈴大作。福斯新聞的主播塔克・卡森（Tucker Carlson）全心表達同意。「生小孩意味著花更少時間去度假和上飛輪課，但那些才是人生真正的意義，對吧？」他在播報中問。「我的意思是，你看過比不生孩子更自私、墮落和愚蠢的事嗎？」[17]

儘管很少人大聲說出他們內心看法，但他們憂慮的其實是女人的自私、墮落和愚蠢。當然，男人也有相同可能性會過過不生小孩的一生，而且如果生小孩的女人變少，我們也能假設更少的男人會當父親。但沒生小孩的男人通常不會被認為具有某種缺陷。一九八六年，女性主義者芮曲在她的經典之作《女人所生》中便寫道：「女人的生育地位，已經被塑造成她人生中的重要事實，」[3]不像**非母親**，「非父親（nonfather）這個術語並不存在。」[18]這不是指男人在家庭方面不用面對壓力和期望，社會學家愛麗絲・羅西（Alice Rossi）就觀察到，人們判斷一名男性是否邁入成年，是透過觀察他能否供養一名女性與她將生下的小孩。[19]但生養孩子的壓力與未能做到這一點的責任，卻都落在女人頭上。

今日，我們受益於黑人、酷兒和原住民女性主義思想家，他們教導我們「母親」最好用來當作動詞，而非名詞。母親是你做的事，而非你的身分。社會學家史坦莉・詹姆斯（Stanlie

M. James）就主張，從根本上擴大母職的定義與誰能做到這一點，會是我們社會變得更好的關鍵，[20] 例如養父母能擔任母職，男性、同志伴侶、跨性別者、非二元性別者、老師、鄰居、朋友也可以。根據詹姆斯的說法，**母職**（mothering）不需要與能生育孩子的子宮有關，甚至不需要與有沒有子宮，或自我認同為女性有關。貝爾・胡克斯將這件事稱為「親職革命」（revolutionary parenting），[4] 並去除這個專有名詞中與性別的所有關連。[21] 不過，對這本書所講述的大部分歷史來說，性別至關重要。人們非常在乎子宮，也非常在乎擁有子宮的人如何處置它。根據社會對她們的看法，「女性」和「在誕生時被指定為女性的人」的文氏圖，會是一個圓圈，而每個在圓圈裡的人會被期待成為一名母親，無論她對人生的想望是什麼，包含她想成為誰、想愛誰、以及把什麼當作優先。

在漫長歷史上，有些人確實找到退出婚姻和／或生小孩的方式，她們在生理上不受男性吸引、不願採納傳統女人角色，或不認同自己是女性。有些人可能對父母或社群期待她們結婚生育的特定男性，沒有感覺到性或其他方面的興趣（浪漫愛與性吸引力作為異性戀婚姻或生育的必要條件，是相當晚近發明的概念。[22]）也有一些人可能想成為學者、飛行員、法官或網球冠軍，但截至目前為止，要結合母職與事業野心似乎是不可能的。無論她們的理由是什麼，所有人都得付出社會代價。今日，將事業放在小孩前面的順性別女性、付不起生育治療的同志女性，和沒有子宮的跨性別女性，同樣未能承擔我們性別被賦予的生殖行為。儘管我們的偏好、認同或身體構造不同，我們在生育方面付出的社會代價卻是相同的。

千禧世代的女性集體不願擔負這個特定的生殖行為，[5] 我們正在達到美國歷史上最高的無子女率，或至少說，從生育年齡正值大蕭條時期的不幸世代以來最高的無子女率。[23] 美國女性一生的生育率大概是一．七個小孩，遠低於人口替代率數值二．一。[24] 美國的收養人數也在降低，從二〇〇七到二〇一四年間，美國的收養年總數跌落超過百分之十七，從那以後便持續下滑。[25] 整體來說，千禧世代女性中幾乎一半的人沒有小孩（年紀最大已經四十出頭），我們之中有愈來愈多人不計畫生育。[26] 二〇二一年，一份皮尤調查詢問美國十八到四十九歲的非父母：「未來你會有孩子的可能性多大？」[6] 百分之四十四的人回答「不太可能」或「完全不可能」。這與二〇一八年做出的調查數值相比劇烈成長了百分之七，當時百分之三十七的人如此答覆。[27]

生育率下降的現象當然不只發生在美國，全球最低生育率出現在東亞。在南韓，女人一生平均只會有〇．八個小孩，在新加坡是一．一個。[28] 幾個南歐國家下跌的生育率也引發大眾警覺，在希臘、義大利和西班牙，女人平均只會生一．三個小孩。許多國家推出明確政策鼓勵生育，而且希望人們能生很多。在日本，生育率掉到一．三，政府的應對措施特別有創意。他們設立「家庭周」，規定這段期間父母不能工作超過晚上七點，並開設政府贊助的相親派對，鼓勵年輕人戀愛、上床和結婚，無論順序是什麼都行。過去十年來，法國政府花大錢鼓勵生育，資助延長產假與陪產假，並實施減稅與其他財政獎勵。同時，法國還有到府兒童託管、日間托育以及全職母親津貼政策，最後一項措施鼓勵母親在孩童幼年時期暫時離職。在法國，某些證據顯示這些政策有效，即便沒有提高生育率，至少減緩下降速度。法國的生育率依然在跌，二〇二〇年是一・八三，比起二〇一八年的一・八九和二〇一〇年的二・〇三都來的低，但下跌速度還是比其他地方緩慢，生育率也是歐洲最高的。[29]

美國制定鼓勵生育的政策速度慢了半拍，除了試圖限制避孕藥取得管道，以及讓墮胎非法化以外，但那無法阻止大眾被許多美國人不生小孩的現象嚇壞。每年春天，美國衛生及公共服務部（United States Department of Health and Human Services，縮寫為ＨＨＳ）會發布報告，計算前一年總計出生的嬰兒總數，並以母親年齡、種族和地區細分。從二〇一五年到二〇二一年，每年嬰兒總數都比前一年低。二〇二二年春天的消息好壞參半，前一年出生的嬰兒總數比二〇二〇年稍高，但仍嚴重低於二〇一九年。這項數值無法阻止散播恐慌的文章、競選演說和社群媒體貼文如雪崩般蔓延，這儼然成為年度傳統。[30] 許多言論提到美國女性正在減少生育、家庭變得愈來愈小、無子女的趨勢抬頭，人們都問著相同的問題：為什麼？為什麼現在的年輕女性要搞砸我們哺乳類動物身體的一項真正基本功能？為什麼她們忽略生物需求，不願盡到延續物種的責任，並拒絕讓她們父母感受到當祖父母的喜悅？為什麼她們會錯失機會，或者說選擇錯失機會？這件事可是帶給許多人生命意義的。到底**為什麼**美國年輕女性不生小孩？

想當然解釋的理論很多。通常社會上對於現代沒有孩子的女性最苛刻的解釋，是簡單總結她不想為此煩惱。這種說法指出是她（我們）太自私、太貪心、太短視，以及太執著於她的（我們的）工作。這種解釋也認為，當女人走出私領域進入工作場所，走入工廠、辦公室、醫院和會議室時，會開始將職業野心和事業成功放在母職之前。換句話說，女人**選擇**不生育，是因為她們想要其他東西：拿鐵咖啡、學歷、職業、假期，當然還有酪梨吐司，更勝於小孩。

比較仁慈的解釋則較不會集中在女性主義或我們喝咖啡的習慣，而是聚焦於美國年輕人面對冷酷與艱困的經濟現實。這裡我並沒有誇大很明顯的事實，將你的小孩送去日間托育一個月，可是能買很多酪梨吐司的。二〇二一年，一份《紐約時報》的調查結果總結，生育決定跟許多千禧世代得面對的工作、金錢和絕望掙扎息息相關，同時他們還得在被快速侵蝕的中產階級裡搶到一個脆弱的立足點。國家級的全國生育調查則發現，從二〇〇九年開始生育率就戲劇性下降，這種現象不只發生在你可能想到的東岸或西岸、城市或藍州，[7]而是發生在大多數州郡：包含紅州與藍州、富裕與貧窮地區、都會與鄉下，生育率下降的範圍橫跨全國。對於從大學畢業後就一頭栽入經濟大衰退的人來說（比如我），[8]或早期在不穩定的小公司工作，試圖熬過去的人而言，我們希望在決定生下一個全新的人之前，獲得經濟和專業上的穩定，這不只是個人偏好。許多年輕女性認為工作優先於生育，無疑是一種生存的必要手段。[31]我們也得到老掉牙的建議，要我們只生一個小孩就好，因為即使現在的經濟情況或後援看似不可能，但是「總會有辦法的」。這句一度很激勵人心的智慧話語，現在聽起來卻很空洞，因為這個世代的人親眼見證**沒辦法**船到橋頭自然直的現實慘況。當二〇〇五年九月十五日早晨雷曼兄弟宣布破產，並將全球經濟拖入一整年的死亡螺旋，千禧世代正值十二到二十七歲。二〇二〇年春天，新冠肺炎的疫情，迫使美國人進入從大蕭條以來就沒見過的失業名單，那時千禧世代的人二十四到三十九歲。[32]

新冠肺炎橫掃全國，封城逼迫人們困守家中，對非處方及處方籤避孕藥的需求在美國和全球遽增，馬上超越國家和國際間的供應量。[33]在古特馬赫研究所（Guttmacher Institute）的調查中，[34]十位美國女性中有四名表示疫情使她們改變何時或是否要生育的計畫，或減少她們原先預計生下的孩子數目。在疫情第一年，墮胎診所的電話響個不停，一部分原因是有些州裁決墮胎是封城下的「非必要」服務，導致鄰州的診所爆滿。一部分原因也是女性一再向人工流產診所表示，眼前持續存在的危機，意味著「現在生育對她們來說不是最好的」。[35]

雖然疫情危機是全球性的，造成的影響卻分布不均，端看不同人的經濟穩定性和地位可否承受打擊。在疫情年間，黑人和低收入女性的生育率降低，他們是被隨病毒而來的經濟衰退打擊得最厲害的人。同時，一小群富裕而顯赫的美國女性（那些發覺在家遠距工作，反而省下餐廳帳單和假期花費的女性），將疫情視為懷孕的理想時機，生育率比原先數值還高。[36]疫情時期，雖然美國整體出生率下降，但中產階級白人和中上階級的生育率卻上升了。西北大學經濟學教授漢納斯・施萬特（Hannes Schwandt）觀察道：「這可能是歷史上第一次在經濟衰退時，某些群體的生育率反倒上升。」[37]

我在西點軍校看見的女性會熱心於生育，某種意義上來說是文化使然。這種現象發生在一個期待與獎勵生小孩的文化裡，但它不**單單**只是文化因素，它也有結構因素。軍旅生涯無庸置疑風險極大，可是它也提供穩定性，包含良好的薪資、住房津貼、免費健保、日間托兒輔助，以及緊密的社區網絡（儘管地理上軍人常調駐他方）。社區網絡經常是由女性經營，讓新來者能獲得滿滿物質和感情支持。撇開軍人職位要求他們成員做出的犧牲，美國軍方在提供人們擁有大家庭的條件上，表現十分優異。某種程度來說，西點軍校的淑女咖啡聚會讓人恍若回到早期中產階級白人時代。當時的時間、金錢與社區支持，在在讓人有理由相信現在和未來的穩定性。在美國女性列舉出不生小孩的理由中，有許多理由無法套用在那間房間裡的女人身上。那是因為決策（政策、法律和結構）是由那個房間以外的人做出的。

＊＊＊

大部分對女性不生小孩的解釋集中在個人決定上：她想生小孩但不認為自己養得起；她長期以來太挑剔而沒找到伴侶，結果搞到太遲。或者她不想長大，不想把生活過好，像父母一樣相信生小孩後能一切順利、勇度難關；她選擇職業、買房、存退休金，而放棄生小孩。又或者她就是不願撇開眼前（隨你挑選的政治的、環保的、經濟的）危機，選擇希望。我們跟自己說，這些女人不做母親因為她們**選擇**不成為母親。我們也跟自己說，如果她們想要小孩，早就會做別的選擇。

如果我們真的這樣想，那我們就能被原諒。在美國，選擇是自由的同義詞，在〈羅伊訴韋德案〉的協同意見書裡，[9]保守派最高法院大法官波特．斯圖爾特（Potter Stewart）寫道：「個人在婚姻和家庭生活有選擇的自由。」並判斷選擇墮胎也是是第十四條憲法修正案保護的自由之一。從那之後，「選擇」一詞便是進步女性運動的口號，也成為墮胎的同義詞，很精準為一個對個人自由情有獨鍾的社會定調。一九七〇年代，重要而具爭議性的女性主義者蘇珊·布朗米勒（Susan Brownmiller）曾寫下一段知名的話，提及是選擇的理念「催生」第二波女性主義。無論是墮胎的**選擇**，職業與家庭間的**選擇**，或不生小孩的**選擇**，這些選擇都是具體的，我們不需要在女性得選擇生育後代，或必須生育後代的世界裡，做出任何更大、更模糊也更艱難的改變。[38] 事實上，用「選擇」角度來界定女性主義的訴求，與美國夢中根深蒂固的個人主義理想相當契合。各種人生、自由和快樂的道路就鋪在每一位美國人眼前，他們只需要綁好鞋帶，踏上最喜歡的路就好。因此在今日，這種顯而易見的選擇自由，讓任何個體對母職或非母職的決定都像特意為之。

在我們歷史上，將非母職（non-motherhood）界定為刻意的選擇，對那些視不生育為異常的人來說也是個有用的武器。那些女性能變成母親，但卻沒有，所以她們應該受到我們蔑視。當然，不孕使情況變得更為複雜，不孕通常牽涉到渴望成為母親卻沒辦法生的女性。她們想必將母職視為一種理想的社會規範。也因如此，傑出的美國政治家和思想家想破腦袋，嘗試區分不孕和選擇不生的女人、區分如果允許會選擇母職，和可以成為母親卻不想當的女人。一九〇五年，戴著眼鏡的狄奧多·羅斯福（Theodore Roosevelt）在全國母親代表大會（National Congress of Mothers）上發言，提道：「許多良善之人被否定擁有孩子的最高幸福……對這些女性……我們深感尊敬和同情。」全國母親代表大會組織現在被稱為「家長教師聯合會」（Parent-Teacher Association），或簡稱PTA。當今有許多人像羅斯福一樣，認為選擇退出母職的女人是「不討喜的生物」，猶如「無酵餅」般對社會無益，[10]是「現代生活中最令人不愉快且不健康的特色之一」。[39]換句話說，有問題的不僅是一位沒有實踐母職的女性，更是她不成為母親的**選擇**。

二十世紀最後幾十年，人工生殖技術如試管嬰兒的發明，讓區別「不孕」與「不想生」的行動變得不再必要。儘管在過去與現在，生育治療都超越大部分人允許的經濟範圍，試管嬰兒的成功率變化也很大，但它的存在本身以及環繞它建立起價值數十億美金的全球產業，讓人覺得不孕症彷彿已經被治癒。我們的社會相信女人**能**隨心所欲地選擇避免、結束或開啟懷孕階段，即便這些選擇在道德上並不完全被容忍。而任何沒生育的女性一定是自己選擇了這種人生。

從經驗、邏輯和傳聞來判斷，我們知道這根本不是事實。最晚從一九九四年開始，有色人種女性主義者就已指出用「選擇」作為框架的不足。當時，一群黑人女性領袖、學者和社運分子提出「生育正義」（reproductive justice）的概念，以取代選擇。[40]「選擇」一詞隱含做出選擇的行動者，但長期以來，許多美國女性都被否定擁有這個地位。被奴役的女性不能合法擁有自己的身體，更別說為自己的生育做決定。在二十世紀，實施《吉姆・克勞法》的南方州，[11]設立特定用來限制黑人出生率的公共資助避孕診所。[41]到了一九六〇、七〇年代，南方醫生對黑人女性執行強制絕育手術之頻繁，讓民權運動人士芬妮・露・哈默（Fannie Lou Hamer）將這種手術形容為「密西西比闌尾切除術」（Mississippi appendectomy）。[42]一九七〇年代，印第安衛生局被指控在未經同意情況下，為四分之一的原住民女性施行絕育。[43]但這不是古老歷史，在二〇二〇年秋天，一名吹哨者聲稱喬治亞州一處美國移民及海關執法局（U.S. Immigration and Customs Enforcement，縮寫為ICE）開設的營利收容所，會對移民女性執行強制絕育手術。在許多案例裡，那些移民女性既未表達同意，也不懂足夠的英文來瞭解自己發生什麼事。[44]

密西西比生育自由基金會的執行總監蘿莉・貝特倫・羅伯茲（Laurie Bertram Roberts）日前解釋道：「『生育正義』是『生小孩、不生小孩，或有能力在合乎基本需求的穩定安全環境下，養育家庭的人權。』[45]重點並不在墮胎，不在生不生小孩的選擇，而是做出選擇的條件，以及任何被生下孩子得到的養育條件。正確的問題可能不是『為什麼美國女人不生小孩？』而是『女性必須做出其他哪些決定，這些決定如何影響她們的生育選擇？女性是在什麼條件下做出這些決定？』或者更簡單的問題也許是：她們**怎麼可能**生？對許多年輕女性而言，即便是那些沒經歷過強制絕育暴力的女性，她們必須做生育選擇的條件如此有限，以至於她們根本不覺得有選擇。

數字會說話。過去四十年來，美國疾病管制與預防中心（Centers for Disease Control and Prevention）的研究持續發現，很少有女性願意將自己的身分標記為「自願無子女」（voluntarily childless）。二〇一七年，這樣的女性佔百分之六，稍高於一九八二年的百分之四．九。[46]另一名研究者發現，百分之五左右的女性認同自己為「非自願無子女」（involuntarily childless），這通常意味著她們想要小孩，但被不孕所困。[47]對其餘我們，也就是沒有生育的大多數人而言，我們沒有成為母親是經過一系列有時無關、但其實又和生育息息相關的決定，緩慢而間接地造成。像是回學校取得研究所學歷和改變職業；三十五歲時離開一段沒有愛情的婚姻；在無法提供家庭支持網絡的地方找到工作；堅持尋找一位比起你還能讓自己快樂的伴侶；認真考慮下一代人們有生之年會出現的氣候災難、火災、洪水和暴風。在一些案例中，無論是無帶薪育嬰假的工作、日間托育的高昂花費、我們驚人的學貸還款額、或在二十一世紀的美國擁有房子，以及希望退休需做的仔細計算，都由不得我們決定。我們之中有人嘗試透過生育藥物、人工授精或試管嬰兒來懷孕，但在整個流程變得太貴，或在我們的體力無法負荷時決定喊停，因而活在選擇不生和無法生之間的灰色地帶。

我們是某位學者說的「永遠的拖延者」（perpetual postponers），如果我們的生活走向另一個方向、我們身處社會有所不同，那我們這些女性就有可能成為母親。但當生理時鐘在午夜敲響、狂歡不眠之夜的吸引力褪去，或當懷孕變得稍微有意義時，我們年邁的雙親已經開始需要被照顧。[48]

要解釋個體和群體不生育很複雜。那不只源於經濟，或者自私、享樂式的歡愉，以及不孕症的悲傷。對我們某些人來說，答案是全部，而且還有更多更多。現今社會缺乏支持，讓親職成為個人沉重孤獨的課題。經濟壓力迫使我們將職業和收入優先置於任何事之上。我們恐懼在人類已極力破壞、不斷呻吟的地球上養育小孩，害怕會創造另一個人來助長毀滅。我們有些人想要的人生沒有空間容納小孩，那種人生要求我們以其他方式花費剩餘的時間、精力和愛。

這些都是老生常談。歷史上有很多極度想要小孩、對生育態度模稜兩可、因為沒生育而得到自由，或者無論如何都不生的女人。早在今天我們擁有的高效避孕藥出現以前，早在女性主義理論開始在母性和女性（womanhood）間展出空間以前，這些女性就不生孩子了。在我們努力建設生活、苦苦思索是否適合生育孩子的過程中，我們是自己身處歷史時刻的結晶，是這星球賦予我們短短生命時間禮物的成果。但歷史也告訴我們，我們並不孤單。

＊ ＊ ＊

我從封城早期，也就是新冠肺炎疫情期間開始寫這本書。當時學校和日間托育關閉，大家庭支持系統斷絕，人們無法接觸到朋友。父母和調皮搗蛋的學步孩童、無聊的小學生，還有悶悶不樂的青少年在相同的四面牆壁中共處與工作。某種程度上來說，父母和非父母的鴻溝變得比以前更大。尤其母親承擔封城之下絕大多數孩童的照顧和虛擬學校的教育責任，她們和沒生育的女性經驗差異延展如此之遠，讓兩者在先前擁有的最後一項共通點瀕臨斷裂。[49]對許多母親而言，沒有小孩的朋友訴說有關在家裡無聊地烘焙、做瑜珈和在網飛追劇的經歷，不但讓人無法瞭解，還引人憤怒。而對沒有生育的女性來說，封城早期幾個月感覺起來像是自我確認。一名女性在推特上寫道：「我選擇不生小孩是有原因的，儘管疫情期間被關在家好幾周不是明確的原因，但也相去不遠了。」[50]

美國的母職危機當然不是病毒的產物。新冠肺炎只是暴露有孩子與沒孩子的兩種女性早就知道的事：儘管我們都被期待成為母親，但一旦我們做了，卻得不到多少支持。小兒科診所只在星期一至星期五早上九點到傍晚五點間看診，美國的學校在兩、三點放學，即便在二十一世紀最人道的工作日，放學時間都比下班時間早好幾個小時。在美國某些地區，日間托育或學齡前教育的花費幾乎是一份全職職業的薪水，而孩子不僅每天都要餵，一天還得餵好幾次。總是有人得折洗好的衣服、準備每個人的午餐便當、預定課後活動和夏令營、幫忙寫家庭作業、準時赴醫生的約，還有花費寶貴的帶薪休假時間，留在家裡照顧生病的小孩。在我們的社會中，養育子女需要傾注時間、金錢和精力到從未發揮作用的系統漏洞中，而那些系統往往在一開始就沒有被建立。

近幾年來，所謂的媽咪戰爭點燃母親間的戰火，不同母親對如何「正確」擔任父母產生強烈歧見。要自然分娩還是無痛分娩？親自哺乳還是奶瓶餵哺？要當全職母親還是送小孩去日間托育？要一起睡還是訓練獨立睡？要不要打疫苗？還有你的小孩到底該不該在十月的喬氏超市（Trader Joe's）停車場穿外套？我們應該指出，這些論辯大部分還是個別母親**能夠**控制的事。媽咪戰爭並沒有在無法控制的更廣大區域開闢戰場，像是日間托育和健保花費、集體缺少的帶薪產假，或職場上降低生育女性的薪水這種變相的母職懲罰。這麼講其實是有道理的，由於美國的母親注定會在大事上失敗，她們才要為了日常小事錙銖必較。即便女性成為一名母親，完成社會對妳的角色要求後，妳仍舊無法勝利。

當然沒生小孩不是什麼新鮮事，但在其他地域或時代，撫育孩子的雙手與心不必然，或說專屬於生下他們的那個人。在其他時空，養育下一代必須承擔的風險、負擔的責任和得到的報酬，往往是由社群共享。這個社群包括沒有生育的女性以及小孩的生母。今日，在缺乏社區、社會、機構或**任何**支持的情況下，生育小孩被簡化成個人是否有意願承擔責任和風險的行動。親職使我們疲於奔命，但我們又被要求要獨立作業，或者更粗淺一點說，我們只能仰賴自己的銀行戶頭和少少的東西。默許和認可這件事的回報是一肩扛起獨自照顧孩子的責任，而不這麼做的懲罰，則是在孩子人生中幾乎不受到認可。

然而歷史告訴我們，事情並不需要如此。從十一世紀的修女到十九世紀支持女性選舉權的人士，從二十世紀的環保人士到黑人和原住民女性主義者，長久以來不同女性的存在一直跟我們說著，支持母親和恢復沒生育女性的社會價值是一體兩面。也許是到了我們該傾聽的時候。

＊＊＊

我開始寫這本書時，以為自己只會集中在寫沒有小孩的女人的故事。我認為她們的故事沒有被訴說，而現在是時候開始寫了。但後來我慢慢理解，將沒有生育的女性的故事從她們深愛和幫助過的母親、她們同床共枕一起尋求醫療協助的男性，還有每天與她們互動的社群中抽離，是沒有意義的。在地球上大部分地區，甚至在不太久遠的美國歷史，母親和非母親的區別沒那麼分明。從西非、易洛魁聯盟到美洲殖民地，[12] 母職不僅是一種生物性角色，它作為社會角色擁有更寬廣的空間，並讓沒有生育的女性能更充分養育和愛護孩子。在整個歷史中，沒有小孩的女人活在涵括了母親與男人的社會，也活在其他人為她們創建的結構和政策裡。歷史學家娜塔莉·澤蒙·戴維斯（Natalie Zemon Davis）曾指出，如果你只寫農夫卻從未提及領主，你將無法期待你的讀者了解封建主義，理解中世紀歐洲的經濟體系。[51] 一九七六年當戴維斯寫下這句話時，學者才剛開始認真研究女性史，她認為女性歷史和女性跟男性的關係息息相關，因為那些女性和男性一起生活。如果你把女人挑出她們的社會脈絡，只將她們當作個別歷史現象單獨檢視，你將永遠不會瞭解全局。在本書接下來的篇章中，你會遇到一些你從未聽說過的未生育女性，或者你聽過她們的名字，但理由不是她們沒生小孩。你會遇到一些男人，他們的決策、職業和人生影響了沒有生育的女人，也會遇到各種母親——生母、教母、繼母、養母、暫時與兼職的母親。沒有孩子的女性全貌是我們所有人的寫照，我們並不像人們想像的那般不同。

就我所知，在沒有小孩的女性中，很少人完全符合社會希望把我們劃入的類別，無論是自願或非自願不生、樂於不生孩子或對不孕感到沮喪。我們的生育狀況總伴隨大大小小的悲傷，像是看著我們的父母哀悼他們不會有的孫子女；後悔過去可能影響我們走到這一步的選擇，也等待未來再次面對遺憾；為了一次不成功的受孕或墮胎經驗哭泣，彷彿生育是作為生活的唯一支柱；意識到我們能把生育治療的失敗轉化為過自己人生的快樂，但發覺在那之中依然存有悲傷。當我們錯過或不想要這麼多人認為賦予他們人生意義的事物時，依然會感到難過。[52]我們之中有許多人都在哀悼如雪兒・史翠德所說的「沒有載運我們的幽靈船」。那是我們沒有選擇的人生的安靜版本，如同暗影般與我們平行滑動，在濃濃迷霧中幾乎看不見。[53]對於我認識的每一個人來說——甚至是沒有生育而擁有美滿人生，不會改變人生選項的人——生育的決定（如果它可以被稱為決定）總是牽涉到到某種程度的痛苦，在看起來不怎麼像人們期盼的人生中，總是有快樂也有悲傷。

確實，將無子女率升高視為女性主義的勝利很誘人，這反映人們打破或至少撼動了長久以來控制美國家庭，作為一種常規化生活方式的異性戀框架，一個世代的女性集體表達她們有選擇也能選擇想要的人生。但我對於把這件事稱為勝利感到很猶豫，因為在這些選擇中，有許多是出於經濟痛苦、缺乏支持和對未來的恐懼。美國父母在新冠肺炎封城期間的掙扎，或他們在狀態最好時依然煎熬的原因，和女性表達她們完全沒有生育計畫的理由並沒有那般不同。儘管這種想法令人沮喪，我希望它也能讓大家團結。

長久以來，社運人士兼作家珍妮・布朗（Jenny Brown）主張，我們應該以減緩工作或罷工的概念，來理解美國生育率下降的現象，意即原先投入生育小孩的勞動中的人們，愈來愈不願在惡劣的環境中完成任務。[54] 從總體社會趨勢來看，布朗的這種說法可能是**最好的解釋**。但「罷工」這個詞也隱含能動性與意圖，而且是比起許多女性在作出跟生育相關決定時，所能感受到更多的能動性和意圖。[55] 人類學家米歇爾—羅爾夫・特魯洛（Michel-Rolph Trouillot）觀察到，將罷工定義為工人從工作場所缺席是不足夠的。一群員工在同一天不去上班，可能是因為發生暴風雪、腸胃炎病毒在辦公室肆虐或純屬巧合。他們需要的是理由，集體的理由，而且必須做出缺席的集體決定。特魯洛寫道：「以最簡單的方式來講，只有勞工意識到他們在罷工時，才算是罷工。」[56]

我不相信美國的女性知道我們正在罷工。我們不生小孩的理由似乎比較分散且個人化，而非集體相關聯。許多理由似乎打從一開始就和小孩無關，無論是缺乏金錢、社會支援、伴侶或彈性上班時間、恐懼火災和洪水、生殖失敗，或者想要不同人生。這些原因屢見不鮮，但當它們被呈現在我們眼前時，卻被剝奪了歷史。有人說女性主義讓我們優先考慮職業生涯，危言聳聽的人士讓我們對氣候疑神疑鬼，或我們等待太久以至於不孕。不知道為什麼，出生在八〇、九〇和二〇〇〇年代讓我們變得自私。當我們缺少串連這些原因的歷史，不生小孩的女性提出的理由便不像罷工，反倒像個人選擇退出的決定。少了歷史，種種理由就不像共有的經驗，反而像個人失敗，彷彿我們無法克服當代不管是真實或想像的壓力。我一位聰慧的朋友就曾提到，如果這是一場罷工，我們甚至不團結。這本書就是希望提供我們跟彼此以及跟歷史的團結。

---

1 美國革命期間，以華盛頓（George Washington）、亞當斯（John Adams）和傑佛遜（Thomas Jefferson）等人為首的愛國者反抗英國人的統治。他們於一七七六年七月宣告美利堅合眾國獨立，之後領導英屬十三州殖民地擊敗英國軍隊，迫使英國承認其獨立。

2 約瑟夫・P・布拉德利（Joseph P. Bradley，一八一三年—一八九二年），美國法學家，共和黨人，一八七〇年到一八九二年間擔任美國最高法院大法官。

3 芮曲（Adrienne Rich，一九二九年—二〇一二年），美國詩人和女性主義者，其著作《女人所生》（*Of Woman Born: Motherhood as Experience and Institution*）為最早一本從女性主義角度抒發母親心聲的散文集，也作為第二波女性主義運動中反省母職與母性的經典之作。芮曲主張母親予人愉悅而充滿創造力的身心經驗，然而該種經驗受到父權體系建構的母職所壓抑，芮曲因而主張廢除社會對母職的規範。

4 貝爾・胡克斯（bell hooks，本名為Gloria Jean Watkins，一九五二年—二〇二一年），美國作家、教授和女性主義者。貝爾・胡克斯的筆名取自她欽佩的外曾祖母Bell Blair Hooks，為了與外曾祖母區分，她以小寫字母書寫筆名。胡克斯的寫作著重於探索種族、階級與性別的多元交織性，主張更具有包容性的社會變革。

5 千禧世代（Millennials）又稱為Y世代（Generation Y），通常指一九八〇、九〇年代出生的人。

6 皮尤調查是指由美國知名民調機構與智庫「皮尤研究中心」（Pew Research Center）做出的調查研究。

7 文中的藍州是指支持民主黨的美國州，紅州則代表支持共和黨的州。

8 經濟大衰退（the Great Recession）是指二〇〇七年八月九日金融海嘯引發的經濟衰退。美國次級房屋信貸危機爆發後，投資者對抵押證券的價值失去信心，引發流動性危機。多國央行向金融市場投入大筆資金，卻無法阻止金融危機爆發與蔓延到其他經濟領域。

9 一九七三年，美國最高法院對〈羅伊訴韋德案〉做出標誌性判決，宣布禁止墮胎的州刑法違憲。該裁定引發美國社會長期議論，人們爭辯於墮胎是否合法，或應在多大程度上合法。二〇二二年六月二十四日，美國最高法院正式推翻原判決。

10 無酵餅為一種簡單的麵包食品，為猶太人紀念逾越節吃的食品。

11 《吉姆・克勞法》（Jim Crow laws）為一八七六年到一九六五年間，美國南方與邊境各州對有色人種實施種族隔離制度的法律。該法強制公共設施需依照種族不同而隔離使用，實施範圍包含住宅、婚姻、教育場所、娛樂休閒場所、交通設施等。

12 易洛魁聯盟（Iroquois）又稱為霍迪諾肖尼（Haudenosaunee），是北美洲六支原住民族組成的邦聯，在歐洲人抵達前就已建立。該聯盟主要分布在美國東北部地區，包含今日紐約上州位於哈得遜河以西部分，以及五指湖湖區。

13 雪兒・史翠德（Cheryl Strayed，一九六八年—），美國女性作家，撰寫的散文曾入選美國最佳散文。史翠德在二〇一二年出版的回憶錄，在二〇一四年改拍為電影《那時候，我只剩下勇敢》。

第一章　因為我們總得做選擇

在安．洛曼（Ann Lohman）最後一天的審判上，紐約地方刑事法庭的二樓觀眾席被擠得水洩不通，每個座位上都有人，後來者只好擠在後面。陪審團已經做出決定，從城市各地湧入法庭的人準備聆聽洛曼的命運。新聞記者緊抓住筆記本，憂心忡忡的市民擠滿觀眾席，每個人都希望爭睹被告一眼。「紐約最邪惡的女人，」有些人這樣說她，一個「披著人皮的怪物」。洛曼的別名雷斯特爾夫人（Madame Restell）比較為人所知。她在大約中午的時候由丈夫和法警陪同進入法庭，在審判全程顯得獨樹一幟，因為在擠滿男人的法庭上，雷斯特爾是唯一的女人。她用來蓋住自己深色長髮的白色無邊女帽凸顯這個事實，她的黑色綢緞洋裝也是。當她在律師旁邊坐下來時，洋裝的下擺在她雙腳周遭堆疊而起。法官敲槌要求肅靜，然後提醒房間內所有人雷斯特爾被指控的罪名——她為一位叫做瑪麗亞．波地（Maria Purdy）的女人執行墮胎，導致瑪麗亞死亡。一位在現場觀察的人說那是「在基督教世界做過最邪惡的行徑之一」。當時是一八四一年夏季，雷斯特爾夫人因為提供人工流產，而被以謀殺罪起訴受審。[1]

這位後來被稱為紐約最邪惡的女人，一八一二年出生於英格蘭的佩恩斯威克（Painswick），本名叫安·特洛（Ann Trow）。她在貧困中成長，一等到夠大就離家去作女僕。安·特洛只有十幾歲時，就和裁縫師亨利·索默斯（Henry Sommers）結婚。在她十九歲時，這對夫婦加入歐洲勞工階層的移民行列，在十九世紀頭幾十年抵達紐約，尋找比他們離開的世界更好的生活和更多機會。然而，亨利在抵達美國不久就因為感染班疹傷寒過世，留下安·索默斯和襁褓中的女兒孤身待在一個新的國家。她先是找到女裁縫師的工作，這個行業充滿歐洲移民，所有人都靠著微薄的薪資艱苦度日。她也擔任助產士來補充家計，用在農村成長過程從周遭婦女身上學到的技能，幫助鄰居接生。後來索默斯拓展副業，從接生孩子到避免孩子出生的事務都會做。她調配草藥製作避孕藥和墮胎藥，賣給想防止或終止懷孕的女性組成的無限市場。今日，美服培酮和前列腺素作為藥物流產的兩種成分，在二〇〇〇年得到美國食品藥物管理局許可。但在一八三〇年代，索默斯知道很多可用的草藥——麥角、甘汞、蘆薈，或黑嚏根草，如果將它們磨成粉混合成藥丸可以引發流產。索默斯和其他人用委婉的詞彙代稱這種藥物，像「女性周期規律藥丸」，並承諾女性顧客能「恢復」月事。[2]

一八三六年，索默斯與《紐約先驅報》（*New York Herald*）的經理查爾斯．洛曼（Charles Lohman）再婚，查爾斯很積極將報紙廣告版面剩下的空白處，借給新婚妻子刊登副業廣告。洛曼夫婦一起編造了一段安曾經在法國受過助產士訓練的故事，雖然她一定是在哪邊學過藥方，但是安．索默斯——也就是現在的安．洛曼——確實沒受過正式醫學訓練。於是，神秘的雷斯特爾夫人自此誕生。扮演雷斯特爾夫人的安．洛曼，透過遍布在城市中不斷擴大的辦公處，向已婚與單身婦女、母親和沒有孩子的女性，還有富人跟勞工階級販售避孕藥與流產藥物以建造事業。雷斯特爾夫人的服務可說十分廣泛，對於懷孕時間過長已無法服用草藥的女性，她會引介能幫忙進行流產手術的人，並幫忙在公寓租床位；在不對的時候懷孕卻不想流產的女性可以付費待產，在舒適且完全隱密的環境中生產。如果多付一筆錢，雷斯特爾夫人也會處理領養事宜。[3]

雷斯特爾夫人的審判之所以引發大眾關注，一部分是因為很聳動，畢竟流產是年輕女性偷嘗禁果的結果，而且竟然有人敢將性與母職分開。相對來說，這件事也很新奇。在一八二〇年代以前，美國任何地方都沒有法律限制墮胎。美國殖民者從歐洲帶來幾世紀的法律和文化先例，墮胎並不構成問題，至少在孕婦第一次感覺到胎動之前。[4] 這種觀點其實相當合理，早在超音波檢查進入公眾視野，以及人們透過超音波了解子宮內部的樣貌之前，如果沒有感受到胎動，誰知道一個女人月經沒來、噁心嘔吐或體重增加其實是懷孕症狀，而不只是更平凡事物的結果。例如一位專家證人便在雷斯特爾夫人的審判中，指出這些症狀可能源自腸胃脹氣。[5] 一八二一年，康乃狄克州是第一個在美國非法化墮胎的州，到了一八八〇年，墮胎在每一州都成為重罪。[6] 早期在一八二〇、三〇年代，防止墮胎的法律與胎兒沒什麼關係，甚至與懷孕完全無關。許多法條作為藥物管理措施，被制定來防止懷孕女性購買和服用有害物質，後者有時可能會害她們喪命。但在一八四〇、五〇年代，一群受過專業訓練、愈來愈強勢的醫師開始推動反墮胎立法。一八五〇年代晚期，新成立的美國醫學會（American Medical Association）加入這群醫生行列，以豎立他們在醫學事務上的專業主導地位，[7] 並驅逐與他們競爭的助產士與順勢療法業者。[1]

當你發覺女性對墮胎手術的需求量大幅增加的時間點，和醫師極力推動墮胎非法化的時機不謀而合時，這群醫師的動機就說得通了，那包含他們對女性在不知情狀況下向雷斯特爾夫人這種無照業者購買致命毒物的憂慮，還有對控制醫學市場的欲望。在十九世紀前三十年，歷史學家估計美國的墮胎人數相對少。每二十五到三十位孕婦中，只會有一位終止妊娠。到了一八六〇年，統計顯示每五到六名孕婦中，就有一名孕婦以墮胎終結。[8] 一八七四年，在伊利諾州一座農業小鎮阿特金森（Atkinson）的醫生W・M・史密斯（W. M. Smith），在一份醫學刊物的報告中說道：「我知道有三名受人尊敬的已婚婦女，因為指引較年輕的姊妹『恢復原狀』的方法而惡名昭彰。」他寫道：「這附近有一名老醫生非常樂於助人。他會用一根裝了把手的鐵絲幫助病人，結果十分奏效。之後那名病人將鐵絲傳給她的一個鄰居，鄰居成功摧毀了胎兒，卻也讓自己差點沒命。」[9]在一八九八年，密西根州的非法墮胎最高委員會驚恐地總結道，州內三分之一的胎兒都被拿掉了。[10]

雖然當代反墮胎的言論多半聚焦在胎兒上，但早期反對墮胎的人也同樣關注女人的性。他們認為墮胎允許女性毫無忌憚地從事性行為，如果沒有懷孕威脅，誰能阻止她們發生婚外性行為，給丈夫戴綠帽，甚至在夜晚掩飾下從事妓女工作？全國各報紙將墮胎描繪為「危險、不道德的行動」，只有蕩婦才會需要，並且指控墮胎是由成為罪犯的醫生來執行，幫助她們隱藏罪惡。[11]一八四一年夏天，那群擠進法庭異常激動的紐約人，很清楚雷斯特爾夫人被起訴的罪名——在胎動後執行墮胎終結懷孕——不是她最糟糕的罪行。如同記者喬治・華盛頓・迪克遜（George Washington Dixon）在他的審判紀事裡寫道，雷斯特爾夫人會有罪，是因為「她證明你的配偶有犯下通姦罪的能力，而且犯下次數不僅多到數不清，還不會被發現。」[12]

在法庭內，雷斯特爾夫人的律師為紐約州對她的指控滔滔抗辯。除此之外，雷斯特爾還發起一場宣傳活動捍衛她所提供的服務。在一系列廣告中，她令人吃驚地提供一百美金，給任何一位能證明她的草藥不安全的人。當法庭還在審判這件案子時，她的廣告仍刊登在《紐約先驅報》的分類廣告頁，她也還可以「治療所有不規律或抑制每一位女性健康的疾病」。雷斯特爾在一份廣告中提問：「難道阻卻讓我們深受其害的邪惡，不是一種聰明而高尚的行為？」多生一個孩子可能讓家庭的經濟瀕臨崩潰，雷斯特爾提供的療程還能避免母親冒險進行危害生命的分娩。「只要透過我們能夠控制的簡單健康手法就能達成這些目標，有何不可？」廣告最後說道：「雷斯特爾夫人一直以來都只是提供建議而已。」[13]

一八四一年，審判雷斯特爾夫人的陪審團當然全是男性，因為要一直到一九三七年，紐約州的女性才有權利進入陪審團。陪審團僅僅討論了十分鐘就宣布：「我們判定第三項罪名執行墮胎，還有第四項罪名導致〔瑪麗亞〕‧波地死亡有罪！」[14]洛曼夫婦和他們的律師提起上訴，該項判決在一八四四年二月遭到推翻。這場判決中唯一對雷斯特爾不利的證據，是波地在臨死前，表示她是在感覺到胎動後接受墮胎，但紐約州禁止死前供詞成為呈堂證據。而對雷斯特爾有利的是，波地是在接受墮胎手術後超過一年死於肺結核，因此她的死和墮胎不可能相關。在判決結果出爐後，雷斯特爾夫人的膽子變得更大。她重操舊業，夫婦倆拓展事業，搬到更大的辦公空間，並在整個紐約市開設附屬據點。然而在一八四五年，紐約立法將懷孕任何階段接受墮胎的行為設為重罪，廢除感受到胎動前後進行手術的法律區別。即便雷斯特爾的顧客群不斷成長，她也繼續執業了三十年，但她大部分的生意後來都轉向地下。[15]

當我開始寫這本書時，不只一個人問我：你怎麼可能述說一段不生小孩的「漫長歷史」？他們很精確指出，在一九五〇年代激素類避孕藥才被發明，要到一九六五年，所有類型的避孕藥才合法開放給美國的已婚婦女，而一九七二年後，避孕藥才開放給所有美國女性。近期〈羅伊訴韋德案〉被推翻，反映美國約有兩個半世代的人有權接受合法安全的墮胎。這樣說來，我是在寫關於不孕、修女和單身的故事嗎？幸運的是，對我們全體而言答案是否定的。不生育的歷史比我們以為的還要久遠，我們很常將不生育想成一種當代的選擇。今日有關不生育的討論，傾向認為當代年輕女性的生育選擇脫離常軌——不管那些選項是一種解放或詛咒，端看你的想法。人們認為這些女性為了避開母職，正在做出令人困惑且有待解釋的新決定。但我們知道歷史上確實存在沒有孩子的女性。像英格蘭的伊莉莎白一世就沒有孩子，她是亨利八世和安妮．博林（Anne Boleyn）的愛情結晶，其「童貞女王」的外號被人們反覆傳唱。伊莉莎白在她父親消耗多段婚姻，最終未能成功生下一名男性子嗣後登上王位，統治王國將近半個世紀。儘管她的貞潔一直是備受爭議的話題，像法國國王亨利四世就曾開玩笑說歐洲三大火熱問題之一，就是「伊莉莎白女王是否為處女」，[16]但我們可以確定的是她沒有她父親苦苦追求的繼承者。十九、二十世紀初期的英語經典文學史，基本上是一部沒有孩子的女性大典。這部寶典包含：珍・奧斯汀、喬治・艾略特、勃朗特三姊妹、露意莎・梅・奧爾柯特、[2]愛蜜莉・狄金生、[3]伊迪絲・華頓、[4]維吉尼亞・吳爾芙，還有葛楚・史坦。一八七四年，海莉・塔布曼以四十二歲之齡領養一位叫葛提（Gertie）的女寶寶，[5]但那是在她經歷兩段沒有生下親生子女的婚姻，以及對聯邦軍提出軍事和政治策略的建議後。[17]其他無子女的女性還包含蘇珊・B・安東尼、[6]羅莎・帕克斯（Rosa Parks），[7]以及茱莉亞・柴爾德（Julia Child）。[8]

這些女性都在現代避孕措施來臨前度過部分或全部生育年齡，她們之中有些人可能避免與男性發生性行為或無法受孕，但這或許不是唯一的解釋，她們同時也能運用一些工具積極避孕。中世紀歐洲的醫學論文就列出幾十種避孕和墮胎的草藥，其中有許多被現代科學證實在某些時候是有效的。歷史學家也透過分析中世紀和近代歐洲夫婦的生育模式，指出長期以來女性（可能是和她們的丈夫或其他男性性伴侶一起）在是否生育小孩的問題上，早已做過明確選擇。例如在近代早期的北歐，許多已婚婦女生第一胎的年齡是二十七歲，孩童之間出生的年齡間隔也很遠，令人感到可疑。而且在這些家庭中，常常最小的孩子會在女性生育年齡結束很早前就出生。只有最天真的歷史學家才會歸結近代歐洲人在二十幾歲尾聲才開始有性行為，並在偶爾放縱後，才三十幾歲就放棄性關係。過去大約五個世紀，西北歐有百分之二十左右的女性終生未生，這種現象很正常。[18]不生育並非從人們用硫磺加熱橡膠開始，儘管那種方法製造出現代第一個保險套；也不是從美國食品藥物管理局核准一種藥物開始，那種藥物變得太常見且無所不在，以至於能被直接稱呼為「藥丸」(the pill)。不生育也不是從美國最高法院以七比二投票進行裁決開始，該項裁決認為墮胎的決定權是屬於女性和她的醫生，而非政府。儘管後來最高法院以六比三推翻原先裁決，允許政府再次替女性做主，但不生育的決定不會因此消失。[9]女人總是有選擇放棄母職的理由，也總是有辦法做到。我們掌握的歷史證據在在顯示，女性不生小孩的歷史和她們生小孩的歷史一樣久遠。

將近四千年前，也就是西元前一千九百年，有一份古埃及莎草紙記下殺精劑的配方，那種配方是由水合碳酸鈉和鱷魚糞便混合而成。另一份來自西元前一千五百年的莎草紙，則建議用阿拉伯膠製成的圓盤塞住子宮頸。現代科學已證實阿拉伯膠有殺精劑作用。西元七十七或七十八年，老普林尼（Pliny the Elder）在西元七十九年維蘇威火山爆發、[10]他的身體和寫下的文字同時被凝結在時空中前，曾經寫道：「傳聞中有一種奇蹟，如果在交媾前用男性生殖器官摩擦它，讓它遍布整個生殖器，就能成功避孕。」這裡的「它」是指磨碎的杜松子。據稱古羅馬士兵在打仗期間，會大量使用山羊腸子和膀胱。軍隊帶著它們裝肉和牛奶，之後將它們拿來當臨時的保險套。而在家鄉，古羅馬更流行的避孕法則比較簡單，儘管很難讓人想像如何操作，他們會在發生性行為前將半粒檸檬塞入陰道。《塔木德》（*Talmud*）作為猶太律法主要援引的古拉比文典，建議婦女哺乳每一位小孩至少兩年到四年。那項建議在配方奶粉堆滿雜貨店貨架的時代來臨前，達到一石二鳥之效，一來那確保小孩吸收夠多營養，二來也抑止母親受孕。雖然哺乳無法保證不懷孕，我的高中性教育老師就極力強調這點（她在不到兩年內生下第三胎），但哺乳確實能抑制引發排卵的賀爾蒙分泌。《塔木德》也允許某些類別的女人用一種名叫 mokh 的避孕用品，那種用品通常是以吸水性平紋細布或棉布條製成，會被塞入子宮頸前面。[19]

早期的思想家認為避孕和墮胎沒什麼區別，除了前者比後者簡易安全外。索蘭納斯（Soranus）是羅馬皇帝圖拉真和哈德良統治期間的婦產科權威，他曾提出「避孕比毀掉胚胎更加有利的忠告」。不過萬一女性做了預防措施還是懷孕，索蘭納斯在他編纂一份「能促進月事的利尿劑」列表中，也羅列「清除和淨空腹部」的瀉藥。[20] 希臘醫生希波克拉底（Hippocrates）被稱為「醫學之父」，他以反對墮胎草藥聞名，在希臘文版的西波拉底誓言中就寫道：「我不會給女人墮胎藥方。」[11] 但希波拉底並不反對用物理方法結束懷孕。他在《論種子的生成和孩子的本質》(*On the Generating Seed and the Nature of the Child*)一著中，就建議女性從事激烈費力的運動，直到流產。[21]

在歐洲，避孕和墮胎方法出現在我們擁有最古老的醫學文獻中，方法從可疑到高度有效不一而足。比如運用一種叫野胡蘿蔔的開花植物壓碎的種子，據說在美國阿帕拉契山脈地區，當地居民經常使用野胡蘿蔔作為事前和事後避孕的草藥，最近研究也顯示那有強效避孕特質。起源於印度次大陸的阿育吠陀醫學使用二十八種不同植物，據稱都有終止妊娠的效果。在中亞草原，有一種特殊茴香經常被用來引發流產。幾世紀以來，墨西哥當地的原住民會使用芸香來終止懷孕，北極一些原住民則用樹皮地衣當避孕藥。而在巴西亞馬遜雨林，有一支原住民族Deni族相當信賴一種本地植物，據當代研究發現，男性只要服用一劑就能達到長達六個月的不孕效果。[22]

十八世紀晚期的歐洲和新成立的美國，女性之間也流傳避孕和流產的草藥藥方。像德國的醫學論文提供數十種結束懷孕的草藥調製配方，[23]歐洲人也特別喜歡性交中斷法，這種偏好至少可追溯到近代早期，我們可以從不同歐語中都充斥對這種行為豐富而委婉的說法來證明這點。人們也受到聖經先例影響。在《創世紀》中，阿南(Onan)「將他的精液灑在地上」，以免讓他死去兄弟的妻子受孕。[12] 在歐洲各地，人們也會「在穀倉打穀，在外面揚穀」、[13]「在磨坊門口清空推車」，或者「犁地後將種子灑在石頭上」。伏爾泰則建議「對草坪澆水，但別弄濕土地」。法國人會施行「義大利手法」，荷蘭人和佛拉蒙人施行「法國手法」，[14] 德國人則「在郊區辦事」。[24]

不管不同伴侶用了什麼方法，這些方法顯然有效。從十八世紀晚期到二十世紀初，橫跨法國、英國、日本與美國，北半球的生育率直直下滑，下滑幅度如此劇烈，以至於學者賦予這個現象一個專有名詞——人口轉型。拿破崙戰爭結束後，英國和法國的生育率都下降百分之三十，[25] 之後在十九世紀尾聲，英國生育率減少一半。[26] 十九世紀初在大西洋另一側的美國，女性平均生七個小孩。到了二十世紀初，黑人女性平均生育數為五個小孩，南方鄉村的白人女性是六個，北方白人女性則是三．五六個。[27] 十九世紀當美國生育率下降時，未生育的美國女性百分比也增加。出生在一八三五年的已婚白人女性，只有超過百分之七沒有小孩。但在一八七〇年出生的已婚白人女性，則幾乎有百分之十六沒生育。一八三五年出生的黑人女性只有百分之三不是母親，她們大部分人在生育年齡時都活在奴隸制度下，生產決定權不在自己身上。而到一八七〇年，解放後出生的黑人女性有百分之十三都沒有小孩。[28] 法律專家佩吉．庫伯．戴維斯（Peggy Cooper Davis）觀察到，對許多曾是奴隸的女性而言「不說別的，自由意味著能拒絕生殖。」[29]

生育率下降的現象引發十九世紀道德改革者注意，他們並不覺得自由是場災難。美國內戰的結束引發歷史學家所稱的第二次工業革命。那是一場由生產裝置和消費技術驅動（例如車子、電力與電話）的社會轉型。未婚的年輕男女湧進城市，像飛蛾撲向未來的明亮火焰。他們追求薪資與經濟流動性，以及孩提時代家庭不會准許的生活方式和經驗，對年輕女性尤其如此。黑人男女擺脫官方的奴隸制度，但未擺脫重建時期南方盛行的種族主義思維與政策。15 有許多人到北方尋求較自由的生活，不過希望時常落空。[30] 在一八七〇年，美國國土有大部分仍是鄉野；但到了一九二〇年，有超過半數人口住在城市。在這半個世紀中，幾百萬人以鄉村空氣和馬拉犁，交換城市的霧霾與生產線。[31]

對女人來說，用鄉野交換都市生活，經常意味以未來生活的確定性（包含婚姻、母職和家庭雜務）來交換未知。在一八六九年的情人節，《紐約時報》出版一份人口統計研究，觀察到住在美國東岸沿岸各州的女性，比男性多了二十五萬人左右。這種人口過剩的現象，似乎顯示出有很大數目的女性永遠不會結婚。[32] 莉莉·德維羅·布雷克原先是一名小說家，16 後來變成熱切的女性投票權支持者。一八八三年她在國會上說：「婚姻不再是女人的職業，也不再是養家糊口的生計。」[33] 這是一個年輕未婚女性獨立養活自己的勇敢新世界，而這些女性中至少有一部分人不是以結婚為前提來體驗性行為。對於美國政治界和宗教界一些重要人士來說，避孕和墮胎開始像是通往黑暗未來的大門。一位名叫安東尼・康斯托克（Anthony Comstock）的男人，就跟《哈潑周刊》（*Harper's Weekly*）的記者說：「避孕會導致最嚴重的道德敗壞。上帝設立了某些天然障礙，」他繼續說道，像是讓女人懷孕來防止隨意的性行為，「如果你放縱情慾、消除恐懼，你將會帶來比戰爭更可怕的災難。它會貶低神聖事物、破壞女性健康，並傳播比歐洲瘟疫和疾病更大的詛咒。」[34]

安東尼・康斯托克衣著優雅，他戴著活潑的領結，留著馬蹄形鬍鬚，是十九世紀美國最有力的社會改革者之一。康斯托克有著皈依者的熱忱，在一八五〇、六〇年代初，他正值青春期，據說他沉迷於自慰，在日記裡坦承連祈禱和讚美詩都幫不了他。[35]康斯托克在南北戰爭中加入聯邦軍時，顯然已治癒自己，但卻對同袍下流而猥褻的行為感到震驚，何況同袍還有抽煙、酗酒與玩牌的行為。戰爭結束後康斯托克搬去紐約，並決心將他的美國同胞們從他們天性許多罪惡中拯救出來。一八七二年，他創立紐約反墮落協會（New York Society for the Suppression of Vice），旨在消除一系列罪惡，包括嫖妓、流傳色情刊物、賭博、抽雪茄、酗酒、無神論、婚前性行為與婚外性行為。其中，康斯托克認為避孕和墮胎特別危險，他主張性與生殖的分離將直接導致社會完全崩壞。

康斯托克選擇成立協會的時機再好不過。長期以來，禁酒運動在喀爾文教派和後期聖徒教會中一直處於邊緣地位，[17]但在南北戰爭後數十年卻成為主流。同時，福音派新教的茁壯與該教派對完美人性的信仰，[18]也激發人們打擊人類的卑劣天性。在當時邪惡墮落是個熱門的話題，康斯托克成立的協會很快在美國富裕和權威人士間得到廣泛支持，並開始影響國家政策。[36]一八七三年二月，美國國會提出《禁止買賣和流通猥褻文宣與不道德物品法案》，該法案後來以《康斯托克法》的簡稱為人所知。《康斯托克法》主張禁止人們透過郵件，寄送「猥褻、淫穢與淫蕩」、「不道德」、或「不雅」的出版品。文宣涵蓋範圍相當廣泛，從兒童色情物品、避孕資訊到醫學生的解剖學課本，後來州政府才為校園想出解套方法。法案也禁止美國人郵寄「每一種會阻止避孕或造成墮胎的文宣或物品」，包含保險套、能終止妊娠的藥粉或藥酒。[37]

參議院對於《康斯托克法》法案只簡短討論十分鐘，便付諸表決投票贊成。[38]當法案被送進眾議院時，紐約州眾議員柯林頓・梅林安（Clinton Merriam）主張這項法案極為重要，眾議院應該中止正常程序，立即表決，並跳過議會辯論。印第安納州民主黨的眾議員邁可・卡爾（Michael Kerr）短暫抗議，警告如果「火速」通過法律，很容易違反憲法第一項修正案保障的言論自由。但最終梅林安獲勝，程序中止，康斯托克得逞。[39]三月三日，美國總統尤利西斯・S・格蘭特（Ulysses S. Grant）大筆一簽，賦予聯邦政府審查任何「可能讓年輕或經驗不豐的心靈引發下流與性慾思想」事物的權限。[40]到了一八七四年年底，共計有十三萬四千磅的書籍和十九萬四千張「不良圖畫與照片」被緝察和摧毀。[41]光是在一八八〇年，郵局審查員就沒收六萬四千〇九十四件「為不道德目的使用的橡膠品」。[42]康斯托克提出的法條，在面對被罪惡滲透的世界時拒絕區分程度之別，法條查禁內容包含從避孕到兒童色情刊物等事物。「如果你對任何事物敞開大門，」他說：「那麼骯髒便會傾瀉而入，年輕人也會隨之墮落。」[43]

一八七八年，安東尼・康斯托克在法律的奧援下，假扮成一名焦慮的丈夫，按了雷斯特爾夫人位於紐約第五十二街的辦公室門鈴。他佯裝沮喪地告訴對方，最近懷孕的妻子已經生了太多小孩，他害怕沒辦法再養另一個。雷斯特爾夫人落入陷阱，賣給他一包藥丸，表示那能結束懷孕。隔天康斯托克得意洋洋回來，身後跟著一名警察，兩人一起將雷斯特爾羈押。這次雷斯特爾面對的罪名更嚴重，她不但被指控違反紐約州法，還嚴重違反聯邦法《康斯托克法》。雷斯特爾知道她面對的懲罰將會很重。在文明正值傾覆之際，康斯托克和他的法律可以在自圓其說的情況下，造成立即且無限的傷害，甚至有年邁的男性因為《康斯托克法》而被判刑入獄服監或做苦勞數年。在接受審判那天早上，六十六歲的雷斯特爾夫人踏進浴缸，用刀劃開喉嚨，切斷頸動脈和兩條頸靜脈。「紐約最邪惡的女人」變成《康斯托克法》

超過十幾名自殺身亡的被告之一。[44]

《康斯托克法》比推動他的人活了更久，康斯托克死於一九一五年。無論是像瑪格麗特・桑格這樣的生育控制社運人士或美國陸軍，[19]都未能成功廢除或修正這條法律。由於在第一次世界戰結束後，返家的三百萬名部署軍人中出現四十一萬五千起性傳染病案例，美國陸軍因而堅信保險套的戰略價值。[45]然而，《康斯托克法》不願將保險套與兒童色情刊物區分開來，讓該法律幾乎無法被廢除。國會裡沒有人願意替「猥褻」、「下流」和「不道德」的物品辯護，即便是在陸軍提出要求的情況下，數十年來沒有人甘願冒風險。[46]

可想而知，把某個物品列為非法不會讓它消失，而是讓它遁入陰影、進入黑市，或成為美國食品藥物管理局的檔案中不成文的潛臺詞。一九五七年，當以芝加哥為據點的西爾列製藥（G. D. Searle）為一種結合黃體素和雌性激素的藥丸申請許可時，他們不會把那種藥丸稱為避孕藥，即使他們研發和試驗此藥的目的正是如此。西爾列告訴美國食品藥物管理局，這種藥是為了治療像大量出血或月經不調等症狀。後來美國食品藥物管理局洩漏這種藥的真正目的，監管機構因而要求西爾列在每個瓶子上印製警告標語，提及：「本藥物會阻止排卵。」如同西爾列的臨床研究總監回憶道，那條標語「像個免費廣告」。到了一九六五年，總共大約有六百五十萬名美國女性服用此種藥物。我們能夠假設其中有許多人是希望達到瓶子警告的效果。[47]

直到一九七二年，《康斯托克法》都屹立不搖。不過在該法案即將滿一百歲前，美國最高法院在〈艾森施塔特訴貝爾德案〉以六比一投票結果，賦予所有美國人取得避孕管道的權利。[20] 大法官小威廉・布倫南（William J. Brennan）寫道：「如果隱私權具有意義，那麼無論是已婚還是未婚，個人在決定否生育或成為父母時，都有權利不受政府無端的干預。」[48] 布倫南相當有先見之明地使用特殊詞彙「生育或作為父母」（bear or beget），這為隔年另一起判決奠定基石。一九七三年，德克薩斯州禁止女性墮胎的法律，同樣被判定侵害憲法保障的隱私權。

今日，美國法律系學生都會學到的〈羅伊訴韋德案〉作為美國最高法院確立墮胎權的案件，很難說是人們刻意推動的法律革命。〈羅伊訴韋德案〉的法律論證，實際上奠基於在它之前兩起生育控制案件，包含一九六五年的〈格里斯沃爾德訴康乃狄克州案〉（*Griswold v. Connecticut*），該起案件允許已婚夫婦合法取得避孕藥，以及一九七二年的〈艾森施塔特訴貝爾德案〉。這三起案子猶如牆壁的磚塊，將政府窺探的眼睛阻擋在人們的臥室、醫生診間和藥櫃之外。這些判決結果，以及更廣泛來說，避孕與墮胎方式的合法性和可取得性當然很重要。在人工流產手術合法化後，美國因為墮胎引發敗血症死亡的數值下跌百分之八十九，因為墮胎能夠也必須由診所醫生執行。[49]二〇一一年，美國通過《平價醫療法案》（Affordable Care Act）要求保險公司給付避孕的全額費用後，避孕方法使用率隨之攀升，尤其低收入女性的避孕使用率大幅增加。[50]有研究者也將二〇一八年青少年女性懷孕率創新低的現象，歸功於《平價醫療法案》對避孕的要求，在二〇一九年美國的懷孕紀錄更再創新低。[51]如果沒有〈羅伊訴韋德案〉的保護，有些專家憂慮美國居高不下的孕婦死亡率可能再向上攀升，因為醫生會猶豫或拒絕對像是子宮外孕或不完全流產的病患提供急救醫療，他們害怕這麼做可能會違反所處州的墮胎法。[52]

但節育方式的合法化和容易取得只說明一部分故事。如同〈羅伊訴韋德案〉並沒有發明墮胎的概念，儘管後來〈多布斯訴傑克森婦女健康組織案〉推翻〈羅伊訴韋德案〉，[21]卻沒有讓墮胎的概念消失。無論是康斯托克和他十九世紀的道德改革同伴、〈伯韋爾訴霍比羅比案〉的上訴人（在這起案件中，最高法院試圖限制避孕保障的範圍）、[22]企圖將墮胎定為刑事犯罪的州議會，或者倡導避孕和墮胎權利的人，這些人沒看見的，是科技和取得管道並不是影響人們生或不生的唯一因素。它們是其中一種因素沒錯，但同等重要的是面對這些科技的個體，以及他們生不生小孩的理由。如果這段歷史曾教過我們什麼，那就是不想要或沒辦法照顧孩子的女性總是會尋求方法避免生育，即便她們得冒極大的法律或生命危險。

在十九世紀，美國女性多半在沒有合法生育選擇權，以及缺少現代節育技術的情況下進行避孕。如同社會學家S．菲利普．摩根（S. Philip Morgan）所言，美國女性愈來愈「有意願和能力延遲生育」。就像今日的女性一樣，隨著她們延遲生育進度，「女性生孩子的可能性就愈來愈小」。[53]她們等待的時間愈長，獲得的經驗就愈多，像是避免性行為的經驗、進行性關係但避免懷孕或分娩的經驗，以及沒有生育帶來的各種機會（包含職業、政治、經濟、社會等）。十九世紀女性不生育的理由可能和當代女性沒那麼不同，當然她們沒有我們所擁有的科技。對大部分人而言，沒有孩子的人生可能要結合禁欲、性交中斷法、草藥、祈禱和好運來達成。但除此之外，她們沒有那麼不一樣。她們像我們一樣是推遲者，也需要做出艱難的決定，並在在她們的世界運用有限工具，盡可能過最好的人生。

安東尼．康斯托克對於能在美國移除成千上萬個保險套以及像雷斯特爾夫人這樣的人，感到極為滿足，即便那可能導致被告自殺。他理所當然認為科技的出現與易得性，讓女性在不避諱發生性行為的情況下能夠避孕。今日，反對墮胎與避孕的人也持有相同看法。他們認為科技破壞人類原本的自然狀態，無論這裡說的科技，是指第一種避孕藥中的合成孕激素、作為避孕器的銅絲，或組成當代人工流產藥物的美服培酮與米索前列醇。反對者認為性總是應該具有生殖性的，而懷孕總是應該以生孩子為結果。然而問題是，就我們能追溯的歷史來看，性與生殖的「自然狀態」可能從來都不是事實。節育技術和合法的流產程序，讓沮喪的孕婦避免陷入最糟的情境，像在一八七四年，一名伊利諾州的女性「毀滅胚胎，也幾乎賠上自己的性命」，那時她使用的是醫生給她的鐵絲；而在一九三〇年，有兩千七百名美國女性的死亡原因，被官方證實為「墮胎」。[54]但早在一八四四年固特異（Charles Goodyear）發明硫化橡膠，讓製造保險套得以成為可能以前；早在西爾列為避孕藥申請專利以前；早在〈羅伊訴韋德案〉使墮胎合法化以前，生育率就在降低，無子女現象也在攀升。事實上，在節育技術讓避孕變得更容易，或二十世紀的女性主義運動為避孕提供論述的語言之前，女性早已對要在何時、什麼情況下生育，甚至是否要生育，做出非常小心謹慎的選擇。現代避孕技術的合法化和可取得性，以及（目前尚且存在的）安全合法的墮胎權，確實讓避孕更加方便與安全。然而，女性想控制生育的念頭，從來都不是因為以上的技術和法律產生。

---

1 順勢療法（Homeopathy）又稱為同質療法、同類療法，為替代醫療一種，被科學界認定為偽科學，而引發支持與反對方的長期爭議。順勢療法支持者認為造成一個人罹病的物質，

也能作為治療的解方，而主張「以同類治療同類」的醫治方式。

2 露意莎·梅·奧爾柯特（Louisa May Alcott，一八三二年—一八八八年），美國小說家，最著名作品為《小婦人》。

3 愛蜜莉·狄金生（Emily Dickinson，一八三〇年—一八八六年），美國知名詩人。出生於美國麻塞諸塞州望族，三十歲以後足不出戶，過著純粹創作生活。狄金生的詩風凝鍊深邃，創作的一千多首詩在她過世百餘年依然影響詩壇。她與同時代的惠特曼，一起被尊奉為十九世紀美國詩壇兩大支柱。

4 伊迪絲·華頓（Edith Wharton，一八六二年—一九三七年），美國知名小說家，重要代表作包含《高尚的嗜好》、《純真年代》、《歡樂之家》等。

5 海莉·塔布曼（Harriet Tubman，約一八二二年—一九一三年），美國廢奴主義者與政治活動家。塔布曼出生時為奴隸，長大後得以逃脫。她在南北戰爭期間，曾以武裝偵察兵與間諜身份效力於聯邦軍，晚年則積極參與爭取婦女選舉權的社會運動。

6 蘇珊·B·安東尼（Susan B. Anthony，一八二〇年—一九〇六年），美國著名民權運動領袖，在十九世紀美國女性爭取投票權運動中扮演關鍵要角。

7 羅莎·帕克斯（Rosa Parks，一九一三年—二〇〇五年），美國黑人民權行動倡議者。

一九五五年由於在公車上拒絕讓位給白人被捕，引發聯合抵制蒙哥馬利公車運動。

8 茱莉亞・柴爾德（Julia Child，一九一二年—二〇〇四年），美國知名廚師、作家以及美國史上第一位女性電視節目主持人，她的故事被翻拍成電影《美味關係》。

9 一九七三年，美國最高法院在審理〈羅伊訴韋德案〉時，裁定墮胎權受到憲法隱私權保護。但在二〇二二年，美國最高法院大法官阿利托（Samuel Alito）推翻此說，致使美國眾多女性失去墮胎權。

10 蓋烏斯・普林尼・塞孔杜斯（Gaius Plinius Secundus，二十三年—七十九年，又被稱為老普林尼），古羅馬作家、政治家、博物學家與軍人，著有知名的自然史著作《博物誌》。西元七十九年，老普林尼在觀察維蘇威火山爆發時，不幸被火山噴出的毒氣毒死。

11 希波拉底誓言俗稱醫科學生誓約，是西方醫生傳統上行醫前保證遵守醫德的誓言。

12 《創世紀》為《舊約聖經》的第一卷書，意指「在開始之前」。

13 「打穀」係指將水稻、小麥、玉米等穀物可食用部分的種子，和麥草、稻桿等剩餘莖葉部分分離的過程。「揚穀」則是在打穀之後，將穀物與穀殼分離。

14 佛拉蒙人（Flemish）又可稱為法蘭德斯人、佛蘭德斯人，為比利時兩大主要民族之一，屬於日耳曼分支，主要分布在比利時的法蘭德斯地區。

15 重建時期（Reconstruction Era，一八六五年—一八七七年），是指美國內戰結束後，由於南方邦聯與奴隸制被摧毀，國內試圖解決戰爭遺留問題的時期。

16 莉莉·德維羅·布雷克（Lillie Devereux Blake，一八三三年—一九一三年），美國婦女選舉權倡議者作家、改革者與作家。

17 後期聖徒教會全名為「耶穌基督後期聖徒教會」（The Church of Jesus Christ of Latter-day Saints），該教會在一八三〇年由約瑟·斯密（Joseph Smith）創建於美國猶他州鹽湖城，該教會成員相信耶穌在建立教會兩千年後，再次於「後期時代」透過先知約瑟·斯密重現原本完整的教義。

18 福音派新教為基督新教遵從現代福音主義的派別，特色為強調個人皈依、高度重視聖經道理，持聖經無誤論，也主張透過積極社會活動，將教義融入社會。福音派在LGBTQ、墮胎與性問題上，多採納保守主義的立場。

19 瑪格麗特·桑格（Margaret Sanger，一八七九年—一九六六年），生育控制運動領導人、優生學倡導者。桑格由於母親在第十八次懷孕時過世，並在擔任護士時目睹多名婦女死於妊娠併發症，而主張婦女有權節育，在美國成立第一間節育診所。

20 〈艾森施塔特訴貝爾德案〉（*Eisenstadt v. Baird*）是美國最高法院一項具有里程碑的判決，該判決駁回麻塞諸塞州禁止發放避孕藥給未婚人士的法律，根據美國憲法修正案的第十四項平等保護條款，賦予未婚人士與已婚人士相同的避孕權利。

21 〈多布斯訴傑克森婦女健康組織案〉（*Dobbs v. Jackson Women's Health*）為一起美國最高法院判決案件，主要針對二〇一八年，密西西比州禁止懷孕十五周後特殊情況以外的胎兒進行人工流產的法律合憲問題進行裁決。二〇二二年，聯邦最高法院以六比三裁定《多布斯案》合憲，並以五比四推翻〈羅伊訴韋德案〉，從而讓各州自行立法決定是否賦予婦女墮胎權。

22 〈伯韋爾訴霍比羅比案〉（*Burwell v. Hobby Lobby Stores, Inc.*）為一起美國最高法院判決案件。美國工藝品連鎖店霍比羅比反對美國健保強制企業雇主提供員工避孕支出，主張憲法增修第一條之宗教自由條款，保障企業能以信仰為由免除支付義務，但美國聯邦政府認為營利組織所有者不應為宗教信仰獲得免除權。二〇一四年，美國最高法院以五比四票數，判決霍比羅比能以宗教信仰為由，拒絕為員工提供避孕措施保險。

第二章 因為我們會孤立無援

一九〇三年，艾拉・貝克出生在維吉尼亞州諾福克（Norfolk）一個向上流動的黑人家庭，[1] 她的家庭背景讓她跟家人在一九一〇年種族暴動撼動整座城市時得以逃離。貝克在十七歲時搬去她母親在北卡羅來納州的家鄉利特爾頓（Littleton），她的老家在那裡有一片很大的農田。利特爾頓位於北卡羅來納州的第二國會選區，[2] 該區被南方民主黨人戲稱為「黑區第二」(Black Second)，因為那裡是國內少數黑人選民佔多數的選區之一。貝克家的小孩在利特爾頓東區的中產階級社區長大，因而能免除許多南方黑人面臨的嚴重貧窮與種族歧視。[1] 在他們居住的兩層樓房屋中，艾拉的母親安娜常會在客廳讀書，艾拉和姊妹則會彈奏鋼琴，他們的飯廳桌上擺著高級銀器。安娜・貝克在年輕時是一名老師，那是當時在美國唯一幾種開放給黑人受教育女性的職業之一。婚後安娜不再外出工作，主要因為她的丈夫（也就是艾拉的父親）希望她如此。[2] 布雷克・貝克是一名侍者，在一艘往返於諾福克和華盛頓特區的輪船上任職，這份工作的薪水十分優渥。布雷克就像許多與他同世代的黑人與白人男性一樣，期望達到最具代表性的中產階級象徵——擁有一位留守在家的妻子和母親。不需受雇勞動的妻子是他養得起整個家的證明。[3]

儘管貝克家的地位很高，貝克對童年的記憶卻是她稱為「家庭社會主義」（family socialism）的案例之一，意指一個不受階級區隔、團結在一起的黑人社群。在這樣的社群中，那些資源較多與較少的人會互相分享食物、房子、家庭、工具與財富，整個社區「只有一台脫粒機，今天可能在爺爺家，於是所有需要將小麥脫粒的人便會去那裡……他們也會到處移動。」貝克夫婦曾抵押自家農場兩次，顯然是為了幫助利特爾頓急需用錢的家庭籌措資金。[4] 當貝克家的菜圃長出全家都吃不完的黑眼豌豆時，「你會將它們分送給沒有的鄰居，」她回憶道。「那就是你**做事**的方法，一點也不需大驚小怪。我不覺得我的家庭曾想過要灌輸小孩反對分享的概念，因為我們在成長時獲得有很多食物的特權，從來不會挨餓，能和別人分享食物。因此我們會與人們分享**生活**。」[5]

他們也分享彼此的孩子。當時在利特爾頓，非正式收養很普遍，親生父母會將孩子交給能照顧他們的人，沒有人對此表示懷疑。[6] 貝克在十歲時會定期被徵召去照顧鄰居的孩子，通常是因為鄰居家的母親去世，父親感到手足無措。貝克回憶道：「我媽媽會說：『妳得把衣服拿去給鮑爾先生，然後幫誰誰誰洗澡。』孩子們到處撒野……我們得追到他們，把他們帶回來，將他們放進浴缸裡好好洗一洗、換衣服，然後將髒衣服帶回家清理。這些都是例行工作。」貝克其中一位阿姨有十三個親生孩子，並另外撫養三個孩子，其中一位是她擔任助產士時得到的兒子。在一次接生中，她發現那個嬰兒全身長滿瘡。貝克回憶道：「沒人想要那個孩子，因此她接手扶養。那個孩子是她所有小孩中最優秀的一個。」貝克阿姨非正式收養的三個孩子「都是家庭的一分子」。[7]

貝克生長的家庭會隨著任何需要被包容的成員改變，那形塑了她成年後的政治主張和激進思想。身為民權運動領袖，貝克將利特爾頓視為任何地方的黑人社群典範，這種社群型態將每一位成員視為家人。然而對於一些人來說，這種超越血脈的家庭願景形塑出相當不同的政治觀點，並可能威脅到美國價值，而非帶來希望。

＊＊＊

一九九二年五月，老布希總統和副總統丹．奎爾競選連任的機會渺茫，但由於奎爾發表一場為期三天的演講，針對他提出的「家庭價值」進行議論，讓他們的競選活動重新復活。在演講上，奎爾特別聚焦討論美國為什麼正在失去家庭。隨後數周，幾百篇以「家庭價值」為標題的文章出現在國家新聞，引燃全國對什麼是家庭以及家庭價值應該是什麼的辯論。[8] 老布希和奎爾，以及他們的對手比爾．柯林頓和艾爾．高爾急忙提供有關他們自身家庭的親密細節，希望說服美國人他們已經有答案。美國大眾前所未見地被邀請進入這些政客的家庭生活中。他們聽到奎爾夫婦對生育議題表達分歧意見，公開討論如果他們十幾歲的女兒懷孕，能否實施墮胎（丹．奎爾認為墮胎可以是一個選項，他的妻子瑪麗蓮則說不行。）[9] 舉國再度哀悼老布希因為血癌過世的三歲女兒，並重新經歷高爾夫婦因為兒子出車禍經歷的痛苦煎熬。一九八九年，高爾夫婦六歲大的兒子在觀賞完巴爾的摩金鶯棒球隊球賽後，在一場車禍中幾乎喪命。人們為芭芭拉．布希從容優雅地扮演國家祖母高聲歡呼，並強力質疑希拉蕊．柯林頓是否是一名足夠細心的妻子和母親。畢竟希拉蕊在丈夫競選前是一位成功的律師，人們納悶職業婦女是否適合擔任第一夫人。[10]

然而到最後，這些辯論都顯得不重要。對於大力支持家庭價值的政治家與選民來說，答案再明顯不過：家庭是由已婚的父親、母親還有和他們一起生活的親生子女組成。奎爾提及這種家庭不只遵循「猶太－基督教倫理」，也符合美國價值。不幸的是，他沉思著對一整個房間的舊金山共和黨捐款者說，有不少美國人似乎認為「家庭是由一群被任意安排在同一屋簷下的人組成」。奎爾在演講中點名每一個人，從好萊塢明星到電視觀眾，從職業婦女、單身母親、非裔美國人、自由派人士、民主黨人到文化菁英都被包含在內。[11]

然而，奎爾或許會很沮喪地發現，在美國絕大部分歷史上，用「一群被任意安排在同一屋簷下的人」定義家庭是很貼切的。歷史學家海倫娜·沃爾（Helena Wall）曾觀察美國十七、十八世紀的開拓者，發現這群人「幾乎完全以社群的脈絡思考家庭概念」。對他們來說，養育小孩是一種公共行為，孩子經常在不同家之間被傳遞，交給沒有生小孩的親戚。[12] 對於非富裕的家庭因為擁有餵養、照顧、教育與訓練孩子的資源，而將孩子聚集在一起。對於非裔美國人來說，無論他們是奴隸或自由人，打從第一批歐洲運奴船將他們從所屬的社區和親人身邊帶走，他們便一直透過鄰近關係而非血緣關係，重建家庭與親屬網絡，這是他們賴以維生的方法。[13] 而研究克里族跟梅蒂斯族的學者金·安德森（Kim Anderson）也寫道，[3] 傳統上許多原住民社會「由緊密的親屬關係支撐，其中女性具有重要權威，會和孩童在延伸的親屬網絡裡生活和工作」。[14]

美國家庭如何變得孤立，是一段很長的故事。十八世紀後半葉，西歐的婚姻模式開始改變，當時有愈來愈多夫妻在婚後不再依循大家庭常規，開始獨立生活。當這種婚姻型態增加，人們開始會控制生育、生較少孩子、延長生育間隔時間，並在大自然迫使他們停止生育前率先行動。十九世紀初，美國人朝後來被稱為核心家庭的方向邁出決定性的一步，當時革命性的個人主義論述進入飯廳與爐邊，美國人前所未有地與鄰居拉開距離。與此同時，十九世紀美國的生育率急遽下滑。二次世界大戰後，美國人加緊腳步朝孤立的核心家庭邁進。許多女性為了結婚辭掉戰時的工作，到郊區生養小孩，但當地的社群聯繫較為脆弱。儘管在二次世界大戰後二十年間，美國女性締造傳奇的生育率，但當在郊區誕生與長大的女性到達生育年齡時，卻有許多人選擇不生孩子，只有少數人的生育率能與她們母親媲美。到了一九七一年，美國生育率開始低於人口替代率，此後生育率也一直呈下降趨勢。

美國家庭的孤立化與生育率萎縮是相對應的。歷史數據已經告訴我們，社會支持不只能幫父母的忙，也能幫助人們**變成**父母。近期一群演化生物學家檢視十七、十八世紀，聖羅倫斯河（Saint Lawrence River）沿岸一百四十九個教區的出生紀錄。這條河從大湖盆地往東北注入大西洋，全長約一千九百英里。在今日，聖羅倫斯河是加拿大安大略省和美國紐約州的邊界，但當時那裡是法國殖民地，聚落紛紛點綴在河流谷地。當一六〇八年第一批開拓者抵達，法國天主教神父開始保存出生、結婚和死亡紀錄。接下來兩個世紀移民人口逐漸成長，這段時期當地人口的生育率都偏高，女性平均會生十・二個小孩，一位祖母很輕易就會有超過五十位孫子女。然而，這些人的子孫輩數量卻差很多，在研究樣本中，子孫數目從一名到一百九十五名都有。此外，研究者也驚訝地發現造成這種變數的原因，多半取決於一名女性的居住地離她的母親、社區與她誕生的大家庭有多遠。假如說，一位居住地離母親兩百英里遠的女性，會比另一位與母親住在同一教區的女性少生下一・七五個孩子。人類學家克莉斯汀・霍克斯（Kristen Hawkes）解釋道：「畢竟如果妳在魁北克，而妳的祖母住在克利夫蘭，她可能也幫不上多少忙。」住得離母親近的女性一開始就比較可能生孩子，也更有可能在年輕時就生，因此生的數量也會比較多。來自她們母親、家庭和社區的支持讓她們的孩子在整體上受到更好照顧。也有研究者發現祖母的存在是一種非常重要的「保護」，讓這些小孩相較於祖母已經過世或住得比較遠的小孩，更可能存活到十五歲。[15]

十九世紀，歐洲的孩子在成年後搬離父母的趨勢開始增長，引發人們警覺。一八五〇年代，法國社會學家勒普勒（Frédéric Le Play）觀察到現代家庭隨著孩子成年後搬出父母家、遠離父母或手足而瓦解。在這種情況下產生的家庭，由於子女距離原生家庭很遠、經濟也不穩定，而沒有足夠能力照顧父母或更廣泛的社群。更令人憂心的是由於每個家庭都向內關注，家中成員成一開始就不覺得自己有責任照顧社群。勒普勒將這種新的模式稱為「不穩定的家庭」。[16]二十世紀初，波蘭人類學家馬林諾夫斯基（Bronislaw Malinowski）則賦予這種家庭一個為人所知的名字：核心家庭。正如細胞核構成細胞中心，核心家庭只包含最主要成員：母親、父親以及他們的親生子女。[17]

長期以來，核心家庭置身在一個由鄰居、祖父母、妯娌、沒有孩子的阿姨和朋友組成的緊密網絡中，你不需要敲門就可以進入別人家中。這不僅是好的，更是必要的，尤其對那些有孩子的家庭而言。後來，這種網絡開始分崩離析，一部分原因是美國家庭逐漸從社群遠離，將焦點集中在家的內部。而更實際的理由則是人們開始遷徙到西部、北部、城市，或其他能過上更好生活的遙遠地方。像是有愈來愈多女性選擇落腳在魁北克、芝加哥的分租公寓、北美大平原、美國西部農場與新興的採礦市鎮，以及各地的郊區與住宅區，但代表她們支持系統的母親卻留在克里夫蘭。當家庭日益孤立，人們愈發缺少社群支持，整體的出生率與無子女率便隨之增高。這造成一種很諷刺卻也符合邏輯的現象：當美國的家庭組成朝向丹・奎爾偏好的核心家庭移轉，人們卻可能不再有能力創造這種家庭。

＊＊＊

一七四五年，一位叫作約翰的八歲男孩抵達一名富裕的波士頓商人家門口。這名波士頓商人的房子位於燈塔山（Beacon Hill），那是一個綠樹成蔭的時髦社區。兩層樓高的喬治亞風建築座落在山的南坡，面對波士頓公園，被遼闊的花園與果園圍繞。商人的土地以圍欄環繞，可能是想阻止在公有地吃草的乳牛跑來踐踏，但他的嘗試似乎是白費工夫。當時約翰帶著所有身家財產站在優雅的門廊時，想必感到很敬畏。他的出身十分卑微，幼年在當時還是鄉野的麻薩諸塞州布倫特里（Braintree）度過。約翰的父親是一名牧師，在四十二歲時突然過世，讓約翰原先如田園詩般恬靜的童年變得天翻地覆。原先約翰與家人住在教會提供的牧師住所，但在父親過世後，他與母親瑪麗得迅速打包，將房子讓給鎮上的新牧師家庭。瑪麗很快被悲傷淹沒，在不知所措下決定將約翰送去和他波士頓商人叔叔同住。[18]

湯瑪斯和莉蒂亞，也就是約翰的叔叔和嬸嬸，是波士頓知識菁英的其中一員。他們也是率先對英國統治感到不滿的人們，最終引發美國獨立革命。湯瑪斯和莉蒂亞富裕而成功，住處也十分豪華。他們十三年的婚姻似乎非常幸福，卻沒有生下自己的孩子。當約翰來到這個家時，雖然我們不知道湯瑪斯和莉蒂亞有什麼感受，像他們是否將約翰當作祈禱的回應或必須承擔的責任、是否將約翰當作長久等待的孩子般熱忱歡迎，還是他們其實滿足於膝下無子，因此得花時間培養作父母的情感。但無論如何，湯瑪斯和莉蒂亞把約翰視如己出。他們將約翰養大成人後，把他送進波士頓拉丁學校（Boston Latin School）和哈佛學院就讀，並讓他以生意夥伴、接班人和繼承人身分在他叔叔身邊工作。[19]當湯姆斯在一七六四年過世時，約翰繼承他的貨倉、商店、商船、存貨和房地產，所有財產總計超過十萬英鎊，相當於今日的兩千萬美金。[20]莉蒂亞則繼承他們在波士頓公園的房子，但很快簽約轉讓給姪子，條件是要讓她在那裡安享天年。除了家產，約翰也繼承他的養父母對英國實施的《航海法》（*Navigation Acts*）的不滿。[4] 他在二十七歲時，堅定地領導叔叔的公司漢考克公司（House of Hancock），成為美國殖民地最富裕且最具影響力的男人之一。[21]

約翰・漢考克（John Hancock）這名在《獨立宣言》中簽名最龍飛鳳舞的人，是由他沒有生孩子的嬸嬸養大。更重要的是，約翰・漢考克之所以成功並為人所知，是歸功於他直系核心家庭以外的人。他是他更廣大的家庭和社群的產物。由於瑪麗・漢考克和莉蒂亞・漢考克活在一個孩子經常從一個家轉移到另一個家的世界裡，沒有生育的女性至少在某段時間內會扮演起母親。女性之間的網絡將家庭與社群連結在一起。因此當瑪麗・漢考克陷入情感與經濟危機時，會仰賴另一名女性介入養育她的孩子。

早期美國家庭可能多少像今日的家庭，成年子女在結婚後會離家、搬到新家，並在那裡養育孩子，但他們之間很少鎖上門，不管在實質或象徵意義上都是。[22] 在十七世紀的麻薩諸塞州，有一次瑪麗・索拉斯（Mary Sollas）走進隔壁房子，發現「門是開著的，因為她是鄰居所以沒敲門就進去」，結果撞見鄰居正在「進行淫蕩行為」。在馬里蘭州，布麗姬・強生（Brigid Johnson）不管鄰居家「用杵將門固定住」還是不請而入，結果驚訝地撞見她的未婚夫與房屋女主人躺在同一張床。[23] 如同一名歷史學家詩意地觀察到，一個家庭居住的房子

「既不是城堡，也不是子宮。」[24]對女人而言，這意味著她們每天會進出彼此的家，雖然有時會打擾到別人製造寶寶，但更多時候她們會投入協助生下寶寶後的工作，像縫紉、烘焙、清理與採購。寶寶會在她們的臂彎間被傳來傳去，她們會分享母乳，管教並愛護彼此小孩。構成這種網絡的基礎正是大家庭，無論是姊妹、嬸嬸、阿姨、堂表姊妹或妯娌，過去女性與丈夫的姊妹共處的時間，少說和丈夫相處時間一樣多，這樣的過程往往讓她們發展出超越親戚的友誼，形成女性生命中最強烈的情感。可以說，女性是在由其他女性組成的緊密網絡中生育、撫養小孩，並成為一名母親。儘管並非所有人都曾生育，但大部分女人在某個時刻都曾擔任過別人的母親。[25]

年輕的約翰·漢考克作為父母輩共同的資源與責任，八歲以前在世界上就有兩位母親。當然，父母很愛他們的孩子，但過去很少有父母會將孩子視為己有，那是現代父母比較常表達關係的方式，意即將孩子視為自身財產，甚至具有所有權，許多實際案例都是如此。[26]一七七六年，在五位美國孩童中就有一位遭到奴役，這表示他們的合法擁有者不是他們的父母。在南方某些州，被奴役的孩子比作為自由人的孩子還多。[27]而白人父親確實合法擁有擁他們的子女，但在不同聚落與經濟地區，白人家庭至少會將一名未滿青春期的孩子送到別人家中工作，以獲得報酬或學習手藝。把孩子送出去的行動，意味著將孩子安置到另一個家庭進行勞動與受到照護。這些孩子可能擔任別人的僕人、農場工人或某行業的學徒，以交換飲食、住宿、教育甚至愛。[28]在紐約、紐澤西、賓夕法尼亞和德拉瓦州的貴格會家庭，[5]大約有超過三分之一的家庭會生下八位以上的孩子，但有超過百分之六十的孩子會與至少七位以上的其他孩子同住。[29]換句話說，這些大家庭往往是由非親生兄弟姊妹的孩子組成。當每一個孩子在不同家庭間流轉，無論是鄰居、朋友、各種家庭成員、教會或任何一個收養孩子的家庭，都被期望在教育、管教和照顧層面，發揮和父母一樣重要的功能。

家庭的定義應該具有可塑性、可滲透性與變動性，允許有血緣關係或沒血緣關係的人們，以不同程度參與家庭的親密生活。整體而言，早期美國人願意以隱私和封閉交換支持和社群，用對親生小孩的唯一擁有權交換共同養育小孩的方式，後者能更平均分攤成人的精力與家庭空間。[30]這種照顧方式有時會體現在莉蒂亞・漢考克這樣擁有豐沛資源，能承擔養育責任的女性身上；有時則會體現在艾拉・貝克的家鄉利特爾頓，即便當地人們生活艱困，但整個社群都會介入援助，輪流扮演母親角色並養育彼此的小孩。

艾拉・貝克以全班第一名成績從北卡羅來納州的蕭爾大學（Shaw University）畢業，那所學校是美國歷史上第二悠久的黑人大學。如同艾拉所說，她賣力想走上一條人生道路：成為一名醫療宣教士。她計畫在芝加哥大學社會系或醫學系展開研究所生涯，準備未來透過科學和上帝指引為窮人提供服務。但她碰到一個難題：金錢。她在南方鄉下的老家手頭算是寬裕，但她卻支付不起城市的房租，在芝加哥也沒有親戚能伸出援手。因此後來貝克沒去中西部，而是往東北走到了曼哈頓。那裡有一位堂兄能在她站穩腳跟前，提供住宿和安全網。[31]

貝克在一九二七年秋季抵達紐約哈林區，當時正值哈林文藝復興全盛期，黑人藝術、音樂和知識生活點亮二〇年代的曼哈頓北部。貝克陶醉在那股活力之中，後來表示：「老天，那真是棒透了！」。[32]同時，貝克從南方鄉村帶來的社群精神，在教堂地下室和擁擠的客廳也找到豐厚的土壤與家園。人們在那些地方激烈爭論共產主義、社會主義或其他事物，是否能為推動黑人平權鋪展道路。貝克受到童年經驗影響，在一九三一年加入青年黑人合作聯盟（Young Negroes Cooperative League）。那是一個藉由大量購買食物與其他民生用品，以降低成本的互助組織。合作聯盟提供貝克擴大「家庭社會主義」模式的範本，透過輔助社區的方式，最終達到社區自助。貝克很快就變成全國聯盟的主任，她耗費十年時間跑遍全國，到處舉辦演講與工作坊，教導黑人社群透過募資與重新分配資金、食物與其他物資，以度過大蕭條時期。[33]

一九四〇年代初，貝克近一步展開在美國民權運動大本營——「全國有色人種協進會」（National Association for the Advancement of Colored People，簡稱為NAACP）的工作，擔任組織中的地方秘書一職。6 在一九四一年大多數時間，貝克都待在被馬丁・路德・金恩稱為「美國實施種族隔離最全面的城市」阿拉巴馬州伯明罕，推動組織的活動。[34] 她經常帶著公事包獨自旅行，包包裡塞滿協進會宣傳民權的文件和手冊，那讓她很容易成為別人的眼中釘。在阿拉巴馬州，民權運動人士經常被毆打或殺害，警方充其量只能幫點小忙。[35] 儘管危險重重，貝克卻深愛在阿拉巴馬州的工作。原本她優渥的家庭背景、受過大學教育與在紐約生活的經歷，應該能讓她脫穎而出，但她一直記得在利特爾頓的童年給她的啟發。貝克在一九四一年的工作經驗中，認知到全國有色人種協進會的組織理念太「陳腐無趣」，當回到紐約後，她與協進會的領導階層發生衝突。她認為組織希望達到「讓非裔美國人進入白人中產階級」的野心過於狹隘，[36] 並批評協進會花太多時間在爭奪權力，卻沒花足夠時間在教堂地下室和客廳。她也認為組織過於煩惱成員數目，卻疏於和成員進行有意義的溝通來往。貝克的願景是重建孩提時代見證的社群價值觀，以及大蕭條時期在哈林區看見的互助精神。[37]

貝克一生致力於社群奉獻，以她的方式講，她本身「對小孩真的沒有興趣」，一部分原因是她曾親眼看見母職如何打擊她母親的職業抱負。但在四十二歲時，貝克收到社群希望她肩負起母職的請求。貝克的哥哥科提斯（Curtis）寄了一封信到她在哈林區的公寓，信中提到他們年幼的外甥女賈姬（Jackie）「一直在關心北方親戚的近況」，這封信提出一個早就出現在艾拉預料中的請求。賈姬的母親瑪姬（Maggie），也就是艾拉和科提斯的妹妹，在很年輕時就懷孕了，但長期以來都無法照顧自己的孩子。貝克的母親安娜在賈姬年幼時負責照顧她，但到了一九四五年，安娜愈來愈老邁和體弱多病，無力再承擔母親一職。貝克從小受到訓練，學會預期和接受撫養一個非親生孩子的責任，因此她同意接手，讓賈姬前往紐約。[38]

當賈姬進入貝克生活時，貝克是全國有色人種協進會的分會主任與紐約辦事處主席。當時賈姬還是一名小學生，她記得當時自己「必須走很快才跟得上」她阿姨。「很多天晚上，我都會坐在開會的人們後面做功課。」貝克的丈夫鮑伯也很積極照顧賈姬，但鮑伯時常得出差遠行，他是一名冰箱的推銷員與技工，[39]貝克因而仰賴她的鄰居和朋友填補這一塊空缺。他們的鄰居莉娜小姐是一位遠房親戚，賈姬的到來鏈結起兩家人的關係。「莉娜小姐總是在對的時間看向窗外，」一九七七年貝克跟一名採訪者提到。「然後她就會帶賈姬去她住的地方吃飯。」每當賈姬從小學走過兩個街區回家，發現鮑伯或艾拉都不在時，便知道要去敲莉娜小姐的門要點心吃。莉娜小姐還會陪伴她跟教她寫作業。一名訪談者曾在貝克晚年時問道：「撫養一個八歲小孩，是否讓你的生活方式經歷劇烈改變？」貝克大笑道：「還沒有到不能開會的地步。」[40]對於貝克來說，照顧賈姬從未取代她對更廣大黑人社群的關心，而社群也反過來幫她照顧賈姬。

一九六〇年秋天，賈姬在奧杜邦舞廳（Audubon Theatre and Ballroom）結婚。奧杜邦舞廳是新藝術風格的建築瑰寶，位於紐約的華盛頓高地，現在則以麥爾坎．X在一九六五年被暗殺的地點聞名。[7] 但在一九六〇年九月七日，奧杜邦舞廳是個充滿歡笑之地。艾拉．貝克、賈姬的母親瑪姬以及其他親朋好友都聚集在一起慶祝。在一張照片中，賈姬將一朵胸花別在貝克外套上，貝克則露出燦爛笑容。她或許不是新娘的親生母親，但她是新娘眾多的母親之一。正如一位傳記作家寫道，賈姬的婚禮以及她和貝克一生建立的親密情誼，是「艾拉．貝克人生中最精彩的部分」。[41]

當美國人類學家妮亞拉．蘇達卡薩（Niara Sudarkasa）在一九六〇年代初抵達奈及利亞，研究約魯巴族（Yoruba）女人的親屬關係模式時，她發現該族存在一種社群精神和關懷，與貝克在利特爾頓的童年，以及她在成年後擔任賈姬母親的經驗有很多共同點。「在我住的小鎮上，我是個怪胎。」蘇達卡薩寫道。當時她二十幾歲、未婚、沒有小孩。這些條件讓她在過去與現在，都會被劃分到美國受過高等教育女性的範疇。[42] 但她在約魯巴寄居的屋主卻覺得她很奇怪。蘇達卡薩回憶道：「各式各樣的人都想**塞給**我一個孩子，我會被指定擔任母親的角色。」對於那些提出母職要求的女性來說，這件事完全有道理。她們認為這名人類學家是一位成年女性，但她能幹的雙手卻空空如也，而她住的院落多的是小孩跟忙不過來的婦女。蘇達卡薩解釋，約魯巴女人為了分擔養育下一代的重擔，經常被指派照顧「狹義上非親生但能負擔母職」的孩子。她的寄宿屋主於是邀請她加入這個社群，在社群之中，人們得以超越血緣，共享擁有孩子的喜悅和養育的任務。[43]

蘇達卡薩在一九六四年結束奈及利亞的田調，回到哥倫比亞大學完成博士學業。同一年，另一名年輕的人類學家卡蘿・史塔克（Carol Stack），正要開始進行有關黑人家庭與親屬關係的研究計畫。史塔克的研究地點就在她的家鄉，她挑選美國中西部城市的一個貧窮黑人社區 the Flats 為據點。雖然她為田野地點取了「傑克森港」的匿名，但我們大致能推測她實際做研究的地點是在伊利諾州的厄巴納─香檳市（Urbana-Champaign）。史塔克就像在奈及利亞東北部做研究的蘇達卡薩一樣，被當地人視為異類。她是一名中產階級白人，來自血緣與核心家庭佔主導地位的社群。[44] 負責提供她地方資訊的人親切地稱她為「白卡蘿」，以區分她和當地某個人同名的姪女。傑克森港的人們對家的定義很廣泛，重視行動勝過血緣。如同史塔克寫道，當朋友開始表現出像家人般的行為時，「他們就會被歸類為親屬」。親屬關係是透過血緣或行動締結，並在當地形成一種「不受家系距離與標準限制的互動網絡」。儘管沒有人將孩子交給史塔克，但史塔克經常看到不同小孩在家庭與朋友之間流轉。有時這種流轉具有永久性質，例如一名很年輕的母親，可能會把她的孩子「送給」一對沒生育的夫婦，不願再負擔照護小孩的任務。但更常見的情況則像史塔克說的，人們會為彼此養育小孩，意指人們會在限定或不限定時間內，承擔起撫養別人孩子的責任。[45]在這種情況下，父母的權力、責任與照顧義務，都會從親生父母轉移到社群裡的其他成年人身上。

在一個陽光明媚的夏日午後，史塔克與一位名叫喬治亞的女人坐在the Flats的門廊。當埃瑟爾阿姨（Aunt Ethel）正嘗試從一位名叫愛麗絲的小孩口中拔出一顆鬆動的牙齒時，喬治亞不以為然地皺起眉頭——拔這顆牙齒的時間還太早了，喬治亞的沉默怒視傳遞這個訊息。愛麗絲是喬治亞的親生女兒，但這對母女和埃瑟爾阿姨同住。早年埃瑟爾曾獨自照顧愛麗絲六個月，當時喬治亞暫時搬到別的城市居住。史塔克寫道，在她出身的白人中產階級世界裡，「很少有人，即便是親戚，會被授權或自願參與小孩的健康照護或行為訓練，除非得到特別允許或發生緊急事故。」但在傑克森港，在這個案例中埃瑟爾擁有決定何時或是否該從愛麗絲口中拔出鬆動牙齒的權利，她對孩子的親職權利，幾乎等同或超越喬治亞這名親生母親的權利。[46]

史塔克觀察到的親屬關係和蘇達卡薩在約魯巴研究的親屬模式，以及艾拉·貝克童年在利特爾頓經歷的「家庭社會主義」都有些類似。它們都作為一種有充分彈性的體系，讓來自半個世界以外的人有機會參與。親屬應該是靈活且有廣大流動性的。在親屬關係中，別人的孩子有可能也是你的孩子；而從小孩的觀點來看，任何成人都能作為他們的母親，不管他們是否為生母。這種相似性並非巧合。無論是在利特爾頓、傑克森港或者在美國其他地區，黑人養育子女的傳統根源於西非相互支持與依存的精神價值。這種傳統被受到奴役的非裔族群帶到美國，重新創造以「延伸親屬作為家的非洲概念」，形成一種生存和抵抗的模式。如同社會學家派翠西亞・希爾・柯林斯（Patricia Hill Collins）觀察到，在西非文化中，親生母親與孩子被認定擁有特殊關係，但她不是唯一一個有權利與責任撫養小孩的女性。養育兒童的任務是由社群集體完成，而這種社群是在柯林斯所說的「具有合作性、依照年齡分層、以婦女為中心的母職合作網絡」組成。該網絡在奴隸制度瓦解後倖存下來，並在貝克成長的南方鄉村與她成年後居住的北方城市黑人社區中，找到豐厚的土壤與新的家園。[47]

長期以來，像安娜・貝克這樣的祖母在黑人社群中一直是提供養育的重要來源，而且不只是提供經濟援助，或在危機時刻提供援助（這是白人家庭常有的情況）。當托育機構太過昂貴或不存在時，祖母能為孩子提供日間托育，讓精疲力竭的父母能有一些不受小孩干擾的空間，同時教導孩子學會從社群（而非單一對象身上）滿足需求。[48] 祖母在養育下一代的規劃中扮演至關重要的角色，這可能也是人類在演化過程為她們預備的角色。一九五七年，一位名叫喬治・C・威廉斯（George C. Williams）的生物學家提出一項理論，認為人類女性在經歷更年期後還能繼續存活數十年，而不像大部分的哺乳類動物在產下第一胎不久便死亡，是因為她們能照顧孩子與子孫輩，為後代奠定生存與茁壯的基石。[49]近年來，科學家將這個理論稱為「祖母假說」(grandmother hypothesis)，指出年長女性之所以會停止生育，是因為她們能透過照顧社群與大家庭，達到比擁有更多自己的孩子更大的貢獻。

祖母和其他家族遠親在養育小孩上發揮核心功能是大半歷史的常態，但在十八世紀下半葉，一個奇怪的現象在西歐發生，讓歐洲人以及後來的美國人失去他們的祖母，顯得和世界上其他地方格格不入。一位名叫約翰・哈納爾（John Hajnal）的經濟學家仔細審視歷史上歐洲各地的婚姻紀錄，發現整個歐陸的婚姻模式相當一致，但在十八世紀中期左右，西歐與東歐開始產生分歧。哈納爾拿起一把尺，在東北方的芬蘭灣聖彼得堡與西南方的義大利里雅斯特（Trieste）之間，畫上一條對角線。這條線以東的人大多延續幾世紀以來的習慣，家庭組成也類似於世界上許多地方。女性很早就結婚，並常常嫁給年長很多的男性，婚後她們會住在多代同堂的大家庭。只有一小部分女性未婚，其中大部分是寡婦或修女。對角線以西，情況看起來就愈來愈奇怪，人們開始晚婚，通常會在二十幾歲甚至接近三十歲才結婚，與伴侶年齡差距也很小。夫妻在婚後會組成經濟獨立的個體家庭，另外一大部分的人口則不會結婚，包括**半數的**女性。哈納爾評論道：「目前還沒有已知的非歐洲文明人口案例，形成類似模式。」[50]他將這種現象稱為「歐洲婚姻模式」。

歐洲婚姻模式的出現顛覆了婚姻和小孩的計算公式。如果你在婚後搬進丈夫家，開始參與任何已經行之有年的經濟活動，那麼就不太有理由推遲婚姻。假如你周遭有各種阿姨、嬸嬸、妯娌和祖母會協助家務，幫忙餵養孩子，幫孩子換洗衣物，那為什麼不在結婚後趕快生？為什麼不生多一點？相反地，如果你在婚後得搬出老家，組成自己的小家庭，那得先有工作、專業技術、土地或莊稼，也要在經濟上夠穩定，才能餵飽自己與家庭，提供家人遮風避雨的房子和保暖衣物。這意味著人們會晚婚，而無法達到這種穩定性的人可能永遠都不會結婚，久而久之孩子的數量也會跟著減少。十九世紀歐洲生育率急速下降的地區，大多在哈納爾線以西，東部的生育率則多半和以前相似。[51]針對這種現象，一部分的解釋很明確：二十五或二十七歲結婚的女性，在婚育年齡上自然比十七、十八歲就結婚的女性來得短。但人口統計學家也發現，西歐和北歐夫妻會刻意延長孩子的出生間隔時間，以達到限制生育目的。從十六世紀到十九世紀，西歐與北歐地區的手足出生間隔平均月數開始穩定上升，同時女性也開始減少生育，意即在更年期很早以前就停止生產。例如在十六世紀的蘇黎世，女性最後一次生育的平均年齡為四十一．四歲；到了一八一九年，則變成三十四歲左右。[52]

在美國獨立革命後那段令人激奮的日子裡，歐洲的婚姻模式飄洋過海來到北美十三州。即便當時新成立的共和黨正試圖擺脫大多數的歐洲遺緒，但或許受到獨立與自給自足的革命理想啟發，美國人開始前所未有地區分家庭和社群，彷彿長期以來和家庭相互融合的社群，變得像是一種威脅。[53] 在一八三〇年，一名《女士雜誌》（*Ladies' Magazine*）的撰稿人寫道：「我們走向世界，在商業和娛樂的布景之中……〔並〕看到有關正義和榮譽的每一項原則，甚至對普遍誠信的要求都遭到忽視，我們脆弱的道德感受到傷害。」為了抵禦外面的危險，「我們尋求家的庇護，那裡聚集了同情、榮譽和美德。」[54] 在殖民地時期的美國，這種對公與私、家庭和社群的道德性區分並沒有什麼意義。然而到了共和國初期，家庭成為一種保護形式，讓美國人透過革命奮鬥而創建出的社會，免於受到外界侵害。現代的核心家庭不僅作為一種血緣單位，在公眾想像中，更是一種由天然獨特的忠誠與愛結合而成的社會單位。[55]

在一八四〇年，希曼・漢弗萊（Heman Humphrey）曾寫道：「每個家本身就是一個州立或一個帝國。它由親密的吸引力組成，並受到家父長統領，世界上沒有任何權力能干涉它的特權。」漢弗萊長期擔任麻薩諸塞州安默斯特學院（Amherst College）的校長，他的著作《家庭教育》（*Domestic Education*）可被視為最早的家庭價值專著。當此之時，核心家庭已經變成美國的理想典範，也像物理定律般成為世界上不證自明的事實。如同漢弗萊寫道：「國家也許可以隨心所欲改變政府形式……但無論在何時何地，家庭都只有一種典範，從它出現伊始到現在，我們不可能去改變它，不然將會損壞它的美好，並直接違背造物主的智慧和仁慈。」[56]

在十九世紀，當昭昭天命吸引美國拓荒者向西開發時，[8] 他們遇到的原住民家庭結構，挑戰了他們信守的一種永恆、自然家庭典範。路易斯・亨利・摩爾根是一名人類學家和鐵路律師，[9] 他在一八五〇年代末期受到史密森尼學會資助，[10] 耗費數年記錄從堪薩斯州、密蘇里河上游到今日蒙大拿州一帶的美國原住民親屬網絡。在一八六二年，摩爾根已經記錄五十一種親屬模式，並總結這些模式都比美國近年來才形成、以血緣和婚姻組成的中產階級親屬模式來的低等。他認為人們採用核心家庭形式後，擺脫過去「野蠻與雜交的狀態，走向最終的文明」。[57]

在摩爾根記錄的五十一種親屬模式中，有幾種模式的特色都是女性跨越世代和血緣，合力撫養社群中的孩子。例如達科塔族（The Dakota）中代表大家族的詞為「tiospaye」，這個詞彙涵蓋非血緣親屬、跨世代連結、共同母親甚至多重婚姻的意思。[58] 女人作為未來世代的保護者，經常佔據相當有權威的位置，並負責控制家庭與社群的財產。這種制度中隱含的

「雜交」與「野蠻」特質，讓原住民家庭成為美國殖民主義主要欲修正的目標之一。[59] 當《聖經》擁護的私有財產觀取代土地集體管理制，美國西部法律開始將土地所有權與婚姻行為綁在一起，要求原住民族離開親屬關係，在個人土地上建立個體家庭，如果他們希望得到土地使用權或在經濟上存活。[60] 要求原住民族和美國白人文化與社會進行「同化」，無疑等於摧毀他們的社群支持網絡，並迫使他們建立彼此孤立的核心家庭。到了十九世紀中葉，無論是出於自願或被迫，美國人大致都已認同丹・奎爾所欣賞的家庭組成：一位負責養家糊口的父親、一位負責照顧所有家庭事務與維持家庭道德規範的母親，以及他們的親生子女。

當然，希曼・漢弗萊聲稱核心家庭是與生俱來的說法並不正確。如果我們看看世界其他地方或美國過去兩個世紀，便會知道他的主張充滿漏洞。但人們普遍對核心家庭價值觀的信服也帶來一定後果，那就是長久以來，社群與家庭相互重疊支持的形式開始變得**不自然**。一個家庭如果要像「一個小小的州」一般存活，會需要相當資源來彌補鄰居與朋友能提供的援助。例如共同分擔家務勞動、共享貝克家曾經能供應的黑眼碗豆，還有照顧社群中其他人曾經能一起養育的孩子。一個篤信這種支持系統為非必要的社會（畢竟依賴他人違反了自然界定律），不會輕易提供這類支援。某些時候，這樣的社會甚至會對需要支持的家庭祭出懲罰。

在一九九〇年代，卡蘿．史塔克坐在傑克森港的門廊和廚房餐桌，觀察人們如何透過社群網絡和集體養育的方法，讓該地區得以生存與興盛，過了三十幾年後，另一名人類學家也展開對黑人家庭與親屬關係的研究。莉絲．穆林斯（Leith Mullings）跟史塔克一樣算是個局外人。她出生於牙買加，在康乃爾大學接受護士培訓，之後到芝加哥大學專攻人類學博士學位。穆林斯在紐約市立大學的教授職位，引領她到最終進行研究的地點。穆林斯工作的其中一環，是跟史塔克一樣在城市裡的黑人社區挨家挨戶拜訪，她選擇的地點是哈林區。當一九二〇年代末，艾拉．貝克抵達哈林區時，當地的活力曾令她感到著迷。隨後在經濟大蕭條時期，哈林區的社群支持和精神韌性也帶給貝克相當大的啟發。穆林斯的工作受到美國疾病管制與預防中心的生育健康部門補助，她提及這項計畫部分體現了政府「檢視生殖行為背後的社會脈絡的大膽舉措」。在醫學界和公衛界，人們愈來愈擔憂白人與黑人日易加大的嬰兒死亡率和健康差距，這種差異無法以母親個體當作風險因素進行解釋。穆林斯著重於質性研究，換言之，她並非專注於統計數據，而是透過與人交談，記錄該社群的經濟、外在環境與社會條件，並調查其中成員承受壓力的方法。這些資訊只有在很少時刻會出現在成員的病例中。穆林斯將這項計畫稱為「哈林區出生權利計畫」（Harlem Birth Right Project）。

穆林斯在研究過程中，發現當時哈林區蘊含的能量並不亞於二〇年代貝克感受到的活力。她提及這個地方是「都會非裔美國人文化上的麥加」。哈林區通常也是從其他州搬來城市的美國黑人，或從別的國家移民到美國的群體的第一站。多元背景造就當地獨特的食物、藝術與音樂風景，從世界各地前來的人們聚集在此，也強化地方的社群情誼。像是珊卓拉・伯恩（Sandra Bourne）是一名三十多歲的「哈林區基本權利計畫」參與者。她的一些家族成員散居在美國東岸，包含長島到維吉尼亞州一帶，但沒有人住在紐約附近。當她懷孕時，哈林社區的居民（而非她的親戚）團結起來支援她，她在速食餐廳的同事為她舉辦一場新生兒派對，為她籌錢購買嬰兒汽車座椅、嬰兒推車和衣物。珊卓拉的店長也是一名非裔女性，她幫珊卓拉買了一張嬰兒床，並協助裝潢嬰兒房間。[61]

然而另一方面，這些年來哈林區的景況並不好。一九七〇年代中期發生的全球經濟危機讓紐約市預算大幅縮減，社會福利也節節倒退。同一時期國內大量流失的製造業工作，也顯示勞動高薪工作正在減少。到了一九九〇年，哈林區超過半數以上的成年勞動者都在從事文書或服務業工作，通常這些工作的薪資低，福利也有限。儘管一九八〇年代美國的經濟復甦，卻沒帶來多少幫助。從一九七五年到一九八七年，這十二年間美國的貧窮率從百分之十五，攀升到百分之二十三。而在一九八八年到一九九八年的十年間，紐約最貧窮家庭的總收入幾乎掉了百分之二十。雪上加霜的是，在一九九〇年代中期，紐約市削減十億的學校和教育補助，並開始推動公立醫院和住宅私有化，這些措施破壞原先像哈林區等不太富裕的社區長期仰賴的支持系統。與此同時，快克古柯鹼在美國各大城市氾濫，帶來了毒癮與暴力。隨後政府推動的大規模監禁計畫，[11]更進一步損害許多都會的黑人社區網絡。今日，美國有多達七分之一的黑人小孩有一位父母身陷牢中。[62]

「哈林區出生權利計畫」的參與者反覆告訴穆林斯和她的團隊，在充斥貧窮、暴力、監禁與毒癮的環境中養育小孩，讓他們持續感受到壓力。「他們對孩子在這種環境中成長抱有很深的憂慮，」穆林斯觀察：「外人很難理解。」[63]而在缺乏機構支持的情況下（而且機構常常是故意缺席），祖母同樣扮演介入養育孩子的角色。但穆林斯發現這種照顧模式與其是為了延續以女性為中心的支持網絡與社群情誼，不如說是為了讓後代生存。當她們的女兒在與毒癮奮鬥或身兼好幾份工作，祖母的存在單純是為了回應孫子女對母親的需求。[64]而在經濟光譜另一端，躋身中產階級或中上層階級的黑人家庭，則往往採取同階級白人的價值觀與生活方式。他們會搬到郊區或城市，遠離大家庭與其他親屬。如同派翠西亞．希爾．柯林斯觀察：「原先黑人社群存有的親屬網絡，在非裔公民社會結構與制度變化下，面臨被侵蝕的危機。這顯示我們必須透過重塑網絡或開發其他支持系統，來供應黑人孩童的需求。」她進一步闡釋：「對於大多數美國黑人孩童而言，現實已經不再有一位祖母或一名『虛擬的親屬』能照顧他們。」[65]

艾拉·貝克曾說：「利特爾頓不是一**座小鎮**，它是一**群人**。」然而一個社群需要紮根才能茁壯，人們需要時間、信任與相互的支持才能讓根深入土壤。但在二十世紀中葉，社群的根卻反覆被粗暴拔起，並在更惡劣的氣候中被重新植入貧瘠的土地。人們搬到新的城鎮，遇到和自己沒有連結的人，他們有不同的生活方式，也對鄰居抱持不同期待。「他們失去他們的根，」貝克說。「當你失去根時會怎麼做？你會**希望**開始以更寬廣的手足情誼來思考關係。」[66]但當人們面對種族歧視、貧窮與流離失所的三重壓力，同時又承受外界對核心家庭應當自立的期待時，不管是在過去或當下都很難維持社群運行。隨著哈林區的經濟狀況持續惡化，黑人祖母努力撫養孩子，提供那些在郊區或市中心的全職母親必須花錢給保母或日間托育中心才能得到的照護。過去兩世紀以來，當我們的家逐漸變成城堡與子宮，我們也放棄親屬涵蓋的廣闊概念。我們成為孤立無援的父母，從社群中撤離，並以個人付費的方式取代社群照顧。

但這麼說並不是指我們缺少可參考的範例，或者說即便我們有意願也無法重新打造社群支持系統。在一八六五年十二月，《美國憲法第十三條修正案》廢除了奴隸制度，解放超過十萬人，其中包含一位名叫卡莉．史提爾．洛根（Carrie Steele Logan）的女性。洛根與成千上萬人離開他們唯一熟悉的生活，前往亞特蘭大。她在市中心的聯合車站找到一份女僕工作，成天負責掃地、擦拭車廂和收垃圾。當時她很驚訝發現有許多小孩擠在角落，小嬰兒被用毛毯小心翼翼包裹，藏在避風處。這些孩子全都被拋棄、不斷挨餓並無家可歸，如同洛根的傳記作家形容：「他們全都被逆境的狂風吹襲，是一群沿著毀滅的河流漂浮而下的流浪兒！」[67]

洛根也曾是一名孤兒。大約在一八二九年，洛根出生在喬治亞鄉間一處種植園，她一出生就成為奴隸。洛根的母親在她很小時就過世，留下她獨自一人仰賴其他成年人提供的保護、指引與愛。這種集體養育方式在奴隸制度下經常出現。較年長的被奴役女性經常擔任「社會母親」，在父母工作時幫忙照顧小孩，並以非正式形態收養孤兒。[68]洛根在兒時就受益於這種照顧，當時曾有人冒著極大風險教她讀書識字。當洛根想起過去努力照顧她的女人們時，她發覺自己無法忽視城裡那群悲慘的孩子。她開始在白天時將她找到的小孩藏在空的棚車，晚上再把他們帶回家。但很快地，被遺棄的兒童數量超越她微薄的薪水，她小小的兩房住宅也快容納不下所有人。[69]

洛根不願意就這樣放棄。她善用她的讀寫能力寫了一本小書。這本書其中一部分是自傳，述說自己作為被奴役的孤兒，如何成為一名自由女性的勵志故事；另一部分則是為她在亞特蘭大收養的孤兒籌措資金。「在我年老時，我認為這會是一項偉大而光榮的工作，」她在書中寫道。「而這份工作將在我可憐脆弱的身軀化為塵埃後，長久延續下去。」這份工作就是建造卡莉．史提爾孤兒之家（Carrie Steele Orphan Home），該機構也是美國第一所收容非裔孩童的孤兒院。洛根用她寫書的收入和全國支持者的捐款，買了一棟蓋在亞特蘭大郊區一塊四英畝土地上擁有三層樓高的磚造建築。到了十九世紀尾聲，史提爾孤兒之家的院區已經包含一所學校和一間醫療診所，為超過兩百二十五位孩童提供住所、教育與職業培訓。[70] 如今，更名為卡莉．史提爾—皮茲之家（Carrie Steele-Pitts Home）的收養機構，提供成千上萬名孤兒住處與重建的親屬關係。有一些被收養的孩子在成年後回到機構，將職業生涯奉獻給孤兒院裡的年輕世代，例如第二任董事奧莉薇特．愛莉森（Ollivette Allison）。二〇一〇年，當奧莉薇特．愛利森過世時，她的訃聞第一行寫道：「愛莉森從來都沒有自己的孩子，但她在六十年的職業生涯中，照顧了數千名嬰孩。」[71] 如同該機構的官方網站寫道，卡莉．史提爾—皮茲之家作為一種「愛的遺產」，是一個始於需要而結合的社群，並在最終成為一個家。[72]

近年來，我們試圖模仿卡莉．史提爾．洛根在亞特蘭大的行動，重新連結家庭和社區，並建立全國人民都能使用的公共支持系統，但紛紛以失敗收場。一九七一年，明尼蘇達州的民主黨參議員華特．孟岱爾（Walter Mondale）提倡兩黨共同立法，以達到政府從根本上擴大對早期孩童照護的資助，以及支持有生育家庭的目標。儘管民主黨和共和黨對這項法案應該如何運作有歧見，但兩黨共同的概念是創造一個由政府資助，開放給所有父母的日間托育中心網絡。當時，全民托育的概念得到廣泛支持。女性主義者和婦女團體相信該法案能擴大婦女外出工作的能力；勞團認為法案提供工作日托育問題的解決方案；民權團體希望透過法案，擴大美國南方許多非裔家庭仰賴的「啟蒙計畫」（Head Start programs）。[12] 對一些保守派團體來說，補助幼兒托育計畫似乎很吸引人，因為它以家庭為優先。該法案的最終版本《全面性兒童發展法案》（*Comprehensive Child Development Act*）提出一種托育中心系統，以浮動的標準收取日間托育和課後照顧費用，並將家庭教育、營養、健康和發展納入法案支持範疇。孟岱爾在針對法案進行言詞辯論時提到：「唯一沒有商量餘地的一件事，是這些計畫應促進兒童發展，而非單純為了讓母親能外出工作。」換句話說，這些計畫不僅提供孩子在白天有安全的托育場所，也以具體方式參與養育過程。後來《全面性兒童發展法案》以近三分之二的票數在參議院通過，它的另一項姊妹法案則全票通過。[73]

這項法案在十二月送交白宮，法案的支持者希望這項跨黨派法案能被視為送給尼克森總統的聖誕禮物。當時水門案尚未發生，但尼克森已經四面楚歌，大眾對越戰的想法日益分歧。然而尼克森對此卻不苟同，他認為這項法案就像特洛伊木馬，外表看似慷慨有吸引力，實際上卻隱藏會搞垮國家的利器。尼克森否決了法案，並針對國會同僚超乎尋常地寫了一份尖銳的譴責信。他提及《全面性兒童發展法案》是一個「極為莽撞的舉措」，該法案將使國家「為了信守巨大道德威信，而承諾以公共方式撫養孩子，並反對以家庭為中心的養育方式。」由於日間托育主張母親在外出工作時，將孩子交給其他人照顧與部分撫養，這種概念本身挑戰了美國理想的核心家庭觀。最終，尼克森寫道：「這個總統，與這個政府，不願跨出這一步。」[74]

《全面性兒童發展法案》的批評者擔心在法案通過後，女性會被鼓勵外出工作，而非在家陪伴小孩。如此將導致國家生率降低，就像十九世紀的女性投入職場，而讓生育率下降一樣。但諷刺的是，由於國家缺少兒童和家庭的基礎建設，或者更精確來說，基礎建設只供應給付得起的人，生育率下降已經不是一天兩天的問題。過去我們已經花了一個半世紀歌頌能自給自足的核心家庭，並在家庭與社群間築起高牆，期望父母獨自扛起養育子女的責任，或支付任何需要的援助。如今，我們可以很肯定地說，我們比以往都更需要彼此。當托育成本貴得嚇人、工作時數變得比以前還長，並且在大多數的雙親家庭中，兩位成人家長都必須出外工作才能達到收支平衡，我們需要重建能為自己節省時間與精力的社群。然而如果缺少外部支持的網絡，誰會有足夠時間與精力重建這樣的社群？

＊＊＊

沒有生孩子、但像媽媽一樣關懷別人孩子的女性，如莉蒂亞・漢考克、艾拉・貝克與安娜・貝克，還有像卡莉・史提爾・洛根和奧莉薇特・愛利森般擔任社群母親的女性，這些人都是社會學家史坦莉・M・詹姆斯（Stanlie M. James）稱呼的「母職」（mothering）典範，意指一種不依賴生物學生殖關係，照顧兒童與社群的方式。當「母親」（mother）是名詞時，它成為一種嚴格定義的身分，可能讓女性被孤立，這個事實在近年來變得愈來愈清楚。然而當「母親」成為動詞，意義轉變為「實踐母職」（mothering），那它會成為任何人都能做的事。無論人們是否有生育、是否被指派養育特定孩子，或是否有生育孩子的身體構造。這種觀念幫助波士頓、利特爾頓到奈及利亞的社群，讓他們共同分擔撫養孩子的喜悅與重擔。從好幾世紀、好幾世代以來，那些遠比中產階級白人更熟悉如何與危機共處的女性，便知道社群的支持和社群的生存繁衍能力息息相關。社運人士伯妮絲・強生・雷根（Bernice Johnson Reagon）便曾寫道，「母職」應該被視為一種文化工作，它是「整個社群為了養育自身和後代而組織起來的方式。」[75]

卡莉・史提爾・洛根從棚車以及她在亞特蘭大小小的公寓開始，最終在一個成功運作一個半世紀、擁有雄厚資金的組織中重建社群與家庭。當時的她經歷比現在的我們所能想像更劇烈的社會動盪。事實上，家庭、社群、親屬團體以及大家族（tiospaye）都不一定需要由血親組成。正因為我們抱持對血緣的期待，致使我們最終失去家庭。共同分擔養育孩子的責任與愛、能夠支持親生父母的社群，例如利特爾頓、傑克森港，或早期的新英格蘭城鎮是能被**創造**出來的。在許久以前，卡莉．史提爾．洛根便知道，這些社群必須被創造。

---

1 艾拉．貝克（Ella Baker，一九〇三年—一九八六年），非裔美國民權運動者。貝克的主要身分為運動幕後的組織者，曾與二十世紀美國多位知名民權領袖共事，職涯橫跨五十幾年。她反對專業化、魅力型的領導方式，主張基層組織，鼓勵培養被壓迫者理解自身處境與自我發聲的能力。

2 美國國會選區是為了選舉美國眾議會議員而設置，每一州負責劃分自身選區，選區從一個到數個不一而足，並隨著每州人口、議席數量的變化而調整。

3 克里族（Cree）與梅蒂斯族（Métis）為北美原住民。克里族主要分布在蘇必略湖以西和以北，以及美國蒙大拿州等地區。梅蒂斯族則分布在加拿大的草原三省、安大略省、英屬哥倫比亞省、西北領地和美國部分部分區域。

4 《航海法》是一六五一年，英國通過第一項保護英國本土航海貿易的壟斷法案，該法案作為引發美國獨立戰爭的原因之一。

5 貴格會（Quaker）興起於十七世紀中期的英國與美洲，該教會英文名有「顫抖者」之意，指人在上帝面前應當戰慄。貴格會堅決反對奴隸制，在美國南北戰爭前後發揮重要作用。其信徒由於受到英國國教與清教徒迫害，而主要定居在羅德島州與賓夕法尼亞州。

6 地方秘書（field secretary）為美國許多民權組織的職位，通常負責組織與協調地方活動事務，與當地社區建立聯繫。在全國有色人種協進會中，地方秘書為各州分會的最高職位。

7 麥爾坎・X（Malcolm X，一九二五年—一九六五年），非裔美籍伊斯蘭教教士、非裔美國人權運動者，麥爾坎・X早年為黑人穆斯林組織伊斯蘭國度（Nation of Islam）的知名領導者，主張黑人優越主義與種族分離主義，後歷經思想轉向，與主張非暴力抗爭的馬丁・路德・金恩合作爭取黑人民權。一九六五年，麥爾坎・X在奧杜邦舞廳進行演講時，遭到伊斯蘭國度的成員槍殺身亡。

8 昭昭天命（Manifest Destiny，又譯為天命昭彰、顯明天命），為美國慣用術語，反映十九世紀美國定居者的信念。十九世紀的美國人認為他們被上帝賦予向西拓展，讓領土橫貫北美洲、直達太平洋的天命。

9 路易斯・亨利・摩爾根（Lewis Henry Morgan，一八一八年—一八八一年），美國知名人類學家，被譽為十九世紀美國具影響力的社會學家之一。摩爾根以探討易洛魁人親屬關係的研究聞名，他是早期支持美洲原住民在古代從亞洲遷徙到美洲的學者之一。

10 史密森尼學會（Smithsonian Institution）為美國博物館和研究機構的集合組織，是美國唯一一所由政府資助、半官方性質的博物館機構，擁有世界最大的博物館系統與研究聯合體。

11 大規模監禁計畫（mass incarceration）是指一個國家或地區，透過刑事司法系統大量關押與監禁其公民的現象。造成這種現象的原因包含刑法嚴苛、對非暴力罪刑的過度懲罰、種族不平等與經濟因素等。大規模監禁計畫在一些國家（例如美國）特別明顯，該政策容易對國內最脆弱的群體，包含有色人種與貧窮階級造成巨大傷害，並複製經濟與種族的不平等處境。

12 「啟蒙計畫」（Head Start programs）為一九六五年美國政府實施的幼兒教育與幼兒福利政策，該計畫主要受到詹森總統的大社會理念啟發，提供貧窮家庭三至五歲的孩童包含教學、營養與衛生保健的補助，為一種以社區為本的幼教方案。

第三章 因為我們無法擁有一切

在一九五〇、六〇年代，如果你在美國既單身又沒子女，那可不太妙。海倫．格莉深知這點，[1] 她曾經半開玩笑地說：「如果你是一個女人，但到三十歲還未婚，那你可以去大峽谷跳崖了。」後來她結婚了，在三十七歲時變成海倫．格莉．布朗，那是在她過了女人的「賞味期限」很久以後。也許正因如此，她一生都在鼓吹單身女性做任何她們想做的事，而且不需因此感到羞愧。「善於理財很性感，」她寫道，性也很美好，「你這種傾向是遺傳而來的。」她在一九六二年出版的書《性與單身女郎》（*Sex and the Single Girl*）中向女性保證：「你會有這些浮想聯翩的頑皮念頭，不是因為你是個邪惡的女孩。」[1]

布朗出生在阿肯色州西北角一個位於奧扎克山脈（Ozark mountains）的小鎮。用她自己的話來說，她出生在一個「鄉巴佬」家庭，被一名釣魚和狩獵委員會的委員在偏遠地區養大。[2] 布朗的父親在她十歲時過世，青少年時期，布朗和她的母親與妹妹搬到洛杉磯，進入伍德伯里商學院就讀。後來她的家人搬回阿肯色州，但她留在洛杉磯努力謀生。她前後在十七間左右的廣告公司當秘書，慢慢往上爬，直到成為加州年薪最高的女性廣告文案。一九六五年，當布朗四十三歲時，她被任命為《柯夢波丹》總編輯。接下來三十年內，她在雜誌上提供職業忠告、美容秘訣和愈來愈露骨的性建議。她也與當時的女性主義領袖巨頭意見不合。[3] 據說格洛麗亞・史坦能曾一度率人入侵《柯夢波丹》的紐約辦公室。[2] 貝蒂・傅瑞丹曾有一句名言，[3] 那就是布朗的雜誌除了販賣「不成熟青少年程度的性幻想以外」，什麼也沒有。布朗為女性帶來的解放是性感的、陰柔的，最好是穿高跟鞋體驗，這與傅瑞丹中產階級式的體面，或史坦能的嬉皮風格、政治上的基進女性主義大相逕庭。當布朗在二〇一二年過世時，全國公共廣播電台的新聞主持人奧蒂・科爾尼希（Audie Cornish）稱呼布朗為「穿著普拉達的先驅，踩著細高跟鞋的革命分子。」[4] 她是《慾望城市》風格的女性主義創始人，是凱莉・布雷蕭（Carrie Bradshaw）的老前輩。[5]

在一九八〇年代初，布朗在紐約市赫斯特大樓（Hearst Tower）的辦公室左右開攻，抵抗左翼女性主義和受雷根啟發的保守主義，這兩方都有許多痛恨《柯夢波丹》的理由。布朗在空閒時寫了一本書的草稿，計畫將書取名為《鼠堡計畫》（*The Mouseburger Plan*），這是一本給她稱為「鼠堡」的女人的手冊。這些女人像她一樣，天生沒有特別漂亮的外表、天才智商或特權背景，但卻好鬥、野心勃勃，努力尋求成功。但布朗的出版商否決鼠堡這個書名，反而，她成為一本名為《擁有一切》（*Having It All*）的暢銷書作者。這本書充滿「平庸女性如何爬到頂端」行之有效的訣竅，包含以一名《柯夢波丹》編輯來說會提供的很可疑但不完全令人意外的建議，像「節食確實是道德、性感和健康的」。書中也有比較實際而明確的建議，像「看開一點」跟「不要太張牙舞爪」；還有實際有幫助的建言，例如「永遠都不要讓你的靈魂屈服」。布朗建議這群被她稱為「鼠堡」的平庸女性和任何想要的人上床（即便是和她們的上司），但別把性愛技巧和事業成功混為一談。「你沒辦法一路睡到頂端，連中途都到不了，」她提出警告。「你得自己努力，最好馬上就開始。」[6]

在這本書的原始封面上，六十歲的布朗綻放微笑，穿著無可挑剔。她身穿酒紅色絲絨裙、配戴珍珠項鍊，棕色頭髮吹成頭盔狀，像一條固定的頭巾。在她頭上飛揚著書的副標題，標示她對「一切」的定義：**愛情**、**成功**、**性**、**金錢**。這些文字也許正確描述書的內容，但布朗痛恨這個書名。「我一直把這本書想像成是為了被壓迫者而寫，」她唉嘆道。「一本由一名失敗者變成贏家的人寫的書，而不像書名上寫的，是一位一開始就贏在起跑點的聰明人寫的書。」「更何況，」布朗跟她的編輯們說，《擁有一切》聽起來「該死地陳腔濫調。」[7]

很不幸的是，布朗認為很陳腔濫詞的書名，幾乎馬上被另一個她更討厭的主題取代。

一九八一年，在溫蒂・瓦瑟斯坦（Wendy Wasserstein）的舞台劇《這不是很浪漫嗎？》（*Isn't It Romantic*）中，[4] 有一個角色哈莉特（Harriet）問她的母親：「我們能結婚，或跟男人同居，擁有一段良好關係與小孩，跟伴侶分擔責任，然後還同時擁有事業，有時能夠讀小說、彈鋼琴、有女性友人，並且一周游泳兩次嗎？」「你在說的是女性雜誌中提到的『擁有一切』嗎？」哈莉特的母親諷刺地回答。「那只是你們這個世代的幻想。」[8] 從女性解放運動視角來看，原先布朗勾勒出由愛情、成功、性和金錢組成的願景，很快就變調成更傳統的幻想。布朗後來回憶道：「在擁有一切的概念中女性的三大組成部分，被變換成擁有工作、男人和孩子。」[9]

有鑒於孩子從來都沒被包含在布朗的願景中，但擁有孩子卻在後來成為女人能「擁有一切」概念的核心，我們就會知道這其中的轉變有多諷刺。事實上，布朗在女性主義者和非女性主義者間，曾主張一個極度不受歡迎的論點，就是母職才是解放女性的障礙（而非胸罩或外貌標準）。在一九九一年，將近七十歲的布朗受邀到電視節目上與娜歐蜜・沃爾夫辯論，[5] 節目主持人則是前任總統雷恩的兒子榮恩・雷根（Ron Reagan）。「我們要把自己打扮得美麗不是問題。」布朗說道。娜歐蜜・沃爾夫在她如今成為經典的著作《美貌的神話》（*The Beauty Myth*）中，主張女性被追求不現實的美貌標準佔據心思，追求外表耗盡女性的專業與才識，迫使她們在社會上安分守己。但布朗反駁，認為女性面對的最大障礙根本不是外貌標準。「我們被鼓勵擔任母親，被鼓勵懷孕。」她指出反墮胎運動的主要目標就是要讓女性「被孩子拖累」，如此一來，她們就比較無法在傳統上由男性主導、近期才向她們敞開大門的職場世界取得成功。[10] 布朗在她的書中曾承認，要同時擔任一名母親和一名「平凡卻追求成功」的女性是有可能的。「如果你想得要命，也願意為此付出代價，你就能同時擁有成功的事業和有教養的小孩。」[11] 但你為什麼要這麼做？布朗問道，你聽過比同時兼顧母職和事業更難說服人的事嗎？[12] 在布朗早期的構想中，擁有一切和婚姻與育兒無關，它所談論的是女性在性和事業上的解放。

今日，無論是在政治光譜哪一端，人們都很厭惡「擁有一切」的說法，至少就布朗從未主張的「兼顧工作—丈夫—小孩」的意義上。安・瑪莉・史勞特（Anne-Marie Slaughter）是歐巴馬總統的國務院政策計畫處處長，二〇一二年，史勞特在《大西洋月刊》（*The Atlantic*）中承認，她身兼兩個小孩的母親、普林斯頓大學的終身教授以及總統的任命官員，即便是她都無法「擁有一切」。[13] 史勞特的話引發軒然大波。二〇一八年，蜜雪兒・歐巴馬在布魯克林巴克萊中心（Barclays Center）向坐滿全場的觀眾說：「這整個關於『你能擁有一切』的概念是行不通的，不，不可能在同個時候，那是瞞天大謊。無所畏懼並不總是足夠的，」[14] 她在觀眾熱烈鼓掌下繼續說：「因為那個狗屁道理就是行不通。」[6] 從政治右派立場來說，擁有一切的概念則長期被他們嘲笑是一場騙局或自由派的陰謀。保守的獨立女性論壇（Independent Women's Forum）主席卡莉・盧卡斯（Carrie L. Lukas）曾說，倡導女性「能擁有一切」的目的，是讓女人相信她們應該勇於追求事業，因為她們可以「當全職的工作者，並成為業界的領袖，而不用犧牲和家人相處的時間。」[15]一九九一年，前副總統麥克・彭斯（Michael R. Pence）則在一篇專欄文章裡寫道：「當然，你能擁有一切，但你送去日間托育的孩子會受到情感上的傷害。」[16]

在某些地方，「擁有一切」的想法還是存在，例如矽谷。那裡的人相信只要願意盡全力就能擁有一切。[17]二〇二二年三月，在政治光譜上難以被歸類的金・卡戴珊也給女性類似建議。在新冠肺炎肆虐的兩年間，許多女性不斷掙扎。她們面對不可靠的學校與托育系統，工作和生活因為相互打斷而崩潰。但金・卡戴珊給的建議是：「給我站起來，好好去工作。」[18]這種觀念在政治右翼中再次重振，並被保守派的婦女運動者轉化與挪用，後者聲稱在現今世界，「擁有一切」不僅是可行的，還可能讓墮胎和女性主義等事物變得不必要、愚蠢和過時。這種思維的具體代表，是美國最高法院大法官艾米・康尼・巴雷特（Amy Coney Barrett）。艾米擁有七個小孩，她每天早上起床都會做混合健身。艾米還強烈暗示她能晉升到美國最高法院，證明生孩子會造成的物質和經濟負擔不再存在。[19]也就是說，那些〈羅伊訴韋德案〉的大法官認為如果要求女性違反意志生下小孩，那政府會負擔太沉重責任與後果的說法是不成立的。因為世界上像艾米・康尼・巴雷特的人已經證實，我們早已能擁有一切，或者至少說我們能辦到，如果我們肯早點起床做伏地挺身，不要那麼懶惰的話。

持平而論，自由派也不免神化那些似乎能擁有一切的女性。二〇一〇年，當艾蕾娜・卡根（Elena Kagan）被總統歐巴馬提名為最高法院大法官時，她的生育紀錄與司法紀錄一樣難逃被檢視的命運。卡根是歐巴馬任內第二位被提名的女性大法官，加上索尼婭・索托馬約爾（Sonia Sotomayor），她也是歐巴馬任內第二位沒有孩子的女法官。這對許多人來說——甚至是左派——是一個錯誤。例如作家莉莎・貝爾金（Lisa Belkin）就在《紐約時報》描述一名「女性主義者朋友」的抱怨：「我希望卡根能是一名母親，這樣做會傳達錯誤的訊息。」[20]有人認為，卡根和索托馬約爾是在職業上抄捷徑選擇不生孩子，才能進入最高法院。這些爭論都暗示著如果能拔擢那些「已經做到一切」的女性，不是更好嗎？

我們對「擁有一切」的執著的有趣之處，在於這裡的「一切」，廣義上來說是指同時擁有丈夫、小孩和工作，這種觀念其實並不特別創新。在大部分歷史上，大多數女性都被期待同時要在生育和家庭經濟上做出貢獻。在美國，無論是有色人種、移民、勞工階層或貧窮女性，都很少有機會將她們全部的精力和勞動力資源單獨投注在孩子身上。長久以來，美國黑人女性的共同經歷，就是在奴隸制的暴力中被迫出外工作；當奴隸制廢除後，在外面工作則變成一種必要的經濟手段。在歐洲農業區，女性和她們生出來的小孩都是為了確保家庭生計而得從土地挖掘足夠營養的寶貴勞動力。而早在歐洲人登陸北美州海岸以前，原住民婦女就已經同時扮演了生活、勞動與母親的角色。當歐洲人的船隻抵達時，他們也帶來勞動的女性。在北美殖民地，擁有經濟生產力是一個「好妻子」的珍貴特質。[21]

假如說工作的定義是「以勞動換取薪資」，那十九世紀人們在勞動方式與地點上發生的重大改變，就是他們開始會到外面工作。在這種情況下，母親留在家裡有時可以說是合理的，畢竟家中需要有人照顧年幼的孩子，讓每個人都能吃飽穿暖。但留守家中的母親同時也成為一種令人嚮往的家庭地位標誌，彷彿是躋身新興中產階級的會員認證。[22] 一名歷史學家曾將「養家糊口的父親—家庭主婦的母親」組成的家庭，稱為「《天才小麻煩》典範」（*Leave It to Beaver* model）。[7] 在這種模式中，父親會負責工作賺錢，母親則會照顧孩子和家庭。然而，這種家庭典範實際上只存在一個半個世紀，在長久歷史中只不過曇花一現，也只服務那些中產階級或假扮成中產階級的人們。[23] 即便是在一九五九年，當電視上熱映《天才小麻煩》的家庭情境劇、戰後嬰兒潮也抵達高峰，哪怕是雙親都出生在美國的白人家庭中，還是有三分之一的家庭都無法只靠一份薪水過活。「與大眾看法相左的是，」歷史學家史蒂芬妮．庫茨（Stephanie Coontz）說：「《天才小麻煩》並不是一部紀錄片。」[24]

今日就像在過去一樣，絕大部分的母親都在工作。根據美國勞工統計局的數據，在擁有未滿十八歲孩子的美國女性中，有超過百分之七十的女性都在外面工作，並且有百分之八十左右的人是全職工作者。[25] 或許過往那個短暫存在過的「男主外－女主內」現實已經消失，但它還是留給人們這樣的迷思：女人的角色就是成為母親，成為母親意指待在家裡，而待在家裡代表不用工作。這三者之間的關聯似乎變得永恆而自然。在一份二〇〇二年的調查中，只有百分之十一的美國人認為孩童年齡尚小的母親適合做全職工作。在二〇〇三年，幾乎四分之三的人同意這樣的描述：「現在有太多孩子在托育中心長大。」[26] 當有這些數據存在，許多美國女性會在職業抱負、經濟需求，還有她們生育撫養孩子的能力間感到緊張就不足為奇了。

當人們談論到因為工作而不生孩子的女性時，抱持的刻板印象通常會是教育程度過高的女性主義者，穿著褲裝在辦公室和會議間跑來跑去，然後回到充滿貓的漂亮家中。然而受到工作或經濟因素影響而不生小孩，似乎也是歷史上無數女性的寫照。例如在前工業化歐洲社會中，大約有五分之一的女性選擇不婚不生，以抵銷人口成長與支持家庭經濟。在大蕭條期間，美國陷入經濟困境，沒有生育的女性比例比美國歷史上任何時期都來得大。學者們也認為在二十世紀頭幾十年，有三分之一的黑人女性沒有小孩，似乎是因為她們覺得經濟流動性和生育是互相排斥的，因而選擇投入勞動。此外，像是在阿帕拉契山脈的煤礦區，[8]當地生育率也隨著一九七〇、八〇年代的化石燃料價格起起落落。[27]

在十九世紀，美國女性集體決定少生一點孩子，因為她們的經濟生活經歷激烈改變。在一個世代之間，美國大半人口從鄉村移居到城市。十九世紀後半葉，有數百萬名未婚女性搬到城市找工作，其中包含先前被解奴的黑人女性，她們期望透過從事支薪勞動，尋求更自由的生活。早期在解放奴隸和女性投票權運動的成功帶動下，教育和職業開始對某些女性敞開大門。具有勞僱關係意義的工作大部分從家庭移出，世界分成家庭和工作兩個領域。大多數女性會兼顧生育與經濟的概念不再是必然，而比較像非此即彼的選擇。你能選擇生孩子，或選擇賺錢，但無法兩者兼具。大部分女性持續在養小孩的空檔盡力塞入工作，但不生育或延遲母職，還有限制生育孩子的數量，變成愈來愈可行且吸引人的選項。在過去一個半世紀以來，女性無論收入如何，即便面對愈來愈大的經濟壓力，卻仍被要求要生小孩。這些壓力致使母親的身分和女性的才識、職業抱負與經濟生存處境相衝突，她們也因此做出合理的回應，那就是少生一點。

有一些人，像哲學家西蒙・波娃根本不生。一九〇八年，西蒙・露西・厄涅絲汀・瑪麗・伯特拉德・德・波娃（Simone Lucie Ernestine Marie Bertrand de Beauvoir）出生於巴黎。

她是法蘭索瓦（Françoise）和喬治・波娃（Georges Bertrand Beauvoir）的長女，這對夫婦在當時的資產位階夠高，能為他們的孩子取四個名字。法蘭索瓦的父親是一名富裕的銀行家，她自己則篤信天主教；喬治是一名懷抱貴族野心的律師秘書，但生意技巧欠佳。第一次世界大戰發生前不久，喬治失去了家產，導致他們無法為波娃和她的妹妹海倫提供嫁妝。如果一定要說，這對波娃反而是一種解脫。後來她表示她一點都不想成為一名母親或妻子。當波娃從婚姻的束縛解放後，她一頭栽入學業，希望變成一名作家和老師。有一次她的父親便稱許地說：「西蒙思考的方式像個男人！」[28]

「像男人一樣思考」讓波娃走得很遠。一九二九年，波娃在二十一歲時，成為有史以來通過高度競爭的年度學術考試中最年輕的一名考生。這項傑出的成就，讓她贏得在高等師範學院（École Normale）教授哲學的特權，高等師範學院是巴黎最嚴格篩選也最富盛名的研究所。波娃不僅通過考試，還是當年創下第二高成績的考生，差點把第一名擠掉，第一名學生就是聰明絕頂的沙特。很快榜首和第二名考生變得形影不離，兩年後沙特向波娃求婚，儘管他知道自己不應該要求這段關係成為永恆。那時他們兩人坐在索邦大學（Sorbonne Université）外的長椅，沐浴著清新的秋天空氣。沙特像波娃提議：「讓我們來簽個兩年協定。」波娃問他是否在開玩笑。後來他再度嘗試，這次是提出哲學家才想得到的開放式關係：「我們之間所擁有的是必然的愛情，」沙特跟波娃說。「但其他偶然的戀情也很不錯。」[29] 他們存在主義式的愛造就了當代歷史中最令人驚奇的伴侶關係之一。波娃和沙特從未同居，從未生下小孩，但他們擔任彼此主要的情感伴侶長達半個世紀，直到一九八〇年沙特去世。[30]

波娃最知名的著作，是她在一九四九年出版的《第二性》。該著作運用當時流行的存在主義哲學，來實現女性主義的目標。波娃主張：「女人不是生而為女人，而是成為女人。」這是她一生暴露在文化規範與社會期待下獲得的經驗之談。後來，二十世紀末到二十一世紀初最偉大的性別哲學家朱迪斯・巴特勒（Judith Butler）指出，波娃的書是最早區別生理性別和社會性別差異的作品之一。[31] 如同波娃主張：「女性在社會上的形象，並非透過生理、心理或經濟命運決定。」反之，是「文明」規定了女性必須成為什麼。[32] 當女孩在還很年輕時，就很清楚她們必須成為什麼，那就是母親。

總體來說，《第二性》對母職體制沒有什麼好話。波娃描述母職體制是「自戀、利他主義、白日夢、天真、詐欺、奉獻和憤世嫉俗的古怪混合」。並提及會認為「在任何情況下，當母親足以讓女人感到完滿」，是一種「危險錯誤的想法」。即使讀者有足夠勇氣去閱讀一本標題明確宣傳了政治立場的哲學書，也可能會大感震驚地發現波娃在她命名為〈母親〉章節的前十幾頁都在探討墮胎和避孕，而接下來她則花十頁描述眾多女人對母職概念的恐懼，例如在懷孕期間失去身體自主權、分娩時身體被撕裂、嬰兒的需要變得優先於她們自身需要，還有她們因此對身分認同、野心和婚姻做出的犧牲。[33] 波娃引述黑格爾的話提及：「小孩的誕生就是雙親的死亡。」[34] 又嚴肅地表示射精是一種「死亡的承諾」。這些觀點可能讓她變得有爭議，但也讓書大賣。《第二性》在一九四九年於法國出版，熱銷程度像是間諜或驚悚小說，而不像哲學家的學術著作。這本書上市第一周就賣出兩萬兩千本，在此後數十年間更熱賣超過幾百萬本。[35]

波娃在她的回憶錄中曾寫道，她和沙特在關係很早期就決定排除親職。「我從不覺得自己是在抗拒做母親，我天生就不是那一塊料，而不生小孩讓我能履行自己應有的職責。」[36] 波娃在一九六〇年代早一次訪談中，跟貝蒂・傅瑞丹說：「我不認為我能夠有小孩，因為我想寫作。」她從來不覺得自己能兼顧兩者，那段訪談後來被收入傅瑞丹第二本書《那改變了我的人生：論女性運動》(*It Changed My Life: Writings on the Women's Movement*)。[37] 波娃相信對智識的追尋，亦即像個男人一樣地思考，無法與成為母親並肩同型。如果成為一名母親，她會被要求活得像個女人。她得做出選擇，而她選擇了她的工作。

＊＊＊

一九七四年秋天，當我的媽媽抵達維吉尼亞大學時，她從來沒想過自己得做出選擇。那時媽媽留著長髮，是個嬉皮風格的孩子。她剛從賓夕法尼亞一所貴格會的寄宿學校畢業，那讓她在夏綠蒂鎮（Charlottesville）的校園感到格格不入。她被分配到的室友是一名啦啦隊隊長，對方衣櫃中的衣服比她用行李箱帶來的衣服還要多至少四倍。但我的媽媽對未來的期待可能也讓她顯得與眾不同，她的母親，也就是我的外婆，曾驕傲地宣稱在一九二八年出生的她是一名「天生的女性主義者」，那是在《美國憲法第十九條修正案》賦予女性投票權僅僅八年後。我外婆靠著一己之力念完大學，在念解剖學和生理學研究所時去參加了一場相親，相親對象是一名年輕英俊的社會學博士生，後來她常常會輕蔑地說：「軟科學」，以調侃我這個擔任歷史學者的外孫女。外婆和外公在六周後訂婚。我的母親和她的姊妹是由一名以教授和心靈導師為職的女人扶養長大。外婆擁有四個孩子與一段關係平等的婚姻，因此期待她的女兒也有相同的未來。但當我的母親在維吉尼亞大學就讀時，她卻記得大多數同年齡女性知道她們前方有兩條路：你可以擁有一份職業，或找到一名有職業的丈夫，而你負責生小孩，沒有第三個選擇。在一九九〇年代，社會學家卡洛琳．莫瑞爾（Carolyn Morell）針對沒有孩子的女性進行調查，那是在西蒙．波娃出版《第二性》超過四十年後，也是在我母親大學畢業快二十年後。然而，莫瑞爾調查的許多對象，依然不認為有一條同時通往孩子與職業的道路。莫瑞爾寫道：「這些女性將生小孩等同於離開支薪工作與留守家裡，將養育孩子視為婚姻中一種性別分工，讓她們在經濟上產生依賴，同時讓他們在婚姻關係中的權力被侵蝕。」[38] 即便到了晚近二〇一四年，哈佛商學院針對同時擁有商管碩士學位的夫婦進行一項調查，也發現大部分男性與超過半數的女性，都期待女性會成為孩子的主要家長。[39]

有歷史學家描述一種典型的案例，探討女性如何在勞動力變得重要時卻被擠出勞動市場。[40] 這種案例經常始於前現代、前工業化歐洲社會的某個地方，原先當地的農夫家庭透過耕作自有田地獲取食物，並兼職製作手工藝以補貼家計。每天夜晚或在漫長的冬夜，幸福的農夫家庭會在燭光下編織、製果醬或編地毯，妻子會與丈夫一起工作，為家庭經濟基礎復出同等貢獻。[41] 在一些特定類型的歷史學家眼中，這些有有如神話般的過去標誌了女性勞動的「黃金年代」。只要勞動還在家中進行，那就沒有太大性別之分；而只要勞動持續沒有性別之分，女人就能保有同等家庭權力。接下來災難降臨了，為工業革命提供動力的機器將勞工從餐桌前強行移動到工廠，如同機械化的珍妮紡紗機（spinning jennies）平穩地將羊毛轉化為紗線，在一八〇〇年前後幾十年間，工廠中的設備數量的快速增倍，將英國的農夫轉變為恩格斯（Friedrich Engels）所說的無產階級，也就是勞工階級。人們湧入都會中心，用農業和手工業勞動力換取支薪勞動力，以小型家庭農場交換城市公寓的租賃單位。在城市中，家庭生活與工作被嚴格區分開來。歷史學家E・P・湯普森（E. P. Thompson）戲劇性地描述這個過程，他寫到每天早上，每戶家庭被「工廠鈴聲粗暴地撕裂」。[42]父親會去工作，留下母親照顧一個重要性已被掏空的家庭。家庭不再是經濟生產力或勤奮的家庭勞動地點，而是被降級到剩下兩種功能：扶養小孩和為小孩創造一個柔情、充滿愛意的舒適空間，家成為了「無情世界裡的庇護所」。[43]一路走來，女人失去為家庭做出經濟貢獻的能力，以及伴隨那種貢獻而來的家庭權力。[44]

儘管一直以來，不同人對前工業化時期無性別之分的勞動神話抱持強烈質疑，學者也針對不斷變化的勞動環境如何影響女性與家庭的議題爭論不休，但工業革命對女性的生活與地位，確實造成一場重大的革變。歷史學家琳諾爾・大衛朵夫（Leonore Davidoff）和凱瑟琳・霍爾（Catherine Hall）曾闡述，從十八世紀末到十九世紀初的數十年間，大約是與工業革命改變英國同一時期，英國女性能從事的工作種類急速減少。在一七九〇年代，英國女性在當地的職業名錄中，有擔任獄卒、水管工人、屠夫、農夫、裁縫師和馬具工人；但到了一八五〇年代，她們的選項已經被縮小到教師、女裝裁縫師和女帽製造者。[45]

在此同時，讓女性留守家中遠離支薪勞動開始有某種社會意義。許多勞動階級家庭因為經濟需求，無法劃分女性化的私有家庭領域和男性化的公共工作空間，但新興中產階級家庭卻能這麼做。這群中產階級群體既非貴族，也沒有家徒四壁，至少能在表面上假裝很成功。有鑑於此，擔任一名家庭主婦或一名勞動的妻子，遂成為區分新興中產階級和勞動大眾的鮮明界線。更具體來說，是女性在勞動上的**缺席**得以區分兩者。莎拉·史蒂克尼·艾利斯是書寫英國家庭生活的權威之一，[9] 她在一八三九年曾寫道：「紳士能夠利用工作時間從事幾乎任何卑微的職業，只要他們有方法維持體面的家庭，他們仍舊稱得上是紳士。」但同時，「如果一名女士接觸任何與商業有關的事物，無論那事物有多精緻，她都會因此失去地位，不再是一名淑女。」無論一個家庭中的男主人從事什麼樣的工作，不管那份工作多麼骯髒或需要體力活，只要男主人的妻子能留在家裡，就意味著他們是中產階級。[46]

十九世紀末，在大西洋另一邊的美國，人們對於扮演中產階級的相同渴望（那與成為真正的中產階級相當不同），讓艾拉·貝克的母親放棄教職，成為一名全職母親。我們會看到許多作家描述男人在「工作」或「勞動」，與女人相關的詞則是「職責」（occupation）、「奧妙的廚藝」（culinary mysteries）與「責任」（duty）。如果我們要吊一點書袋，則可以說女人唯一的「勞動」（labor），是她在分娩時從體內推出一名新的美國人，讓孩子誕生在這個世界上，在那之後女人不會再勞動。假如說女人最高的天職就是成為母親，那麼履行伴隨母職而來的責任根本不算是勞動。[47]

當然，女性本身不會存有這類幻想。蘇珊・B・安東尼（Susan B. Anthony）是一名女性權力與投票權的倡議者，她以有稜有角的側臉搭配脖子上髮髻的形象，成為第一名出現在美國貨幣上的女性。安東尼因為從未結婚生子而頗負盛名，她很清楚知道這點。缺乏家務的羈絆是她深具政治影響力的原因，那讓她得以在美國四處奔波，對數千名觀眾演說並推動女性投票權。伊麗莎白・凱迪・斯坦頓（Elizabeth Cady Stanton）是安東尼的密友與政治夥伴，她因為有七名子女而離不開家，那使得她無法站在爭取女性投票權運動的第一線，即便她一直是其中最具啟發性的思想家之一。「你看，」斯坦頓在一八五三年寫信給安東尼時說道：「我在家裡忙來忙去，小孩圍繞在身邊。我還要洗盤子、烘焙、做裁縫等等。我可以產生許多好點子，但我不能去找書，因為我無法空出手來。那工作需要我的大腦和我的雙手。」[48] 安東尼惋惜她朋友受到的限制，特別是因為她說過，斯坦頓才是她們這對政治戰友的智識力量。「她凝聚雷電，」安東尼在斯坦頓過世後跟一名記者說，「而我負責發射它們。」[49] 像安東尼這樣的十九世紀女性主義者很清楚知道，從事家務勞動（包含擔任一名母親），和政治、智識或專業能力多少是相互排斥的。而她們懷疑這並非意外。[50]

從一八八〇年代開始，美國雇主開始設置排婚條款，實施強迫結婚婦女離職的政策。一九三一年，一份來自堪薩斯城和費城的公司調查發現，有百分之六十一的保險公司、百分之三十七的出版社和百分之三十五的銀行，都有實施反對僱用已婚婦女的嚴格政策。其中，百分之四十六的保險公司、百分之三十四的出版社和百分之二十一的銀行，都會在女性雇員結婚後開除她們。[51]一九〇八年，自由派律師與未來的最高大法院大法官路易斯・布蘭迪斯（Louis D. Brandeis）在對美國最高法院提出非當事人意見陳述時，曾表達對這類條款的支持。他提及由於所有女性都有「成為母親的可能」，因此她們「不被允取扛起母職以外的額外工作時數，那會讓她們無法勝任母親」。[52]那一年稍晚，最高法院表達同意，允許一條奧勒岡法繼續實施。該條法律限制女性在日間商業洗衣店的工作時數。「母親的健康對後代的活力至關重要，」最高法院解釋道：「為了保持民族的力量與強壯，女性的身體健康成為公眾關注的對象。」[53]

有了最高法院批准，一連串限制已婚女性和母親勞動參與的法律應運而生。一九三二年，一項聯邦政策規定如果兩名政府僱員結婚，其中一人必須辭職。在許多人都失業的大蕭條時期，兩份公家薪水流入同一個家庭似乎是不合理的。[54]但這不僅關乎經濟公平。一九三五年在威斯康辛，州參議院通過一項決議，引發人們對雙薪家庭「嚴重道德問題」的爭議。州參議員擔心這類型的家庭，會使「避孕手法受受到鼓勵。同時，夫妻領取薪水的自私行為，可能破壞文明與健康環境、擾亂安家理念，成為家庭生活分崩離析的標誌。」[55]在麻薩諸塞州，法律允許雇主嚴格控管職業婦女的日程表。而在許多州，女性完全被禁止上夜班，那讓她們失去在必須二十四小時輪班的工作場所（例如醫院）被聘僱的機會。在一九七〇年代初，當教師懷第一胎時被還是常會被固定開除，航空公司則有開除懷孕女空服員，以及禁止雇用母親的規定。在十九、二十世紀通過排婚條款和保護性法律的人認為，他們在提供女人顯而易見的選擇。他們認為沒生孩子的「老處女」，顯然比放棄教職、打字員、護士或公務員職位、離開職場的女性還要糟糕。但他們失算了。他們不但無法逼迫女性離開職場成為母親，反而達到相反效果：他們強迫一些女性放棄母職，專心工作。[56]

即使在一九六四年後《民權法案》廢除許多惡法，讓女性**可能**同時擁有孩子與工作，結合工作和母職依舊很不容易。在一九八〇年代初，一名人類學家主張職業女性處於一種非常奇怪的不穩定狀態，應該將她們視為「第三性」（a third sex）。她們不是男人，因為她們有懷孕和生孩子的生理潛力，但也不是女人，因為她們擁有職業。那名人類學家是派翠西亞・麥克布魯姆（Patricia McBroom），她耗費許多年在紐約華爾街、舊金山金融區的高樓大廈、咖啡店和法國小酒館，觀察這些奇怪的生物。麥克布魯姆記下她們的穿著（海軍藍套裝、下巴打了個蝴蝶結的白襯衫、低跟鞋）、習性（進取的、理性的、清晰的工作專注力）、發聲方式（在表達任何觀點時，聲音非常低沉有力，具有攻擊性）、感情狀態（不管有多痛苦都不會哭，不會展現憤怒），以及可能最重要的：她們令人擔憂的生殖狀態。麥克布魯姆寫道：「沒有什麼比大幅下降的生育率更能反映適應不良的狀態。當女人不能生孩子時，表示事情不太對勁。」最後麥克布魯姆總結，職業女性是如此無法適應她在白天出入的工作環境，以至於喪失了生育的能力。她也提出報告，指出一九八一年在《財星》雜誌幾千家大公司的女性企業主管裡，有百分之六十一的人沒有孩子。相較之下，她們的男性同行只有百分之三沒有孩子。這種不尋常的狀況從一九一三年就開始出現，當時人們進行一項調查，針對八百八十位從事重要職業的女性，並發現其中就有四分之三的人沒有孩子。[57]

一九七〇、八〇年代，美國社會和文化發生結構性轉變，讓原先性別和工作場所的規範被顛覆。最明顯的改變之一是美國女性大規模投入勞動市場。到了一九九〇年，已經有將近百分之六十的女性在外面工作，這個數據涵蓋需要為了家庭經濟生存，還有出於職業抱負、智識或興趣而工作的兩種女性。[58] 根據美國勞工統計局在二〇一九年的統計，在美國由已婚夫婦與孩子組成的家庭中，有將近三分之二都是雙薪家庭，其中一部分原因是在全國大部分地區，家庭已經不能再靠一份薪水舒適度日。[59] 如同前面提到，「男主外－女主內」的家庭典範只有曇花一現，在歷史上母親經常為家庭做出經濟貢獻。問題並不是出在母職與工作不相容，而是我們今日的工作模式跟母職愈來愈抵觸。事實上，在工作與家庭、收入與小孩的兩難間，每個人都是輸家。幾十年下來，美國出生率持續衰退，在二〇一四年美國勞動力中的女性百分比，還比在一九九九年低了百分之五。[60]

＊＊＊

綜觀全球與古今歷史，但凡經歷乾旱、通貨膨脹、經濟衰退、疾病與飢荒的地方，出生率都會隨之下降。通常人們會將這種現象歸因於生理，指出女性懷孕率降低是源自營養不良，身處在極端壓力的環境也容易讓人流產、陽痿或喪失性慾。然而，我們不該這麼快把人類簡化成反面版的巴夫洛夫的狗，認為只要狗沒聽到鈴聲，就不會流口水；人如果沒被滿足生理需求（像缺少食物、金錢或安全），就不會生孩子。假設身體會因為承受壓力而無法生育，同理人也可能因為心理承受壓力而不想生。並不是只要有生育能力就好。回顧歷史，在一九三〇年，美國的保險套使用率、墮胎比率和無子女率都呈報炸性增長。有一群出生在一九〇〇、一〇年代的美國女性，在生育年齡高峰期遇到一九二九年華爾街股災，以及隨之而來的經濟大蕭條。這群女性締造了目前美國歷史上最高的整體無子女率：百分之二十。[61]那段時期出生的黑人女性有三分之一從來沒擔任過母親。[62]在大蕭條時代，非母親的比例達到高峰。考量到生小孩對經濟的影響，女性在大蕭條時期選擇不生的原因顯而預見，她們選擇——或者說她們必須選擇，金錢與謀生能力——而非生孩子。二十年後生育率在戰後嬰兒潮中大爆發，這個現象恰巧與美國實施史上最慷慨的社會福利政策同時發生。[63]

人們對沒有生育女性最苛刻的刻板印象，是一群穿著大墊肩、對工作上癮的女人。她們的牆上會掛著文憑而非家庭照片，本來應該擺放嬰兒床的空房堆滿現金。如果我們用最簡單方式概述，那這些形容也沒有錯。整體來說，沒有生育的美國女性確實比較有錢、教育程度比較高，在事業上也比有小孩的女性更成功。[64]但這幅簡化的景觀只是現實有趣的鏡像。當我們說沒有生育女性教育程度比較高或比較有錢時，只是在評論她們**目前的**經濟地位。在一份針對沒有生育女性進行的研究中，有四分之三的受訪者都說她們來自貧窮或勞工背景，並表示沒有生育是她們經濟地位提升的原因，而非結果。[65]如同艾拉．貝克或西蒙．波娃選擇將精力投注在智識與政治工作，而非孩子身上；或像海倫．格莉．布朗一樣的女性選擇與男性同等的工資，而非職場上的母職懲罰。有無數名我們知道或不知道她們名字的女性，選擇經濟生存與社會流動性，而非成為一名母親。社會學家S．菲利普．摩根（S. Philip Morgan）曾寫道，不生小孩不是「有志於發展事業的受教育女性唯一採取的新策略」，而是一種「針對嚴苛經濟環境產生的歷時悠久、合乎常規的反應」。[66]人口統計學家邁爾斯（Dowell Myers）講得更直白，他表示「出生率反映出人們絕望程度的高低」。[67]

對於派翠西亞．麥克布魯姆或海倫．布朗來說，她們很難想像女人同時身兼母親和勞動者。這項事實有一部分原因可從生物學角度解釋，直到科幻小說成為現實前，地球上每一個人類都是從子宮誕生，而生下孩子的人也需要大量身體復原力。但有另一部分也出於歷史因素，兩個世紀以來人們都抱持女性和母親應該屬於家庭的觀念，並認為工作應該在其他場所進行。因此當面對生孩子與賺錢的兩難時，我們許多人都沒有選擇餘地——或者說，感覺沒有選擇餘地。我們只能在經濟上做出合理判斷，那就是少生一點，或乾脆不生。

今日，美國的年輕女性已經見證過兩次歷史性經濟衰退。有的人身兼好幾份工作才能勉強維持生計，有的人薪水則幾乎被房租和學貸吞噬殆盡。在美國，一個孩子的平均日間托育費用，大約等於以聯邦最低工資計算的全職工作稅前收入。[10] 而無論收入多寡，女性因為生育受到的薪資懲罰，往往比男性來的大。[68] 或許在過去，需要工作以維持經濟生存的女性，與為了達成事業抱負而工作的女性有很大差異。然而在當代，隨著大學畢業生在經濟發展上陷入困境，中產階級群體也逐漸消失，這兩種女性的距離正在消解。普林斯頓大學的社會學家凱瑟琳．艾丁（Kathryn Edin）便指出：「從我在一九九〇年代第一次訪談女性以來，女性對養育孩子中感受到的代價確實在增加。」她觀察到不管論收入多少，「眾人都認知到工作是生命歷程的一部分」。[69]

如今我們距離第一批被制定來排除職業婦女、提高生育率的法條，已經過了一個半世紀，事實證明這些法律適得其反。今日在西歐，婦女勞動率較高的國家，生育率也**比較高**，如同法國《世界報》（*Le Monde*）的記者安娜・卻明（Anne Chemin）觀察：「從一九六〇到七〇年代，提倡傳統家庭價值的人宣稱，如果努力達到性別平等，那第一位受害者將是國家的生育率。」她指出：「但五十年後，數據似乎顯示他們錯了。在歐洲女性外出工作比例較高的國家裡，出生率也較高，而那些女性待在家居多的國家，出生率則較低。」

在期望女性留在家裡照顧孩子，擁有較嚴格家庭與性別規範的歐洲國家（如西班牙、葡萄牙和義大利），出生率也相對較少，每位女性平均生一・三或一・四個孩子。而在勞動參與率較高的國家，像是法國和北歐地區的國家，由於國內提供較慷慨的產假政策、產前產後支持以及免費的日間托育，同時哺乳的母親還能擁有較短工作日，因此平均的出生率更高，一名女性平均會生一・八個小孩。人口統計學家洛朗・圖萊蒙（Laurent Toulemon）便觀察到近年來法國投注大量資源在產後保母與護士的家庭探視費用，除了提供高品質低成本的托育照顧，也讓每對父母擁有長達三年的育嬰假。圖萊蒙評論道：「這整套措施比較有彈性。」[70] 而在沒有實施這類政策的國家（比如美國），女性在職業和母職間的選擇顯得很極端。柏林人口發展中心的研究員柯洛奈特（Steffen Kröhnert）講得很直白：「現在的問題不是女人會不會去工作，而是她們肯不肯生小孩。」[71]

1 海倫・格莉・布朗（Helen Gurley Brown，一九二二年—二〇一二年），美國作家、出版商、知名主編，曾擔任《柯夢波丹》（*Cosmopolitan*）主編長達三十二年。

2 格洛麗亞・史坦能（Gloria Steinem，一九三四年—），美國女性主義者、記者與社會政治運動家，為一九六〇年代後期到七〇年代婦女解放運動的代表人物。史坦能為《紐約》雜誌的專欄作家，並創辦了《Ms.》雜誌。

3 貝蒂・傅瑞丹（Betty Friedan，一九二一年—二〇〇六年），美國作家、編輯，女權運動重要角色，其著作《女性的奧秘》（*The Feminine Mystique*）為提倡自由派女性主義經典之作，也被視為二十世紀最具影響力的書籍之一。

4 溫蒂・瓦瑟斯坦（Wendy Wasserstein，一九五〇年—二〇〇六年），美國當代劇作家，以戲劇創作《海蒂的編年史》（The Heidi Chronicles）著稱。

5 娜歐蜜・沃爾夫（Naomi Wolf，一九六二年—），美國女性主義作家、記者。她在出版代表著作《美貌的神話》後，被稱為第三波女性主義的代言人。

6 文中提及的是二〇一八年蜜雪兒・歐巴馬在布魯克林巴克萊中心，為她的新書《成為這樣的我：蜜雪兒・歐巴馬》（*Becoming*）舉辦的宣傳演講內容。

7 《天才小麻煩》是一部從一九五七年播映到一九六三年的美國情境喜劇。該劇講述一名住在郊區男孩小畢（Theodore “Beaver” Cleaver）與他家人和朋友的有趣互動，以及小畢常不小心惹下的麻煩。

8 阿帕拉契山脈煤礦區包含了阿拉巴馬州、肯塔基州東部、馬里蘭州、俄亥俄州、賓夕法尼亞州、田納西州、維吉尼亞州和西維吉尼亞州等。

9 莎拉．史蒂克尼．艾利斯（Sarah Stickney Ellis，原名為Sarah Stickney，一七九九年—一八七二年），英國作家，撰寫眾多關於女性在英國社會中扮演的角色的書籍。艾利斯認為女性具有成為女兒、妻子與母親的宗教義務，並主張女性發揮善意以改善社會。

10 聯邦最低工資為美國聯邦政府制定的法定最低工資，亦即雇主支付給受雇員工的最低時薪。截至目前為止，美國聯邦最低工資為每小時七．二五美元，一份全職工時標準為每周四十小時，因此每月稅前收入約為一千一百六十美元，而美國日間托育每月平均費用，則落在八百美元到一千五百美元左右。

第四章 因為地球

「我很悲傷，因為我認為自己根本不該生小孩，這才是最人道的決定。」史蒂芬妮．米爾斯（Stephanie Mills）的眼神越過講臺，對一九六九年度密爾斯學院的畢業生說。這群人是加州奧克蘭綠色山坡上一座女子學院的畢業生。「但地球最後終於要我們付出代價了。」米爾斯留著深色中分長髮，頭髮向後披在肩膀。她傾身向前，發表那場之後會被視為最悲觀的畢業演講之一。「作為一名曾有潛力擔任父母的人，我自問我的孩子會在什麼樣的世界長大。答案是：不怎麼美麗、不怎麼乾淨，事實上還很悲傷的世界。因為你看，如果人口繼續成長，容納人口的設施也必須增加，那我們就得有更多高速公路、更少樹、更多電力、更少沒有建造水壩的河流，還有更多城市跟更少乾淨的空氣。」[1] 米爾斯那場演講讓她一夕爆紅，登上全國新聞頭條。《紐約時報》形容那場演講「也許是今年告別演講中……最痛苦的一場。」[2]

史蒂芬妮．米爾斯在亞利桑那州鳳凰城長大，那座城市的人口和地理極限都在她的人生中瀕臨爆炸。當米爾斯出生時，鳳凰城只有十七平方英里大，當地有超過十萬名居民；等到她大學畢業時，當地已經有五十萬名居民擠在兩百五十平方英里的土地。[3]全國各地的人被這個陽光地帶吸引而紛紛湧入。[1] 鳳凰城每年有長達三百天的燦爛晴天，不需要鏟雪，空間很多，空氣也相當乾燥清淨。人們來到此地是為了要享受好天氣，在自家後院泳池游泳，打造綠色的高爾夫球道，但似乎不擔心一項基本地理事實：鳳凰城位於索諾拉沙漠（Sonoran Desert），那是一片環境險惡的地帶，涵蓋美國西南部、墨西哥北部和下加利福尼亞等大片地域。每年鳳凰城的降雨量不到十英寸，大概是全國平均數值的四分之一，有時降雨量則會更少。[4]每到七月，當地的氣溫常遠高於華氏一百度。

當米爾斯在密爾斯學院念書時，她一定曾經對奧克蘭山丘蔥綠的西面感到敬畏不已，那裡有古老的紅杉、蓊鬱的森林與盛放的花朵，空氣中總是瀰漫甜甜的味道。夏日時分，金門大橋的紅色拱門似乎都會擋住在西部聚集的溫暖空氣和太平洋水氣形成的茫茫迷霧。到了傍晚，霧氣漸漸散開，如藤蔓般的薄霧與巨大霧氣團穿過橋梁、橫越海灣，悄悄爬上奧克蘭和柏克萊的山丘，將一切都滲透浸潤。讓植物、人與上個世紀建造隔熱能力不佳的屋內牆壁，帶來冷冽又濕熱的光。加州東灣海岸的溼氣掩蓋灣區其他氣候。如果米爾斯離開學校宿舍，往東開上二十四號州際公路並穿過卡爾德科特隧道（Caldecott Tunnel），她會抵達山丘東側，並發現一片幾乎和她離開的鳳凰城一樣乾燥的地區。在多雨的冬季，當地植物旺盛生長，在乾燥的夏季植物逐漸凋零。到了九月，那裡只剩下一片烤焦的景觀，乾枯的灌木從奶油黃呈現到灰棕色不等。在米爾斯一生中，位於卡爾德科特東側的康他哥斯大郡（Contra Costa County）人口翻了一倍。到了一九六〇年代，房舍紛紛在長滿森林的山丘上冒出。現在我們將那種地區稱為森林與城鎮交界域（wildland-urban interface，簡稱為WUI）。[5]現今在美國西部，這個專有名詞只會在一種情況下被使用，那就是發生火災時。一九九一年，一場災難性的大火橫掃奧克蘭山丘，燒死二十五人，並焚燬兩千八百棟房舍。[6]自那之後三十年內，野火摧毀了北加州數千棟房舍，而乾旱、氣候變遷與不斷飆升的房價都共同造成影響，人們將房舍蓋得愈來愈深入森林與城鎮交界地區，這預視未來將有更多類似災難發生。

奧克蘭還沒遭受祝融侵害，但一九六九年站在講臺上的米爾斯看到奧克蘭即將遭遇野火焚身的未來。她擔心如果有更多人口只會讓情況變得更糟，而她並非唯一預見此事的人。早在前一年，史丹佛大學的生物學家埃力希（Paul R. Ehrlich）出版了一部名為《人口炸彈》（*The Population Bomb*）的兩百頁小書，闡述人口過剩的危機。埃力希在書中寫道，人類總數已經超過地球所能負荷的上限，如果我們不立即遏止人類的數量，饑荒、戰爭、大量死傷與文明的瓦解將籠罩在可見的未來。在這本書第一版中，一道全部大寫的螢光黃警語橫越封面，寫道：**當你讀這段文字時，將有四個人餓死，其中大多數是孩童**。書中不祥的開場白寫道：「要將全人類餵飽的戰役已經結束了。」[7] 儘管《人口炸彈》帶有末日般的悲觀主義色彩，這本書卻是一九六〇年代最暢銷的環保書籍之一。它將人口過剩的威脅帶到大眾面前，原先那是只有處於環保運動邊緣的人才敢低調傳達的訊息。到了一九七一年，當《人口炸彈》的第二十版紙本書售罄後，已經有將近半數的美國人相信，在未來數十年內進行人口控制是維持他們目前生活水準的必要手段。[8]

史蒂芬妮．米爾斯完全是你能想像在愛之夏（summer of love）前夕畢業的大學女畢業生模樣，[2] 她因為戴著一對用子宮環改造的耳環而在校園裡聲名遠播。[9] 她宣稱因為愛地球跟人類，未來不會生小孩。但她也是一群不太可能團結起來的組織成員之一。這個組織包含了女性主義者、環保人士、經濟學家、共和黨與民主黨政客追隨者等。這群人在一九六〇年代末到一九七〇年代初曾短暫同意一項不可忽略的事實：人們得製造更少寶寶。人們長期以來對地球資源是否能支撐總人口都感到憂慮，而在這一刻，這些憂慮與其他廣泛的政治目標短暫結盟，其他的目標包含延續經濟繁榮與國家安全、保護水資源和空氣，以及讓需要的人愈來愈容易取得避孕藥和進行墮胎等。

然而這個同床異夢的奇怪結盟很快就分道揚鑣。一九八〇年代早期，雷根對美國未來的樂觀意識形態和宗教右派的興起，讓末世想法和避孕藥在政治舞臺上不再站得住腳。從左派立場來看，自由主義優先事項衍生許多倫理問題，例如移民（如果美國人口是一項問題，那是否表示移民應受到嚴格限制？）、反帝國主義（如果全球人口問題令人擔憂，那美國是否該強迫發展中國家控制生育，因為那些地區的生育率往往比美國高？）和生育權利等議題。有些環保人士認為有必要實施人口控制，比如在生完第二胎後對女性進行強制絕育。但與他們結盟的女性主義者卻持相反立場，主張政府應該減少而非增加對女性臥室和子宮的干涉。儘管如此，在一九六九年，史蒂芬妮．米爾斯的子宮環耳環和她對環境的憂慮，讓她與尼克森總統意見一致。那年夏末，尼克森總統與國會議員說：「我國的人口增長率急遽上升，是本世紀最後三分之一的時間內，人類命運面對最嚴重的挑戰之一。」尼克森告訴他的顧問控制人口是「必要之舉」，應該被列為「第一優先的國家政策」。[10]在這段短暫的歷史時刻，報效國家的方式不是如同政府長久以來主張的創造更多美國人，而是克制生育。這是為了每個人好。

米爾斯對自己孩子將生長在什麼世界的思索，反映受環境影響而衍生生殖焦慮的新時代思維。幾世紀以來，思想家、經濟學家和社會運動人士都對任何一個孩子會對地球造成的衝擊感到憂心忡忡，不過他們具體的憂慮可能隨時間改變。十八、十九世紀，人們擔心耗盡自然資源；二十世紀，眾人的焦點集中在污染。在二十一世紀，人們則轉而關注寶寶的「碳足跡」及其引發的氣候變遷。另一方面，米爾斯的言行反映人們思考生育和環境議題的微妙轉變。如同前幾十年和幾世紀的人們一樣，米爾斯擔憂她的孩子對地球的影響，害怕孩子消耗的資源以及創造的污染。然而，她的畢業演講並不聚焦在孩子造成的環境傷害，而是他們會擁有的經歷。也就是說，米爾斯更加關注的是那些她已預見的災害，例如全球暖化、火災、洪水與生物多樣性喪失對她孩子產生的影響。

從過去半世紀以來，隨著氣候變遷的現實日益逼近，生殖倫理的議題變得更加複雜。人們依然擔心生孩子可能讓環境陷入更糟糕的狀況，但我們同時也得面對一項不可逃避的事實，那就是當前狀態已經非常、非常糟糕，糟糕到我們孩子的人生會更加艱辛，可能比我們自身的生活還要悽慘。二〇一九年，醫學刊物《刺胳針》（*The Lancet*）在一份報告中總結道：「今日，每個出生的孩子生活都將受到氣候變遷的深遠影響。」[11]兩個世紀以來，女性已經選擇——或覺得她們必須選擇——為了環保理由不生孩子。如今對我們來說，這種選擇比以往任何時刻都顯得更加嚴峻。

＊　＊　＊

托馬斯．馬爾薩斯（Thomas Malthus）是亨利埃塔和丹尼爾．馬爾薩斯的第六個小孩，他在英格蘭東南部薩里郡（Surrey）一個中產階級家庭長大。丹尼爾．馬爾薩斯如同一名歷史學家所描述他，是一位「紳士」，也是一名學者。他去了牛津大學，並和當時許多知識界的傑出人物定期聚會，例如大衛．休謨（David Hume）和盧梭（Jean-Jacques Rousseau）。[12]一七八四年，托馬斯．馬爾薩斯剛過十八歲生日後不久，便抵達劍橋大學的耶穌學院（Jesus College），他計畫在那裡研讀數學。十八世紀的劍橋依然籠罩在他們十七世紀偉大的校友艾薩克．牛頓的陰影下，這意味著純理論數學才是通往學術成功和聲望的最可靠路徑。但馬爾薩斯童年時期，有太多夜晚是在餐桌上旁聽有關啟蒙思想的辯論中度過，他認為數學只有在能改善人類生活條件時才值得研讀。因此，馬爾薩斯在他同輩朋友中變得像是異類。「我在大學很格格不入，」馬爾薩斯在給父親的信中提到：「因為我討論的是自然界中實際存在的事物，或能被實際應用的事物。」[13]

一七八九年，馬爾薩斯從劍橋大學畢業後被英國國教會授與聖職，同一年法國大革命爆發，馬爾薩斯本身對革命抱持嚴厲的反對態度。他在薩里家鄉的歐克伍德教堂（Okewood Chapel）得到助理牧師的工作，在馬爾薩斯生長的年代，受過大學教育的牧師很容易在家鄉教堂被埋沒，每個星期天早晨還得向受宿醉所苦的冷漠教區居民，傳達漫不經心而重複的講道。然而，馬爾薩斯受過的哲學和數學訓練讓他顯得與眾不同，即便當時他的父母依然提供他吃住，他想在經濟上完全獨立。接下來兩年，馬爾薩斯努力投入撰寫後來會讓他聲名大噪的論文。他日以繼夜地工作，想弄清楚數學如何幫他理解他在薩里親眼所見、緩慢發生的災難。

由於點燃倫敦工業革命的高爐需要從其他地區獲取木材，薩里郡的森林在馬爾薩斯在世期間已被砍伐殆盡。與此同時，當地大多數居民仍是自給自足的農夫（他們同時是那群沒搬到城市尋覓工廠職缺的人），他們辛勤地種植作物以餵飽家庭，勉強維持生計。[14]當法國大革命爆發時，馬爾薩斯緊張地遙望英吉利海峽對岸，觀察在相同類型絕境中歷經改造的法國，但他認為情況變更糟了。在他身處的時代，政治經濟學家的普遍觀點是一個國家擁有愈多人口，經濟產出就愈大，生活水準也會變得愈高。[15]可是馬爾薩斯生活在工業革命後變得窮困的薩里，那讓他無法相信這些經濟理論能與「實際存在於眼前」的情況相符合。

馬爾薩斯在他一七九八年出版的書《人口論》（*An Essay on the Principle of Population*）中寫道：「用一句話總結真正的問題，就是人們真的很喜歡性。」如果他們**能夠**有更多孩子，不管是因為他們的身體營養充足，或他們有足夠信心，相信他們的經濟情況能讓他生養更多，他們就是會生。在物資豐盛的時代，新生人口的增長速度將超越資源能支撐範圍，人類的基本需求，像是對食物的需求會超過供應，直到眾多危機的其中一種讓人口減少到水平，這些危機包含爭奪資源的戰爭、飢荒或疾病。接著人類會再經歷下一次物質豐盛與人口增加，以及再一次的危機和人口暴跌。馬爾薩斯主張除非人類親自解決問題，讓出生率降低到環境能輕鬆承受的水平，不然這種循環會一再重複。

馬爾薩斯認為，正是這種對生殖保持理性的能力，讓人類有別於其他生物。「植物和非理性動物……受到強大繁衍本能驅使。這種本能不會被是否能養活後代的疑慮打斷。」他寫道即使像茴香這種無害的植物，都會在「沒有其他植物威脅下佔據地球表面」。只有人類才有理性對抗本能，因此個人能夠也必須在生孩子前仔細審視後果，例如「他是否確定能有一個大家庭？能否保證盡最大努力讓家人免於衣衫襤褸、髒亂和貧窮，以及隨之而來社會階級下降的處境？」假使答案是否定的，那馬爾薩斯身為一名好牧師，便會提供禁慾與晚婚的建議。他相信人類為了更遠大而良善的目的，必須依靠自我控制與理性駕馭生理慾望。因此在馬爾薩斯的思想中，避孕或墮胎沒有一席之地。他認為如果個體的自我控制失敗，政府就應該介入，例如規定最低的結婚年齡，或在發行結婚許可前要求男女提出經濟穩定證明。馬爾薩斯承認自我禁欲會讓人心情悲慘，但總比餓死來得好。[16]

以撰寫《人口論》是為了達到經濟獨立的目的而言，馬爾薩斯成功了。他在一七九八年出版的版本銷量非常好，讓他能將書擴寫成第二版，並在隨後二十五年內至少再刷五次。至於他說服人們少生一點的目標有沒有達成則很難說。馬爾薩斯的論點沒有讓他得到很多盟友。當時的詩人、藝術家和思想家在推行浪漫主義運動，他們推崇感情，認為那勝過啟蒙運動的冷酷理性。這些人將對啟蒙運動的敵意，很大一部分轉化成對馬爾薩斯的強烈仇恨。例如詩人柯立芝是英國浪漫主義運動的創始人之一，[3] 他在聽聞馬爾薩斯的理論後，氣急敗壞地寫道：「我鄭重宣告，我不相信所有從人類的無知、軟弱和邪惡中產生的異端邪說和奇怪流派，沒有比這個對於身為一名基督徒、哲學家、政治家或公民的男人而言更令人憎惡的可恥信條了。」[17] 當然，所謂「令人憎惡的可恥信條」就是人們該少生一點的概念。偉大的浪漫派詩人雪萊（Percy Shelley）講得更簡潔，他寫道馬爾薩斯是一名「閹人和暴君」。[18]

馬爾薩斯死於一八三四年，但那沒有阻止十九世紀中葉的馬克思主義者痛恨他。恩格斯宣稱馬爾薩斯主義是個「卑鄙、臭名昭彰的理論，是對自然與人類令人反感的褻瀆」、「一種絕望的體系，推翻所有跟愛你的鄰居和世界公民有關的美麗詞語」。[19] 馬克思沒有那麼感情用事，而是簡短地表示馬爾薩斯是一名「胡說八道的作家」、「反科學的可悲罪人」、「地主貴族的同路人」、「人民的首要敵人」，還有可能是最糟糕的指控——「膚淺至極」。[20] 馬克思主義者並非沒有道理，他們指出即便馬爾薩斯以科學術語論證人口過多對每個人都會構成威脅，但他主要關注的仍是窮苦家庭的孩子數量。他提出人們應該少生一點的理論受到支持，但他跟妻子哈莉特倒是盡情地生了三個孩子。

一八七七年，在馬爾薩斯已經過世半個世紀後，安妮・貝桑特（Annie Besant）創立了英國馬爾薩斯聯盟（British Malthusian League），但她可能會讓這名善良的牧師在墳墓裡不安地打滾。當時，貝桑特正處於一場跟淫穢有關的法庭鬥爭中，這場戰役吸引全倫敦市的注意，並讓貝桑特從一名原本備受尊敬的公共巡迴演講學人，變成一位家喻戶曉的名人。[21]那年稍早，貝桑特安排在英國出版《哲學的果實：年輕夫婦的私人伴侶》（*The Fruits of Philosophy, or the Private Companion of Young Married People*）一書，這是一本由美國醫生查爾斯・諾頓（Charles Knowlton）撰寫，標題相當諷刺的著作。諾頓在書中以坦率的語言解釋受孕技巧，這可是許多夫妻在新婚之夜必須自行從零開始摸索的知識。諾頓的指示還附上詳細圖解，生動到足以讓一些最開明的維多利亞時代人士緊皺眉頭。他的書也提供讀者各式各樣不明智的避孕方式，例如建議女性在性交後以腐蝕性化學物沖洗身體。儘管諾頓和貝桑特將如此褻瀆淫穢的書引入英國，但壓垮公眾對這兩人忍受度的最後一根稻草，是諾頓對小家庭價值的提倡。諾爾頓堅稱只有在限制生育數量，甚至選擇不生孩子的情況下，夫妻才能獲得真正的快樂。[22]

貝桑特和諾頓都是新馬爾薩斯主義的信奉者，也是十九世紀末一場社會運動的成員，這項運動採納馬爾薩斯的一些理念並加以擴充。新馬爾薩斯主義者同意馬爾薩斯的主張，亦即人的生活品質仰賴個人對生育的控制。他們一致認為人類對自然資源的需求正快速超過供應，並主張人口較少的世界將是一個更幸福、更富裕，食物也更好的世界。但新馬爾薩斯主義的信念與原創者理念在幾個關鍵點上也有不同。舉例來說，他們質疑馬爾薩斯的判斷，馬爾薩斯認為窮人生太多孩子是造成他們貧窮以及承受自然資源壓力的原因。然而，貝桑特、諾頓和他們的政治同胞生活在馬克思主義的時代之後，他們主張導致貧窮的原因是社會階級的不平等，而非個人選擇。但他們也指出，將個人取得避孕甚至談論避孕等事視為非法，並不能完全解決問題。[23] 新馬爾薩斯主義者對馬爾薩斯牧師提出的自我禁慾感到不耐，他們相信透過避孕手法而非禁慾，將能讓人口數量受到限制。他們鼓勵人們使用避孕藥，區分做愛和製造寶寶，甚至將婚姻與性關係分開。新馬爾薩斯主義者提倡「性自由與審慎擔任父母」，他們相信結合這兩項原則，不僅能改善人累生活，還能產生較少孩子與減低對有限自然資源的需求。[24]

安妮．貝桑特在一八四七年誕生於倫敦的一個中上階層家庭。她的母親是愛爾蘭的天主教徒，父親是在都柏林受教育的英國人。貝桑特和她的兄弟姐妹在激烈的晚餐辯論中長大，他們都支持愛爾蘭自治。二十歲時，她與一位名叫法蘭克．貝桑特的牧師結婚。後來貝桑特寫道，雖然他們很快就有了兩個小孩亞瑟和梅布爾，但她和法蘭克卻是一對「不相配的夫婦」。他們會為了金錢爭吵，由於已婚婦女不能擁有財產或資產，法蘭克控制了貝桑特產量豐富的作品和演講版稅。他們也會為政治爭吵，貝桑特愈來愈關心城市裡窮人的權利和生活，法蘭克則比較擔憂他們的靈魂和死亡。除此之外兩人的宗教信仰也開始分歧，當時教會在英國帝國主義侵略行動中扮演教唆的角色，讓貝桑特的信仰從根本受到動搖。一八七三年，貝桑特離開法蘭克，帶著孩子搬到倫敦。她在那裡成為受歡迎的公開演講人，談論的議題涵蓋女性權利、貧窮、帝國主義、世俗主義、[4] 避孕手法的好處等。[25]

正如同美國實施《康斯托克法》，將各種避孕方法或有關避孕話題的討論非法化，《哲學的果實》在英國出版不久，貝桑特就遭到英國抑制背德協會（English Society for the Suppression of Vice）逮捕。這個由宗教領袖組成的準執法機構以猥褻罪名指控貝桑特。然而對於英國當局而言很不幸的是，貝桑特的審判讓新馬爾薩斯主義獲得前所未有的宣傳契機。英國人熱切地交換案件細節，在街角、餐桌和酒館討論避孕，而貝桑特和她的同案被告查爾斯．布拉德勞（Charles Bradlaugh）都在公開法庭上對他們稱為「人口問題」的議題發表演講。布拉德勞這名社運分子後來成為第一名公開承認自己是無神論者的國會議員。貝桑特和布拉德勞這兩名被告在大批聽眾面前，以慷慨激昂的態度陳述避孕對女性、市民和勞工階級群體的好處。當審判結束時大勢已定，事實證明，執法者如果在一開始就壓抑邪惡的知識，會比讓大眾忘掉他們已經知道的事來得容易許多。[26]

後來，貝桑特因為法律問題逃過牢獄之災，但法官判定她的無神論信仰和對避孕方式的提倡讓她成為一名不合格的母親，並判定法蘭克擁有孩子完整且永久的監護權。[27]貝桑特在政治上被法院奪權，又被正式剝奪母親角色，最終，她回身投入原生家庭激辯不已的課題——大英帝國的統治。她將過去對愛爾蘭自治的論點應用到英國對印度的殖民上，成為一名孜孜不倦為印度獨立發聲的提倡者。貝桑特在一八〇九年轉變成一名神智學者（theosophist），5 與馬克思主義和女性主義理念拉開距離，並加入一個在美國創立，但以印度教與佛教等亞洲宗教為理念基底的神祕宗教。到了二十世紀初，貝桑特已是全球神智運動的領袖和印度自治聯盟主席，並當選印度國民大會黨的議員，即便她是英國公民。當貝桑特在一九三三年逝世時，她的屍體被以絲綢包裹，放在印度馬德拉斯邦（Madras）阿德雅爾河（Adyar）的火葬堆上。數百名哀悼者跪在河邊祈禱，當煙霧從她的火葬堆冉冉升起飄向海洋時，人們反覆吟唱印度教經典《薄伽梵歌》（Bhagavad Gita）的詩句。[28]

當貝桑特去世時，她終於和女兒梅布爾相聚。梅布爾在短暫成為羅馬天主教徒後也變成神智學者，但貝桑特錯過女兒超過十年的人生。今日，一幅梅布爾的照片掛在英國國家肖像藝廊裡。照片中的她大約八歲，身穿一件精緻的百褶洋裝，裙子上有兩排軍事風格的鈕釦。梅布爾直視著鏡頭，在她照片底下的銘文寫道：「梅布爾・艾米莉・貝桑特在一八七八年五月二十三日失去母親……因為她的母親主張異端邪說。」[29]

＊＊＊

現代環保運動的發起人通常會被認為是另一名異端者瑞秋・卡森（Rachel Carson）。瑞秋・卡森是一名海洋生物學家，也是一位贏得美國國家圖書獎的作家。她向世人提出警告，指出美國人對科技與進步技術毫不猶疑的推崇，正在對環境造成傷害。卡森在一九六二年出版的暢銷書《寂靜的春天》（*Silent Spring*）中，對廣泛使用的殺蟲劑ＤＤＴ隱含的危險性提出深具說服力的案例，引發美國政界與公眾關注。這本書出版後推動一千多項法條，美國開始禁止使用ＤＤＴ，一九七〇年，尼克森總統也創立了美國國家環境保護署，在十年間簽署《潔淨空氣法》、《荒野法》、《國家環境政策法》、《美國淨水法案》和《瀕危物種法》等法案。

保羅・埃力希在他史丹佛大學的辦公室，仔細研究《寂靜的春天》這部著作帶來的成功。埃力希和其他人像是芝加哥大學的社會學家唐納德・博格（Donald Bogue），從一九六〇年代初，便在學術會議論文和刊物中警告人類對環境造成的衝擊。博格是美國人口學會（Population Association of America）的主席，這個非營利組織致力於進行人口和人口統計學的嚴謹社會研究。博格主張，戰後嬰兒潮已經開始引發災難性的未來事件。「當我們將美國人口統計學的數據擺在眼前，我們必須認知到自己是參與者，而不該沾沾自喜地慶幸自己逃脫人口爆炸的衝擊。」博格提及，假使人們不採取激烈行動，美國不斷成長的人口將造成威脅，讓國家「撞上馬爾薩斯的暗礁」。[30]對此埃力希的立場一致，他表示人們應該恐懼未來，卻活得渾渾噩噩。「我很害怕，」他告訴《展望》（*Look*）雜誌。「我的世界正在被摧毀。我才三十七歲，但我想活到六十七歲，活在一個還算愉快的世界裡，而不是在未來十年死於某場浩劫。」[31]問題是沒有人在聽。

卡森很難說服人們相信她的論點，亦即人類發明的科技有害（像是ＤＤＴ），如果毫無限制地使用會造成環境傷害。埃力希和博格的警示更難推銷出去，他們主張人類不需要發明ＤＤＴ這種武器就能造成巨大傷害，**人類本身**對自然世界就會造成生存危機。即便連埃力希都承認，他非常不願意將人口視為一個問題，也不認為限制生育是解決問題的妙方。「我不是某天突發奇想站起來說：『老天，我要讓每個人都停止性交。』那是從一件事導向另一件事。」[32]可是一旦他抵達這個結論，就無法動搖自己的信念。他認為美國和全球的不斷成長的人口，是人類和大自然要面對的唯一重要問題。

《寂靜的春天》的熱銷給了埃力希靈感。他認為瑞秋・卡森已經向世人展現一本寫得好的書的力量，人們開始相信不受歡迎但能改變現狀的政策的必要性。那如果撰寫另一本文筆精湛的書，或許能勸大家少生一點。[33]一九六五年，埃力希在對一群史丹佛大學教職員和校友演講時，鼓勵他的同事「遵循瑞秋・卡森的領導」。他表示科學家迫切需要「走出象牙塔」，想出讓大眾聽取建言的方式。[34]為了確保他的書會吸引非學術讀者，埃力希付了十塊錢給他十二歲的女兒，要她閱讀《人口炸彈》的草稿，並重寫她看不懂或覺得無趣的段落。[35]他這種非傳統的編輯手法顯然奏效了。埃力希撰寫這本連中學生也讀得懂、由塞拉俱樂部和巴蘭坦圖書集團（Ballantine Books）聯合出版的《人口炸彈》，[6]上市之後馬上銷售一空，據說總共販售超過兩百萬本。[36]

在《人口炸彈》的第一版書封，標題上方的亮藍色字體提出一個赤裸的選擇：「你要人口控制還是種族滅絕？」封面左下角畫了一顆卡通造型的炸彈，眼看就要爆炸，一段文案也提及：「人口炸彈正在滴答倒數」。當埃力希的讀者翻開充滿警告的封面，緊接著會看到一連串令人沮喪的統計數據：從一九三〇年代到六〇年代，全球人口從二十億翻倍變成四十億，隨後世代也很可能如此。儘管人類改善農業科技，能比以前生產更多食物，但我們真的認為我們能無限制增加農產品產量嗎？埃力希推測在未來十年，每一年就會有一千萬人餓死，其中大部分死者是小孩，而且大多生活在埃力希所說的南半球「未開發國家」。在北半球的已開發國家，人口過剩問題不會以糧食短缺或大規模飢餓的方式呈現，而會反映在環境破壞上，起因是人們瘋狂滿足不斷增加的資源需求。[37] 埃力希指出，從長遠來看無論人口增加規模多小、增長速度多慢，或一個國家為增加糧食生產與阻卻環境破壞而引用的科技資源為何，任何人口增長都是無法永續的。

那些心臟強大到能讀完整本書的讀者，會在書末發現一張可撕下的票券，邀請他們加入一個新成立的團體——「人口零增長組織」（Zero Population Growth）。這個簡稱為ZPG的組織目標明確不故弄玄虛。它的創立人分別是耶魯大學的昆蟲學家查爾斯・雷明頓（Charles Remington）和紐哈芬的律師理察・鮑爾斯（Richard Bowers）。雷明頓和鮑爾斯都認同埃力希的理念，認為人口成長是一種生存威脅。他們喊出響亮的口號，像「兩個孩子恰恰好」、「做愛，不要製造寶寶」或「停止下一代的污染」，以說服更多人加入他們陣營。他們在華府創立一間辦公室以便隨時接觸政治家，並迅速將自己打造成一支不容小覷的遊說勢力，將金錢和熱忱投入像反對子女稅收抵免的政策中。他們認為政府透過那些政策直接贊助人口增長。在一九六九年時，人口零增長組織只有一百名成員。但隨著一連串事件發生，包含《人口炸彈》成為暢銷書；聖塔芭芭拉海岸發生大量漏油事件，將近十萬桶油流進南加州海岸，殺害鳥類、海豚、海獅與其他海洋生物；史蒂芬妮·米爾斯公開宣誓不生孩子；還有一九七〇年國際奠定第一個官方地球日，人口零增長組織的新成員先是像涓涓細流般緩慢加入，接著如洪水般湧入。到了一九七〇年尾，人口零增長組織在美國已經有一百五十個分部、兩萬名會員。當組織發展達到最高峰時，全國一共有四百個分部和三萬五千名會員。[38]

儘管人口零增長組織持續壯大，組織內部卻充滿紛爭。成員們不得不和「追隨人口零增長風潮」，但加入組織理由卻與環境無關的人們鬥爭。「在他們之中，有人毫無疑問是種族主義者，」ZPG的前全國執行長回憶：「有些則是限制主義者」，[7] 主張限制主義的群體希望將人口增長的憂慮導向對移民的限制。在過去半個世紀，馬爾薩斯的理論可說經歷一段艱難的時期。倡導節育的先驅瑪格莉特·桑格（Margaret Sanger）在早期生涯中傾向於信奉新馬爾薩斯主義，也就是允許個人透過限制生育改善生活品質，並維護全人類可獲得的資源量。但她卻在一九二〇年代末變成一名徹頭徹尾的優生學家。桑格和其他美國優生學運動的參與者都相信，人口增長的問題不在於出生的總數，而在於**不良的**出生數目。桑格認為避孕與墮胎的合法化，能夠阻止「不適合的」女人成為母親，並相信政府在一些情況下，有正當理由對某些女人實施強制性的生育控制，例如對窮人或身心障礙人士。在一九三三年，桑格的生育控制運動獲得美國優生學協會（American Eugenics Society）的背書。

另一方面，馬爾薩斯提出人類需要更多空間與資源以過上最好生活的主張，卻也隨時間流逝變了調。當納粹侵略德國以東領土，以及後來在這些土地上執行種族清洗時（尤其針對猶太人和羅姆人），他們提出的主要理由之一，就是對於「生存空間」（Lebenstraum）的需要，[39]並宣稱由日耳曼民族需要更多繁衍空間。針對這種現象，美國民權領袖朱利安・龐德（Julian Bond）便曾警告：「在缺乏適當視角情況下，《人口炸彈》在憤怒、害怕且強而有力的種族主義者手中會變成論述的利器。這種論述同樣能應用在黑人身上，作為種族滅絕的最終正當理由。」[40]

正如一名學者所說，全國層級的人口零增長組織試圖「將優生學的鬼魂鎖在閣樓」。[41]當該組織的地方辦事處採取「瘋狂立場」，例如反對所有移民時，ZPG的全國領袖不僅不再堅守組織宗旨，更特別發布指導方針，要求地方分部澄清這類行動不代表官方立場。[42]而儘管埃力希在《人口炸彈》一書沒有明確論述優生學歷史，到了一九七〇年代末，他卻多次承認人口零增長組織倡導的人口控制方針，在納粹、種族主義和帝國主義的支持者間備受歡迎，儘管這項倡議的初衷是為了全人類的福祉。在演講和專文中，埃力希提及生育計畫與人口控制往往成為「白人種族主義陰謀」的一部分。他預估在支持人口控制的群體中，起碼有三分之一的支持者「實際上是針對黑人或窮人，而非白人或有錢人」。後來埃力希不再堅持他在職涯早期提出生育控制是「無分種族」(colorblind）的論點。[43]

人口零增長的領導階層也仰賴當時頂尖的人口統計學家的調查。他們證明美國人口增長並非源於寬鬆的移民政策、城市的貧窮問題，或有色人種女性的高生育率，而是郊區白人家庭的個人決定。這群人也剛好生下擁有最密集資源的寶寶。[44]一九六七年，一項研究發現儘管美國中產階級的白人小孩是一群「令人放下戒備的小傢伙」，但卻佔用大量資源。在一生中，一位中產階級白人孩子會消耗兩千六百萬噸的水、兩萬一千加侖的石油、一萬一百五十磅肉類、兩萬八千磅牛奶和奶油，以及九千磅的小麥。[45]人口零增長組織的全國執行長堅稱，白人出生率和富裕白人雙親的消費主義才是驅動人口成長的主要動力。那些父母才是最該為之後的環境破壞負責的人。

人口零增長組織對美國家庭結構與其消費習性的批評，讓該組織成另一群戰後嬰兒潮批評者理所當然的盟友，那就是女性主義者，尤其是那些主張限制生育或完全不生是解放女性關鍵的人。對埃力希而言，促使他連結兩方陣營的人是他的妻子安娜。保羅在堪薩斯大學念研究所的第一年認識了安娜，當時安娜是法文系大學部的學生，兩人馬上因為共同興趣而結為盟友。安娜和保羅一樣擔心人口增長對自然環境造成的壓力，不過安娜也在這份關係中帶入她自身的女性主義觀點。安娜的祖母曾經參與過支持女性投票權的示威遊行，而她的母親和阿姨都擁有自己的職業。這在一九四〇、五〇年代的愛荷華州首府狄蒙（Des Moines），也是安娜生長的地方，是相當罕見的一件事。安娜強烈渴望取得大學學位，並追求屬於自身的專業職涯。她和保羅在一九五四年十二月結婚，但兩個月後安娜懷孕了，這不在他們的計畫之內，也不是他們特別希望的結果。他們的女兒麗莎在十一月出生，安娜得輟學去照顧她，扮演起她一直希望避免成為的角色，那就是一名全職妻子和母親。後來安娜從未回去完成學位，但她在之後幾年慢慢重建職涯。她先是為保羅的生物學博士論文繪製圖解，接著為一本一九六一年出版的蝴蝶專書繪製數百張在科學原理上相當精確的昆蟲圖畫。最後，她成為保羅無數有關人口危機的論文、著作和演講的共同作者。埃力希夫婦一直沒有生下第二個孩子。有一段時間是因為他們的經濟不允許，但在某段時期之後，由於他們在繁重的人口工作和安娜對獲取智識專業的渴望間奔忙，生第二個孩子不再有意義。[46]

或許安娜意外懷孕對她人生造成的衝擊，有助於解釋為什麼《人口炸彈》一書充滿對增加婦女節育機會的呼籲。當這對夫婦在一九五四年結婚時，美國最高法院允許已婚夫婦取得避孕方式的案子〈格里斯沃德訴康乃狄克州案〉（*Griswold v. Connecticut*）還要再吵上十年才能定案。而當《人口炸彈》在一九六八年出版時，在像麻薩諸塞州等地方，人們仍然可能會因為向未婚人士教授避孕方法遭到逮捕。在美國超過半數以上的地區，墮胎都是違法的，毫無例外。從埃力希夫婦的個人經驗中，我們知道這些法律不僅限制女人的選擇，還讓人口愈變愈多。有鑒於此，人口零增長組織的領導階層大力提倡生育權，抗議各州禁止婦女在生育一定數量孩子前選擇絕育的法律。他們包下巴士，讓支持墮胎的人擠滿州議會大廈。一九七〇年，人口零增長組織的執行長雪莉・拉鐸（Shirley Radl）便在沙加緬度的加州州議會作證，她提到：「我們主要的目標之一，是為社會上所有成員提供自願限制家庭人口多寡的方式。這意味著讓包括墮胎的所有生育控制方式都唾手可得。」拉鐸停頓片刻，再加上一個後來在〈羅伊訴韋德案〉中占上風的論點：「應該關注子宮的是它的擁有者，而非州政府。」[47] 然而，在支持墮胎運動中最常被使用的口號，卻是加勒特・哈丁（Garrett Hardin）這名非女性主義者的男性環保運動人士想出來，這個口號就是「想要就應該有（Abortion on demand）。」[48]

人口零增長組織的焦點是降低人口，而不是重新組織性別角色，或重新打造美國家庭。但他們完全同意婦女運動的觀點，就是讓女性成為母性的代名詞對任何人來說都沒有好處，無論是對被教導自身價值來自母親身分的女性，被認為理應承載女性生育重擔的環境，或者共享同一個地球的全人類。哈佛大學人口研究中心的創辦人羅傑·雷維爾（Roger Revelle）便說：「我是一個社會運動的激進分子，那就是婦女解放運動。」[49] 雷維爾也是首批警告人類活動會劇烈改變氣候的科學家之一。

一九七〇年三月，距離第一屆地球日一個月前，塞拉俱樂部出版一本散文集，其中收錄史蒂芬妮·米爾斯寫的一篇文章。當時米爾斯已經成為一名出於環保因素不生育的知名代言人，她知道在一個標舉母職是女性最大成就的社會，儘管自己能整天發放避孕藥，人口總數卻會持續增長。女性不只需要避孕，還需要有別的選項。米爾斯寫道：「女性的角色必須涵蓋更多內容，不只是生小孩。」[50] 埃力希在《人口炸彈》中持同樣論點，強調要為從生育中獲得滿足的女性找到替代方案。[51] 在一九七〇年，他進一步澄清所謂的「替代方案」，是指「與男性更對等、擁有更多種生活選擇……各行各業能立即開放給更多女性。」[52] 而安娜·埃力希在一九六九年寫給同事的信就沒說得這麼委婉，她提到：「生下另一個孩子的女性多得驚人，她們之所以這麼做只是因為自己無事可做。」[53]

＊＊＊

「為了環保理由選擇不生育的行動，後來究竟發生什麼事？」幾年前，我和我的姨媽參加一場在科羅拉多州舉辦的家族婚禮。當時我們倆並肩站在餐廳陽台的欄杆旁，她問了我這個問題。當我們在談話時不約而同抬頭凝視落機山脈，我們這兩位中西部人都無法將視線從山脈蝕刻入夜空的美麗鋸齒輪廓移開。「當我年輕時，那對我的女性主義朋友而言是件大事。」我的姨媽從未有過孩子，但她是我兩位表親的繼母，也是一名祖母。我沒有問她不生育的理由是否跟人口增加、環境污染加劇、氣候升溫或海水上漲有關，或者她只是想做其他事。後者完全有可能，因為她是一位很有才華的園丁和廚師、一名技巧精湛的家具修復師和室內設計師，並以我渴望的方式享受音樂、藝術和生活。當她詢問我這個問題時，我並不知道為什麼環保人士和女性主義者在生育倫理上曾締結的忠誠關係會瓦解，我甚至不知道這他們曾經有過同盟關係，這恰巧證明兩派陣營徹底分崩離析。

對於我姨媽提出問題的解答，是從一九七〇年代開始原先讓女性主義者、環保人士、經濟學家和左右翼政治家團結起來的力量，開始將他們帶往不同方向。一方面在一九七三年，當美國女性的平均生育數量首度掉到兩個孩子以下，並仍持續下降時，要主張人口過程的迫切性變得有些困難，像是「生兩個恰恰好」這種口號紙也變得不太必要，因為幾乎每個人早就這麼做了。[54] 然而除此之外，更令人不安的是，世界各國實施人口控制的重要實驗都帶有明顯的獨裁色彩。一九六五年，詹森總統拒絕向印度提供糧食援助，除非印度政府同意為婦女絕育提供獎勵措施，當時印度正處於大飢荒邊緣。在受到西方國家施壓，並借助世界銀行提供六千六百萬美元支票的背景下，英迪拉・甘地（Indira Gandhi）治理的印度開始實施全球首度最大規模的絕育運動。印度政府以軟硬兼施的方式強迫社群達到絕育額度，方法包含支付現金，以及拒絕提供醫療、電力、政府文件與加薪不等。光是在一九七七年，就有超過八百萬名印度婦女接受絕育手術，其中大多數為鄉村背景、貧窮與低種姓的女性。[55]一九八〇年，中國也制定一胎化政策，透過絕育、強制避孕、墮胎以及罰款等方式，來確保人民遵守法規。[56]

對於許多女性主義者來說，當他們花超過十幾年時間要求臥室和生殖器的隱私權與自主權，卻發現環保人士開始和降低生育率的強制手段眉來眼去，有些人還全心全意為這些方法背書時，一定有許多女性主義者感到怒不可遏。有的人口零增長社運人士甚至提出生育孩子須領取執照、女性生下第二胎後如果再懷孕，應該不為任何理由選擇墮胎，還有在公共自來水中添加避孕藥等建議。[57]「我們不能再將生殖視為私人事務，」華特・E・霍華（Walter E. Howard）宣稱。他是加州大學戴維斯分校傑出的生態學家和環保學家。他主張：「性交可以，但未經規範的受孕則不行，因為那影響到所有生活在當下與在未來即將出生的人們的福祉。」[58]到了一九七〇年代中期，女性主義者大聲疾呼，即便是出於環保理由而推動的「人口控制」政策，看起來都像是老派政府對女性捲土重來的身體控制。[59]

最終，提倡人口控制的環保運動沒能完全將優生學的鬼魂鎖在閣樓。像是在支持墮胎運動中提出新口號「想要就應該有」的環保社運分子加勒特．哈丁就是一名白人國族主義者。哈丁寫下數十本書籍和專文，都著重在以環保理由提倡人口控制，並帶著明目張膽的種族歧視和國族主義訊息。他不僅關注美國人口數量，還擔憂他們的膚色、文化背景和語言。[60]對許多政治左派來說，從人口的框架探討環境問題愈來愈站不住腳，甚至連史蒂芬妮．米爾斯最終也不再以環保理主張不生育。當有人邀請她在一九七四年就人口過剩的危機發表演講時，米爾斯斷然拒絕，並表示她不生小孩的理由是「私人事務，與人口或生態學無關」。[61]

從一九七〇年代到現今，環保運動的主要關懷發生決定性的改變，從污染和飢餓轉向冰原融化、海水上漲與森林大火；從馬爾薩斯主義對人口和資源稀缺的憂慮轉向現代氣候科學。這些轉變顯示出人類的活動，尤其是我們的碳排放量正在讓地球變得愈來愈不適宜居住。有關人類在破壞環境的科學證據其來有自。一九六五年，詹森總統政府邀請羅傑．雷維爾這位將自己視為女性解放運動中的「激進分子」的科學家，研究人類製造的二氧化碳排放量導致全球暖化的可能性。雷維爾總結道：「到了二〇〇〇年，大氣層中的二氧化碳會比現在多出百分之二十五，這將改變大氣層中的熱平衡，讓氣候發生顯著變遷……。」[62]到了一九八〇年代末期，事實更加明顯，當時美國國家航空暨太空總署（National Aeronautics and Space Administration，簡稱為NASA）署長詹姆斯．漢森（James Hansen）在國會作證，表示全球暖化「已經在發生」。當聽證會結束後，科羅拉多州的民主黨參議員提摩西．沃斯（Timothy E. Wirth）指出漢森的證詞對參議院而言是一項道德挑戰。沃斯說道：「國會必須開始考慮應該如何減緩或中止地球暖化，以及我們該如何面對可能已經無法避免的氣候變遷。」[63]當時老布希總統參與競選便是大打氣候政策牌，在他成為總統後，美國成為一九九二年《聯合國氣候變遷綱要公約》的簽署國。

儘管如此，氣候變遷似乎仍是未來的問題，它需要應對和處理，但能在很久以後再處理。一九九七年，當柯林頓政府請求國會支持《京都協議書》中具有約束力的碳排放目標時，參議院卻猶豫了。[64]《京都協議書》是老布希政府簽署《聯合國氣候變遷綱要》的補充條款，當時國會議員納悶，是否有必要為了未來才可能發生的科學推測，採取肯定會傷害到現在商業利益的行動嗎？與此同時，石油公司資助一項為期數十年否定全球暖化大型公關活動，力求讓氣候訴求聽起來很愚蠢、疑神疑鬼且漏洞百出。[65]

雖然這些人努力掩蓋，但到了二〇一〇年代，氣候變遷的事實已經變得肉眼可見。面對破紀錄的乾旱、熱浪、野火和洪災，環保運動重整旗鼓再度出發。在二〇一三年，數以萬計的示威者來到華府遊行，要求歐巴馬政府關閉基石ＸＬ輸油管道（Keystone XL），這個油管系統惠將加拿大原油從亞伯達省（Alberta）運送道伊利諾州和德克薩斯州的煉油廠，中間橫越北美大平原。比爾・麥奇本（Bill McKibben）作為環保組織350.org的創辦人，[8] 描述這場遊行是「美國歷史迄今為止最大的一場氣候集會」。[66] 或許也因如此，這場運動為環保領域注入新的活力，許多年輕人開始思考這一切是否已經太遲，尤其是生孩子這件事。最近一項對全球一萬名十六歲到二十五歲的年輕人展開的調查發現，其中有百分支四十的人因為氣候變遷而害怕生育。[67] 對許多人來說，馬爾薩斯提出資源短缺和廣大人口對環境造成傷害的論點依然很有根據，但從馬爾薩斯的《人口論》出版的兩個世紀後，大眾主要的關注點也發生了變化。從一九六九年的史蒂芬妮・米爾斯，一九八〇年代我姨媽的女性主義朋友到今日許多年輕人之間，人們不生育的理由已經不和任何個體對環境造成的衝擊有關，而是關乎孩子在被賦予的世界中生活和生存的集體經驗。就像作家米漢・克利斯特（Meehan Crist）最近提到的，即使我們想出如何生下「碳中和寶寶」（carbon neutral babies）的方法，[9] 他們還是得活在一個碳窒息（carbon-choked）的世界。[68]

當然，潛在父母總得考慮孩子在必須生活的世界中生存的能力，這份憂慮自古就有，也不是特定時代或危機時刻獨有的。一九三二年，當巴拉圭和玻利維亞交戰時，來自兩國邊境地區大查科（Gran Chaco）的原住民愛約列人（Ayoreo）的生活被撕裂。當時有超過十萬名軍人挾帶武器與疾病湧入該地。後來一組人類學家訪談村莊的女人，發現幾乎每一名愛約列母親都承認在戰時和戰後曾經殺嬰。研究者估計在那些年間，有將近百分之四十剛出生的嬰兒被母親殺害。愛約列人非常珍愛與重視小孩，並視殺嬰為重罪。但在緊急情況下，族群生存被列為第一優先，更多等待餵養的生命會直接威脅整體族人的生存。[69]在一八五〇年代，當摩門教徒遷徙道猶他州的南派尤特領地（Southern Paiute territory）時，他們帶去的疾病在某些派尤特聚落中奪去超過百分之九十的人的性命，當地的出生率也直線下滑。歷經數十年戰爭、死亡與耗損後，一名派尤特女人在一八八三年寫道：「好久以來我的族人都不快樂。他們希望**減少人口**，而非增加。」[70]儘管氣候變遷聽起來好像是很新的事，在具體表現中也很特殊，但那其實是過往被邊緣化的社群早在面對和與之奮鬥的問題。「並不很久以前，黑人社群面對奴隸制、《吉姆．克勞法》、白人私刑和種族主義時，都為每個降生在他們世界的寶寶瑟瑟發抖。」近期紐奧良氣候作家瑪麗．安妮絲．海格拉（Mary Annaïse Heglar）寫道：「這是不是聽起來很熟悉呢？」[71]

生殖具有經濟學家稱為「順循環」（pro-cyclical）的特性，那表示人類面對危機時無法順利地繁殖。[72]如同人類學家莎拉・布萊弗・赫迪（Sarah Blaffer Hrdy）觀察，無論是人類或其他物種的母親，都會根據自身所處生態和歷史環境，來選擇撫養多少孩子，以及何時生育。過去靈長類曾被觀察在面對食物短缺或惡劣環境時會丟棄出生的嬰兒。牠們在特定棲息地生存下去的壓力，壓倒任何繁衍本能與母性鏈結。[73]假設養育孩子是船道橋頭自然直的事或單純信任孩子們的未來，事實上都是當代的創新觀念，並只屬於特權階級。經濟學家理查・伊凡思（Richard Evans）的研究母題是可感知的危險如何影響生殖行為，他對《紐約時報》說：「如果你得為性命奔逃，那你就不會製造寶寶。」[74]

近年來，美國政治光譜兩端的人物都對為了環保理由不生孩子的概念嗤之以鼻，視其為荒謬、失敗主義甚至是危險的。二〇一九年，紐約眾眾議院議員亞歷山卓・歐加修—寇提茲（Alexandra Ocasio-Cortez）在一段Instagram影片中，深思氣候科學的悲慘預測，正引領年輕人「思考一個合理的問題：現在生小孩還是OK的嗎？」影片播出後，福斯新聞的主持人指控寇提茲倡導「不生小孩的政策」，甚至控訴她主張「文明自殺」。[75]《紐約時報》長期以來贊助自由派作家撰寫評論和觀點專欄，這些作家時常在承認氣候變遷之餘卻忽視對未來的憂慮，並認為孩童能帶來「希望」。二〇二一年，英國哲學家湯姆・惠曼（Tom Whyman）就在《時代》雜誌上寫道：「世界可能是很糟糕的地方，但生小孩像在介紹新的事物進入這個世界。」惠曼陳述，或許透過這麼做，「事情真的能變得比想像中更好。」[76]對於未來合理的憂慮和對於新生命能帶來喜悅和奇蹟的期盼，或許是對我們這些身為潛在父母的人，或者說對於全人類而言最複雜的道德評估。但從歷史角度來看，無論是出於自然資源、汙染或氣候等環境問題而延遲或不生孩子，都不是荒謬或特別新奇的現象。我們並不是第一批對未來感到恐懼的人，也絕非第一批透過製造更少人口進行回應、試圖在環境中生存在下去的人。超過兩世紀以來，從托馬斯・馬爾薩斯、保羅・埃力希、史蒂芬妮・米爾斯到今日百分之四十的青年，都在反覆思考他們的小孩對環境造成的影響，**以及**惡劣環境可能對孩子帶來的衝擊。或許這群人在超過兩世紀以來，也一直做出最艱難的決定，那就是不生孩子。

---

1 陽光地帶（The Sunbelt）為美國一種地理地區，從美國南部橫跨到西南部，涵蓋約十五州。由於當地陽光明媚、氣候適宜人居，從一九六〇年代以來人口大幅成長。

2 愛之夏（The Summer of Love）為一九六七年夏天在美國發生的社會運動，後來以嬉皮革命（Hippie Revolution）聞名。當時多拿十萬人受聚集在舊金山 Haight-Ashbury 區域，以行動傳達對現代主義的順從。

3 柯立芝（Samuel Taylor Coleridge，一七七二年—一八三四年），英國詩人、文學評論家、哲學家與神學家。柯立芝與友人威廉・華茲華斯（William Wordsworth）同為英國浪漫主義運動創始人與湖畔詩人成員。

4 世俗主義（secularism）主張在社會生活與政治活動中擺脫宗教組織控制，以賦予人民更多宗教自由，以及在宗教組織內的言論自由。

5 神智學（Theosophy）又稱證道學，為一種涉及宗教哲學與神祕主義的新興宗教，該教派混合西方哲學思想、印度教與佛教等元素，主張歷史上所有宗教都由失傳已久的「神秘信條」所演化。神智學在一八七五年由海倫娜・布拉瓦茨基與亨利・斯太爾・奧爾科特等人創立於紐約。

6 塞拉俱樂部（Sierra Club），又譯為山巒俱樂部、山巒協會、山嶽協會等，為美國歷史上最悠久，規模也最龐大的草根環境組織。該團體由知名的自然環境保護專家約翰・謬爾（John Muir）創立於一八九二年，創立宗旨包含探索、欣賞與保護地球自然環境，以及實踐對地球生態系統與自然資源負責任使用等目標。

7 這裡提到的限制主義者（restrictionist）是指支持強化國家邊界以限制移民流入的群體，該群體人士可能主張透過實施嚴格移民管控、減少移民數量，或對特定種族移民進行限制的方式，保護本國勞動力市場與文化。

8　350.org 為旨在解決氣候危機的國際環保組織，該組織名稱中的 350 代表氣候變遷的安全指標，為維持適宜人居的星球，人類須確保目前大氣中的二氧化碳必須從目前大於百萬分之四百，降低到百萬分之三百五十。350.org 主要訴求包含有效率與公平達到百分之百再生能源使用，以及停止化石燃料產業蔓生。

9　碳中和意指一家企業或一個組織透過清除二氧化碳，以平衡自身的二氧化碳排放量。碳中和又稱為淨零排放二氧化碳。這裡提及的「碳中和寶寶」意指能在平衡嬰兒製造碳足跡的前提下養育孩子。

第五章　因為我們不能生

二〇一四年四月，一位名叫布麗姬・亞當斯（Brigitte Adams）的女人登上《美國商業周刊》（*Bloomberg Businessweek*）的封面。布麗姬及肩的金髮整齊中分，身上穿的長袖黑色緊身連衣裙和設計款中高跟鞋標示出她是一名商場女性，可能還是一位女強人。亞當斯就讀位於紐約哈德遜河谷的菁英學校瓦薩學院（Vassar College），她會說流利的義大利語，在一間知名的科技公司有超過十年的行銷經驗。除此之外，她花了一萬九千美元進行動卵。《美國商業周刊》的封面標題寫著這一席話：「冷凍妳的卵子，解放妳的職業——新的生育治療為女性提供更多選擇，讓女性能擁有一切。」那篇專題除卻採訪亞當斯，還報導一名曼哈頓醫生、一位洛杉磯律師、一名華爾街投資銀行家和一位作家。這些女性同樣在應付耗費精力的工作之外還為生育之事煩惱不已。「我只想擺脫壓力，」醫生蘇珊娜・拉喬（Suzanne LaJoie）說道：「男人沒有生理時鐘，冷凍卵子讓我覺得自己比較能公平競爭。」投資銀行家愛蜜麗則告訴雜誌記者，她花了「超過一臺車，但少於一棟房子的經費來冷凍她的卵子」，並發現這種經驗「賦予她力量」。她的母親就沒有這麼欣賞這件事。愛蜜麗說：「我媽告訴我，但只是半開玩笑地說：我很高興妳去商學院念書，一周工作一百個小時，沒時間認識任何人，卻有錢冷凍卵子。真是謝了，媽。」儘管收到這種評價，這群被《美國商業周刊》稱為「冷凍卵子世代」（egg freezing generation）的女性卻認為這種成本效益是合理的。一名在專文中受訪的女性表示：「透過冷凍卵子，走在路上妳會感覺更有自信，能更加抬頭挺胸。因為那讓妳在事業和愛情上都獲得成功。」

亞當斯在三十多歲離婚後決定冷凍卵子。她記得當她滿三十九歲時簡直處於「絕望的狀態」。她擔心如果現在不為了生孩子做點什麼，之後就來不及了。亞當斯認為凍卵能爭取到寶貴時間。後來她回憶那個治療過程帶給她一種美妙的自由感，突然間她掙脫生理時鐘束縛，能再度專注於事業好幾年，然後找到一個對的人結婚，最終依然能有自己的大家庭。亞當斯承認：「這不是一件能夠百分之百確定的事，但我願意賭一把。」[1] 如同一位記者後來形容，亞當斯在《美國商業週刊》的封面照讓她成為「動卵女性的招牌代表」。[2]

在一九七〇年代末，當試管嬰兒（in vitro fertilization，簡稱為ＩＶＦ）技術的出現對長期和不孕症搏鬥的女人而言簡直像一場革命。在拉丁文中，「in vitro」的意思是「在玻璃中」，這指出一項令人難以置信的事實，就是科學家已經找到在實驗室玻璃培養皿中進行受孕的方法。在一九七八年第一個試管嬰兒在英國出生以前，每一個人都是在人類活體中受孕出生。然而如今科學家證明他們能在培養皿中完成受孕後，這讓試管嬰兒事業呈現爆炸性成長。「試管嬰兒是一門大生意。」一九九四年，美國兒科學會期刊中有一篇文章標題語焉不詳地提到。那篇專文警告，一旦企業家發現任何有利可圖的醫學領域，「他們就會進入該領域。當他們發現需要擴張資金與滿足投資者，就會爭取更多患者，並在每位患者身上撈到更多錢。」[3]

事實證明這篇文章具有預言性。從二〇〇〇年開始，凍卵技術確實刺激了這種創業精神，吸引投資者、創業投資人和診所爭相分一杯羹。到了二〇一八年，上述診所中已經有百分之九十七的診間，會提供卵子冷凍保存。凍卵技術的出現讓當下與未來許多不會造訪生育診所的女性成為潛在客戶。她們之中可能有人還沒準備好要生育，有人可能在準備好時不用幫助就能受孕，或可能在最終選擇不生。而就亞當斯所知，初次取卵的價格很昂貴，每年儲存冷凍卵子的費用也可能超過一千美元。當然，冷凍卵子的存在讓支付更昂貴的費用做進一步治療成為可能。有一個經濟學家團體便將這種生育產業稱為「投資性的轉向」，指出這類診所不僅在當下能提供解決不孕的昂貴方法，也讓女性預購未來解決不孕的方案。[4] 以全球規模來說，生育治療已經成為一項價值數十億美金的產業，無論療程為試管嬰兒、凍卵、捐卵、捐精或代理孕母等。這種現象背後的一部分原因，是人們擁有生下親生子女和創造核心家庭的強烈慾望。畢竟歷史已經告訴我們什麼才是正常與自然，或者什麼才算是家庭。

亞當斯作為凍卵的典範很短暫。就在她要滿四十五歲生日前，她決定使用自己的卵子。當時她還未找到伴侶，但在事業上已有足夠信心，讓她能使用捐精者的精子獨立擔任母職，但事情開始出錯。在亞當斯冷凍的十一顆卵子中，有兩顆在解凍過程沒能倖存，三顆無法成功受孕，五顆卵子則發展成基因「異常」的胚胎。最後，一個正常受孕的胚胎被植入她的子宮，卻著床失敗。亞當斯告訴一名記者，當她得知自己沒有懷孕而且可能永遠都不會懷上親生孩子時，她「像一頭野獸般尖叫」，將筆電丟向牆壁，整個人崩潰倒地。「那是我這輩子最糟糕的一天。好多情緒都湧上來。我很悲傷、很憤怒，也覺得很丟臉，」亞當斯說：「我一直問：為什麼是我？我到底做錯了什麼？」[5]

亞當斯在痛苦和悲傷中，第一個念頭是責怪自己，就像許多身陷同樣情況的女人一樣。不孕常被大眾和媒體視為一種「雅痞病」，一種源自女性自身選擇，或更普遍來說由於女性解放而造成的疾病。大家時常將受不孕所苦的人想像成這樣一名女性，她在二、三十歲時，將時間花在追尋其他錯誤的優先事項，不管是教育、成功的事業，存款帳戶或401K退休福利計畫。[1] 要不然就是她玩得太瘋，無法定下來找到一位能和她生孩子的男人。而當她最後想通，發現自己還是喜歡小孩時，卻悲慘地發現生理時鐘已經走到盡頭。事實上，進行試管嬰兒療程的女性**確實**常常是刻板印象中的雅痞族群，她們普遍是白人（占百分之八十五·五）、比一般人富有（有三分之二的家庭年收入超過十萬美元）、受過高等教育（有百分之七十二的人受過大學教育，這幾乎是平均受教育人口的兩倍），而且通常都是三十幾歲。這些事實通常不太能反駁不孕的女性是自作孽的看法。[6] 即便是對不孕症女性承受痛苦抱持同情態度的研究者，都在勞動力參與、延遲生育和非自願不孕之間劃分鮮明的界線。例如社會學家瑪格麗特·J·桑德洛斯基（Margarete J. Sandelowski）便寫道：「不孕症是婦女革命的意外惡果。」[7]

當然事實是，不孕症的歷史比二十世紀末的女性主義運動歷史更加古老。在《創世紀》的四位女族長中，就有三位族長想懷孕多年卻苦無結果，她們分別是撒拉（Sarah）、利百加（Rebekah）和瑞秋（Rachel）。我們聽聞過瑞秋說的第一句話就是對她的丈夫雅各要求：「給我小孩，不然我會死。」[8] 我們在讀到描寫撒拉的章節時，知道的第一件事是她沒辦法生小孩。[9] 在〈撒母耳記上〉（*I Samuel*）中，哈拿（Hannah）苦於無法和她的丈夫以利加拿（Elkanah）生孩子。以利加拿問他傷心欲絕的妻子：「哈拿，妳為什麼在哭？」，「妳為什麼不吃飯？妳的心為什麼如此悲傷？對妳來說，我比不上十個兒子嗎？」絕望的哈拿和以利加拿一起去聖地示羅（Shiloh）進行年度朝聖，她在那裡熱烈祈禱能擁有孩子。一名神父看見她在對自己說話，指控她喝醉了：「妳還要喝醉出醜多久？」神父說：「不要再喝酒了。」「不，閣下，」哈拿回答：「我是一個深受困擾的女人。我從未喝過酒，但我一直將自己的靈魂傾倒在主的面前。」[10] 幸運的是上帝知道哈拿沒醉。哈拿和以利加拿回到他們的客房，以身體探索彼此，這次她懷了一個兒子。她將兒子命名為撒母耳，因為她說：「我的孩子是我向上帝求來的。」一等到孩子斷奶，哈拿就抱著撒母耳回到示羅。她拉著一隻載滿麵粉和酒的三歲公牛，在示羅殺了那頭牛，將兒子交給神父，然後就回家了。哈拿說：「我向上帝祈求這個孩子，上帝實現我的請求。」接著《聖經》中寫道：「因此，哈拿將孩子留給了主。」[11]

「這場親職實驗的結果可真不錯。」今日讀到這段聖經故事的讀者可能會嘲笑道：「將孩子退還給寄件人。」但在一七一二年，當清教徒牧師班傑明・華茲華斯（Benjamin Wadsworth）跟波士頓當地女性說這個故事時，[2] 他傳遞的是不同的訓示：妳的子宮是否運作由上帝決定。簡單來說，就是生育或不孕是上帝的旨意。[12] 對於一些女人來說，上帝認為她們不配做母親的觀念為她們帶來難以想像的痛苦。莎莉・布利斯（Sally Bliss）是十九世紀一名住在麻薩諸塞州伍斯特（Worcester）的女人，她結婚八年卻始終無法生子，因而感到沮喪不堪。有一次她參加完一位割喉自殺的男人葬禮後，在日記裡寫道：「我不知道多久以後我也會這麼做。」[13]不過一些人來說，這種解釋則提供某種心靈出口。反正他們什麼也不能做，畢竟上帝已經幫他們做了決定。

無論在醫學還是歷史上，不孕都是件奇怪的事。美國疾病管制與預防中心將不孕定義為「異性夫妻在一年內，經常採取沒有保護措施的性行為，卻有沒懷孕」。[14]對一些人而言，這是一種生存危機、一場真正的悲劇，也是一個必須採取積極、昂貴且痛苦的侵入性治療的醫病狀態。不過對某些人來說，在一年從事未經保護的異性戀性行為卻不會懷孕是一種好運。因此可以說，只有在當事人認為不孕是一種醫病問題時，不孕才會是個問題。同時，不孕也是一種視個人特殊生命背景而定的醫病狀態。社會學家莎莉．麥金泰爾（Sally Macintyre）就指出，女人有「兩種版本的現實」。對未婚女性來說，「懷孕和生孩子是不正常和不理想的，因此如果未婚女性想生孩子，會被視為異常、自私的，需要特別跟人解釋。」已婚女性情況則完全相反：「懷孕和生育是正常且令人嚮往的。相反地，不想生孩子的慾望」——容我補充，包含沒生孩子的事實——「才是需要加以解釋的異常心態。」[15]在美國絕大部分歷史上，已婚和未婚女性可能有相同的生理問題，無論是輸卵管阻塞、卵子數偏低或者沒有排卵。但她們中只有一方會被視為不孕，需要醫學——或像歷史上某些時刻——上帝的介入。

事實上在美國大半歷史上，不管透過上帝或科學，針對不孕簡便的介入方式都不特別有效。在十八、十九世紀初，無法受孕的美國女性會被形容為「貧脊、不育的」（barren）。這個詞彙意指一片什麼都無法生長的不毛之地。那名女性可能已經禱告很久、可能絕食、藉由行善來懺悔，說服上帝她適合擔任一名母親，就像在示羅廟宇的哈拿。她可能會偷偷尋求解方，因為在十八世紀對巫術的懷疑還很活躍，無法懷孕的女人也許會去找助產士或群體中其他婦女拿草藥，來補充體內的上帝旨意。她也許會收到醫生的飲食和運動建議，要她跟丈夫減少性行為次數，而是追求性生活質量。過去醫生相信品質勝過數量，當時在流行的性與懷孕手冊手冊《亞里斯多德的傑作》（*Aristotle's Masterpiece*）中，丈夫被指導：「女人偏好把一件事做好，而非頻繁去做。在這種情況下，很難兼顧把一件事做多又做好。」在歐洲和美洲殖民地，最早研究不孕症的醫生普遍相信男女雙方必須得到性歡愉才能受孕。眾所皆知男性要達到性高潮才能產生精液，於是在人們終於弄懂排卵期的運行機制之前，唯一合乎邏輯的解釋便是女性也要達到高潮，才能產生自己的「種子」。在一七〇八年，英國醫生約翰・馬頓（John Marten）便寫道為了受孕，「子宮必須處於歡愉狀態」。[16]

一七八一年，一名資歷可疑的蘇格蘭人詹姆斯・葛藍（James Graham）將這種解釋發展到極致。葛藍是一位蘇格蘭醫生，至少他是這麼聲稱的。他在十八世紀中葉在愛丁堡大學研讀醫學，不過歷史學家找不到他從該校畢業的證據。[17]在美國獨立革命發生前，他在當地行醫並涉獵神秘學，同時，他也迷上富蘭克林的電學發明。[18]葛藍在革命升溫前回到倫敦，在時髦的帕摩爾街（Pall Mall）設立一間不孕症診所，那邊距離特拉法加廣場只有一個街區。葛藍的生意蒸蒸日上，他把他的診所稱為「豐盛的處女膜神殿」（Temple of Prolific Hymen）。在倫敦，渴望生下孩子的富有夫婦，願意花高達五十英鎊的錢在店裡過夜，並體驗葛藍的傑作，那就是被他稱為「天床」（Celestial Bed），一個結合「醫學、磁力、音樂、電力」的奇蹟。葛藍會邀請他的客戶進入一間豪華臥室，裡面裝飾華麗高雅的藝術品，有希波克拉底和邱比特的半身像，還有閃閃發光的玻璃鏡子和色彩繽紛的檯燈。空氣中會飄浮著高貴的香水味，天花板上懸掛一盞閃耀璀璨的水晶燈，上頭點燃最上等的蜂蠟蠟燭。房間中央放了一座震動床，床鋪周遭被一千五百磅的磁鐵環繞，據說這能增加性吸引力。葛蘭向他的客戶保證他們絕對能受孕。[19]「當不育的人如此強烈沉浸在愛的喜悅中時，他們肯定會變得結實纍纍。」[20]葛蘭很喜歡說：「我不僅是一名醫生，還是靈魂的治療師。」[21]

一八四〇年代，一名真正的醫師嘗試另一種不同的治療方法：提供資訊。弗雷德里克・

霍利克（Frederick Hollick）醫生以攜帶法國製造、符合解剖學原理的紙漿娃娃在美國進行備受歡迎的巡迴演講而聞名。在一八四〇年代的五年中，霍利克和他的紙偶光是在費城就舉辦了二十六場演講。此外，他在巴爾的摩、華盛頓首府、聖路易斯、辛辛那提、路易維爾、匹茲堡、哈特福和麻薩諸塞州各地都曾留下足跡。他甚至在航向紐奧良的蒸氣船上應乘客要求，來一段即興演講。霍利克的演講的主題大大跨出維多利亞時代的舒適圈，內容包含女性高潮、月經周期、受孕過程和女性身體解剖基礎等。對於蜂擁去聽他演講的女性來說，這是一場全新的體驗。一份報紙便報導：「許多女人第一眼看到霍利克的人體模型時昏了過去。」[22]一八六〇年，霍利克醫生出版了《婚姻指南，或世代的自然史》（*The Marriage Guide, or Natural History of Generation*）一著，以坦率、非醫學的語言描述，直白說就是什麼該去哪裡。霍利克認為，如果夫婦能單純瞭解身體與性運作的過程，他們受孕機率就會大增。不過連他都承認用資訊進行治療有其限度。當夫婦把每個器官都放在正確地方卻仍無法受孕，那他也束手無策。他承認：「一般來說，醫生對這類問題所知甚少。」[23]直到十九世紀末期，醫生對於想懷孕的苦苦掙扎女性，除了提供祈禱、會震動的床和檢視基本生理結構的方法外沒有多大幫助。一本醫學教科書解釋：「認為大自然想讓所有女人都當母親是個錯誤概念。有些人的子宮可能先天有缺陷，無法用任何方式補救，而且往往死後才會被揭露。」[24]

在一八八五年，不孕症治療向前邁了小小一步，不過在道德上稍有爭議。當時有一名富有的商人走進費城的桑森街醫院（Sansom Street Hospital）與威廉・潘考斯特（William Pancoast）醫生見面。潘考斯特醫生是當地最受尊敬也最傑出的醫生之一，他作為新一代醫生的一員，開始思考是否有修補女性身體的方法。這名費城商人只有一個簡單的問題，他問醫生：「為什麼我家沒有孩子？」商人找不到明確的理由，他妻子比他年輕十歲，是費城「富裕顯赫的古老貴格派家庭後代之一」，身體「非常健康」，是教會和醫生都認為能勝任母親的女人。潘考斯特地請商人的妻子來他的檢查室，那名妻子躺在房間中央的桌子上，身邊環繞醫生的高年級醫學院學生。維多利亞時代的拘謹藉被以科學問診的名義拋諸門外，這群男人們徹底檢查她的生殖器官。他們發現她沒有任何十九世紀的醫生推想可能會導致不孕的生理毛病，她的子宮頸沒有疤痕或發炎、陰道不太緊也不太鬆、卵巢沒有損傷，子宮也大小正常、位置正確。

困惑的潘考斯特採取不尋常的一步，他將注意力轉向商人。在十九世紀中葉，大部分的美國醫生都相信只要男人沒有陽痿，就不可能是造成夫婦不孕的原因。醫生發現那名商人也很健康，他來自良好家庭，一輩子從來都沒生過重病，唯一的例外是商人年輕時曾遭遇「淋病輕微攻擊」，那是他「沉醉於放蕩生活」的不幸結果。潘考斯特靈機一動，採取另一個創新步驟——收集精液樣本。他將商人的樣本放在顯微鏡下，尋找那些男性對受孕做出貢獻的蠕動小蝌蚪。結果他什麼都沒有發現。現在我們已經知道如果不治療淋病那可能會導致不孕，於是潘老斯特下結論說，這名商人「完全沒有精子」。

如今真相大白，潘考斯特和他的醫學院學生卻對應該如何幫忙不知所措。這時，一名學生開了個低俗的玩笑：「解決問題的唯一方法是找另一個男人代打！」學生們哄堂大笑，但潘考斯特腦中卻出現一個奇蹟的治療方式。他請商人的妻子再來一趟，說他需要對她進行一個更侵入性的額外檢查，並用氯仿麻醉了她。然後他抓來一根橡膠針筒跟一位他最英俊的學生。九個月後，商人的妻子生下一個健康的男寶寶。商人夫婦欣喜若狂，不過令人十分稱許的事是，由於潘考斯特對欺騙別人的事感到內疚，他在孩子誕生不久便將新手父親找來坦承整件事。不過那名商人非但沒有因為得知孩子可疑的父親身分感到沮喪，反而哈哈大笑。他表示會保守潘考斯特的祕密，只要醫生永遠不對他妻子坦誠以對。潘考斯特同意了，並發誓他和六名醫學院學生都會死守祕密。幾十年來一切都安穩妥當，商人和他妻子過著幸福的生活，孩子長大後也成為紐約的成功商人。

班傑明．富蘭克林曾講過一句名言：「三個人有辦法保守祕密，只要其中有兩個人死掉。」一八七七年，威廉．潘考斯特逝世，但他六名醫學院學生和那個祕密依然繼續活下去。這項祕密究竟是嚴重的道德違逆，還是做為重大的醫學突破，端看你問誰的意見。在一九〇九年，A・D・哈德（A. D. Hard）醫生首先鬆口。哈德寫了兩頁的信給《醫學世界》（*Medical World*）期刊的編輯，命名為「人工授精」的信件標題令人瞠目結舌。他在第一行就丟下炸彈：「自從潘考斯特教授第一次對女性執行人工授精以來，已經過了二十五年。」那篇文章寫得鉅細靡遺，關於健康檢查、「輕微發作」的淋病、氯仿，還有「代打的男人」。[25]

哈德的文章在醫學界引發軒然大波，但這可不是因為潘考斯特達成醫學突破。如同生物倫理學家伊莉莎白・尤可（Elizabeth Yuko）寫道：「第一次人工授精完完全全是一場倫理的噩夢。」[26]「如果你的教授是在那個女人清醒時色誘她，那在道德上還更光榮幾千倍。」同年一位名叫C・L・艾格伯特（C. L. Egbert）的醫生在《醫學世界》六月號讀者投書中提出憤怒的指控，說道：「或者，如果你願意，即便是他趁她失去意識時與她發生關係，那還比較值得尊敬。」艾格伯特向哈德醫生呼籲：「我親愛的兄弟，去閱讀全能的上帝的法律，你會找到對錯誤性交這個主題充足的指引。」[27]多數人其實更關切這項治療程序的廣泛影響，而非程序本身。有些投書人擔心人工授精將打破婚姻的神聖連結，也有人警告醫生應該小心，不要將自己與上帝混淆。[28]

後來哈德在《醫學世界》發表的一封信中，承認未來若要進行相關醫療程序，理想上應該取得女性親筆同意書才能進行。但他也主張女人想要什麼應該排在其次，全體社會才是真正的利害關係人。在哈德心目中，那名費城商人和他的妻子原先沒有孩子，但經過手術後，現在有了一位事業成功、個性正直的兒子。從種族和經濟角度來看，這對夫妻的孩子都是社會希望得到的美國人，有愈多會愈好。「去年我才和這個兒子握過手。」哈德特別補充，以防有人懷疑他。他相信社會只能受益於更多這種已婚、富裕的白人女性。當然，這種顧全大局的結果，值得保守一些不道德的小祕密，也可能讓婚姻的神聖性受到一點損害。但哈德堅稱，一旦美國人擺脫他們的神經質和多愁善感，「用精心挑選過的精子進行人工授精，會被認可為一種提升種族的療程。」[29]

到了二十世紀前幾十年，愈來愈多人開始認為自身的種族亟需被提升。人們多半認為在美國出生的白人清教徒女性健康狀況不如她們的祖母輩。[30] 支持這項論點的有力證據是下降的生育率。有人擔心都會生活的喧囂讓女性變得不孕，有人則覺得一切都是時尚的錯。當時女性除了被要求在家中到處擺放昏厥沙發，[3] 也有人指出女性流行穿著、會嚴格限制身材的束腹可能造成「子宮紊亂」。[31] 除此之外，有人提出閱讀報紙讓女性過度興奮、從出生地風塵僕僕遷徙到城市讓女性筋疲力竭、丈夫在生意上承擔的風險令她們焦慮，甚至是短暫外出工作都會造成終生壓力與傷害。[32] 但在諸多主張中，接受教育造成的損害似乎最為劇烈。

美國婦科協會主席喬治・恩格曼（George Engelmann）便觀察到女大學畢業生有最低的生育率，他表示，有清楚證據顯示大學程度的工作會導致「神經衰弱」，讓受過教育的女性變得不孕。[33] 一九〇〇年，恩格曼在美國婦科協會年度會議的專題演講中說道，思考和繁殖顯然是相互排斥的。[34] 一九一九年，一份紐約市周刊《獨立報》的一篇社論也同意恩格曼論點：「要說每個女孩接受高中教育的平均費用必須加上一個未出生的孩子，這話可一點都不誇張。」[35] 可以說，驅動美國十九世紀經濟擴張的引擎，包含都市化、階級流動、工業、教育和資本主義，似乎已搞砸美國本地出生的白人女性脆弱的體質和神秘的生殖系統。

對於白人中產階級美國清教徒而言，他們希望看見國家保持原有形象，而這種「母性能力」（maternal performance）的衰退，對他們構成一種生存威脅。[36] 一九〇五年在全國母親代表大會上，老羅斯福總統違背所有數學邏輯，警告如果在一個種族中的每個家庭都只生兩個孩子，那該種族「人口將會快速驟減，在兩、三代內會理所當然瀕臨滅絕。」老羅斯福更陰沉地補充，反正這種現象是好事，因為「對一個實踐種族自殺的民族來說，它恰恰顯示這個民族不適合存在。」[37]

「我們美國人最不需要擔心的就是人口短缺的問題。」一九二四年，社會學家和優生學家愛德華・羅斯（Edward Alsworth Ross）在《世紀雜誌》（*Century Magazine*）中寫道。「每出現一具棺材就會有兩個搖籃來替補，而且這兩者的差額正在增加。」[38]美國的出生率從十九世紀開始下降，即便如此，國家的人口總數依然呈爆炸性成長。一七九〇年，在第一次人口普查中，美國大約有不到四百萬個國民。到了一九〇〇年，全國人口總數已超過七百六十萬人。[39]即使國內出生率大幅下降，每一位美國女性仍然平均會生三或四個小孩，足以保持總人口攀升。問題不在數量，老羅斯福總統說道：「我們該擔心的是**品質**。」[40]

「優生學」（eugenics）這個詞來自希臘文，結合了「良好」、「起源」與「誕生」等字根。十九世紀末，英國開始著迷於「優良的出生」。這種現象源自一八六九年英國博物學家法蘭西斯·高爾頓（Francis Galton）做的一項調查。高爾頓恰巧也是達爾文同父異母的表弟，他觀察到英國上流社會的優越品質，例如智力、衛生和守法的美德，認為這些品質一定要被傳承。他主張如果上流社會生更多孩子，那就會有更多高品質的英國人，而愈多高品質的英國人將對大不列顛有更多好處。[41]當「優良的出生」的觀念橫越大西洋在美國著陸時，美國正透過《吉姆·克勞法》在黑人與白人間畫出鮮明界線，當地的移民熱潮也延續長達數十年。大眾普遍擔心不是白種人的美國人和移民，將決定這個國家未來的種族構成。有鑑於此，高爾頓提出某些族群的出生優於其他族群的想法能在這裡找到肥沃土壤，就不是讓人意外的事。一八九一年，一名來自南加州的婦產科醫生西奧多·蓋拉德·湯瑪斯（Theodore

Gaillard Thomas）在一篇論文中提出警告，他提及：「讓文明生活貶值的習性」會導致「文明的」女性不孕，但卻對「北美印第安女性」或「南方黑人女性」沒有影響。[42] 於是在一九〇七年，印第安納州通過全國第一條強制絕育法，此後有三十州跟進，開始針對黑人、原住民、移民群體、貧窮白人和精神病患，展開政府資助的絕育和生育控制行動。稍後希特勒指出，這些計畫正是納粹正當執行一些優生學政策的前例。[43]

限制「不受歡迎的生命」出生是消極的優生學，積極的優生學則是增加「受歡迎的」出生數量，並推行相關政策和行動。有的人，像是哈德醫生，關注於如何透過進步的醫學，消弭可能導致女性不孕的現代力量。但在二十世紀初，一些美國科學家開始思考讓他們感到更毛骨悚然的情境：美國白人女性的生理結構和子宮其實處於完全健康的狀態，她們只是沒在利用它們。一九〇九年，一位婦產科醫生在《醫學時代》（*Medical Times*）發表文章寫道：「我們國家這群受過教育、躁動不安而充滿審美意識的女性，在公眾之間發展出一種幾乎是先天性的，不願懷孕的道德傾向。」[44] C．G．柴爾德（C. G. Child）醫生表達得更坦率粗俗，他表示肥胖的女人、女學者、娼妓和獨立的女人，必須為許多人認為真實存在的人口危機負起「最終責任」。[45] 由於女性過度專注在贏得投票權、合法權、受教育權和就業機會，她們忽略將自己的子宮填滿，應該直接為一名醫生所宣稱的「國家進步引發的退步」負起責任。[46]十九世紀人們的想法最終出現差異，關於女性是否故意避免懷孕，或她們是否只專注於受教育、閱讀或時尚這種讓懷孕變得較不可能的行動。無論如何，當時的人們與當代人一樣都抱持一致意見，覺得都是她們的錯。

面對二十一世紀的科技，持續存在的不孕症獲得醫學解釋，尤其生殖、受孕和誕生一位新人類又是發生在人類體內最複雜的事。但人們對不孕症也有歷史的解釋。一直以來，試圖解決不孕問題的人都有其他動機。在十九世紀，美國將不育視為受到上帝旨意或自然懲罰的悲慘狀態，接著，不孕慢慢變成現代生活壓力引發的徵狀，需要技術精湛的醫生解決。不過在十九世紀，試圖將沒有生子的女性變成母親的醫生，不只尋求理解修復卵巢跟子宮功能的方法，也試圖治癒他們看見的社會弊病。例如指出現代經驗和教育對白人女性脆弱體質造成的負面效應，致使白人女性的生育率比有色人種與移民女性都來得低。哈德醫生希望能讓他的同行明白，治療生育的目的不僅是治癒疾病，還要創造「一種提升民族的療程」。

今日，所有的歷史線索，包含種族和生殖、經濟和階級等，都匯集在巴貝多不孕症診所（Barbados Fertility Center）。這間診所座落於巴貝多最大的城市橋鎮（Bridgetown）外的基督城（Christ Church），是一棟有著白色柱子，被稱為希斯頓豪宅（Seaston House）的雄偉歷史宅邸。診所周遭被搖曳的棕櫚樹和茂密的熱帶植物環繞，前門兩側有高大的弧形窗戶，讓訪客能以全景視角欣賞波光粼粼的加勒比海和對面柔軟的白色沙灘。[47]當今，來自全球各地的人前來造訪西斯頓豪宅，尋求在「有如天堂般的世界中接受最好的試管嬰兒治療」，如同診所官方網站的廣告保證。比較委婉點說，在這裡設立不孕症診是一件矛盾的事。希斯頓豪宅一棟是翻修過的前殖民時期宅邸，位於以前甘蔗種植園的中心。巴貝多是英國第一個真正的奴隸殖民地，也是大英帝國首度構想以及測試動產奴隸制（chattel slavery）極限的場所。各種形式的奴隸制可能和人類的歷史一樣古老，但動產奴隸制的規模和整體性是歐洲一項特別殘酷的發明。受到奴役的非洲人上了手鐐腳銬後，會被帶到加勒比海，依法剝奪人性，並終其一生淪落為奴隸或財產，他們生下的子女也包含在內。一六六一年通過的《巴貝多奴隸法典》（*Barbados Slave Code*）闡明，在英屬巴貝多，被奴役的非洲人是「不動產」，是能夠任憑契約持有人隨意買賣的資產。一六三〇年，第一批被奴役的非洲人抵達橋鎮，隨後還有數十萬名非洲人持續抵達，在甘蔗田的殘酷環境中從事苦勞和死去，並在加勒比海炙熱的陽光下劈砍甘蔗粗硬的莖幹，以餵飽歐洲人對糖和蘭姆酒永不饜足的慾望。[48]

今日，希斯頓豪宅一樓明亮而溫馨的候診室接待著不孕夫婦，他們之中有許多人從海外遠道而來，包含從美國和歐洲。官方網頁上如此宣傳：「巴貝多不孕症診所在這座熱帶天堂，提供優異的試管嬰兒成功率、價格低廉的服務與沒有壓力的療程。」長期以來，外國的醫美醫生仰賴美國人出國做手術的意願，用精美的宣傳手冊和保證大幅降低的價格，引誘美國人前往加勒比海、墨西哥、印度和東歐就醫。近年來，出國旅行接受不孕治療也開始蔚為風潮，人們常常把這種提供病患在本國尋求不到的治療途徑稱為「生育旅遊」(fertility tourism)。假如說，由於義大利不認可同性婚姻，並要求病患必須已婚才能接受生育治療，義大利女同志伴侶經常到西班牙接受手術。如同一名人類學家觀察，巴貝多不孕症診所迎合「絕大多數歐洲白人或美國客戶」的需求，這些顧客在本國有另一個無法接受治療的原因，那就是價格。[49]因此巴貝多不孕診所的官網除了宣傳診所美麗的環境，更大力強調夫婦能省下多少錢。在巴貝多，試管嬰兒的價錢只有美國的三分之一到二分之一。

在美國，做一次試管嬰兒治療週期的平均花費約為一萬兩千到一萬七千美元，而且除非你所在的州，是要求保險公司涵蓋部分手術費的十四州之一，不然像冷凍卵子或試管嬰兒的療程都要自費支付。[50]有一項研究發現，由於療程花費昂貴，只有三分之一不易受孕的女性會和醫生提出試管嬰兒的治療，更別提尋求治療。[51]無怪乎會投入療程的人普遍比一般大眾富有、受過更高教育，膚色也比較白。[52]儘管在比例上，黑人女性比白人女性更容易經歷不孕，但根據據一項近期研究顯示，超過百分之八十五的美國試管嬰兒患者是白人。[53]

從全球範圍來說看，常常最需要進行人工生育的人卻最難取得技術。在南非和中非。

受不孕所苦的女性比率遠高於北非，更別提和北半球國家的女性相較。這種現象背後有很多理由，包含未經治療的細菌和寄生蟲感染，或者過去生產導致的不孕併發症。辛巴威一項研究指出，受到次發性不孕症影響的女性約佔女性人口百分之六十二，次發性避孕症意指生過一個孩子的女性得到的不孕症，這反映分娩本身可能就會阻止女性生更多孩子。研究者將中非和南非這些不孕機率高的地區暱稱為「不孕帶」(infertility belt)，人類學家則記錄當地女性日常的苦難。「無法生育的女性常常被丈夫拒於門外，被社會排斥，活得像個被放逐的人，被視為低劣而無用。」一份報告如此結論。[54] 另一組研究員則觀察到在這些地區，不孕症往往被視為一種「社會性死亡」。[55] 儘管不孕帶存在許多需求，當地幾乎沒有不孕症診所或生育治療。對一些國際援助組織來說，不孕和愛滋病、瘧疾以及產婦死亡的三重威脅相比，只是個「嚴重性較低」的項目。而且對有的人來說，不孕為人口過剩提供一個方便解決方式。二〇〇四年一份世界衛生組織報告指出：「由於不孕率高會對整體生育率和人口成長率產生抑制作用，如果嘗試提高生育力，那可能會阻礙降低生育率的努力。」像是如果將撒哈拉沙漠以南的不孕率調整到『正常』水平，「那當地的生育率將增加到百分之十五」。[56] 這裡隱含的訊息是：在生育率這麼高的地區，如果有些女人無法生小孩，那真的是個問題嗎？

這個提問對任何經歷不孕症的個體而言，無論她們來自美國或非洲，答案當然是肯定的。曾經有研究指出，被診斷出有不孕症的女人承受的壓力、焦慮和沮喪程度，和一名癌症病人雷同。[57]也有大量研究經顯示，即便許多女性透過不孕治療成功懷孕或最終收養孩子，她們依然覺得自己不正常。因為她們透過收養成為母親的社會現實，無法完全抹滅她們無法依靠自己的身體成為母親的事實，以及過程經歷的痛苦和創傷。[58]我有一些朋友願意做任何事以達到自然懷孕產子，包含進行數年飲食監控、徹底重新安排性生活、無止無盡地幫自己打針、服用引發劇烈情緒波動和身體變化的賀爾蒙藥物，還有承擔數萬元的信用卡卡債。我曾親眼見過她們的痛苦和強烈的渴望，因此我理解她們為什麼會做出如此巨大的犧牲。

但那也讓我覺得自己像個異類。在童年大部分時期，我都在一個混雜的大家庭成長，家庭成員彼此的關係不是透過血緣建立。我們之中有四個姓，一共有六名成人生下我們這些小孩，因此所有成人都參與撫養我們的過程。當別人算數發現被我稱為姐姐的女生只比我大四個月時常常覺得很困惑。我有兩個繼手足和一位養兄弟，但通常我們不會用這些修飾詞，除非在與別人溝通時，真的必須要指出我們沒有共同的基因或雙親。平常我會說：「我要去參加我哥的婚禮。我等不及要看我姐的小孩。」在我小時候，我媽媽會接到教練、美術老師或朋友父母的電話，問說：「你是OOO的媽媽嗎？」我媽會開心地回答：「嗯，算是啦。」這種成長經歷讓我相信家庭可以由許多方式組成，當一些女孩夢想有天能感受到寶寶胎動時，高中的我堅信收養的好處，尤其是那會帶給我十七歲身體的好處：我不必和另一個人分享我的身體將近一年，不需要全新的衣櫃，不用打斷規律的運動訓練。你可以一直過著算是相當尋常的生活，直到某一天像這樣，「砰！」的一聲，你有了一個可以和你相互依偎的孩子。我猜這是許多男人有小孩的經驗。

這也是過去許多美國人擁有的收養經歷。在《牛津辭典》中，「收養」（adoption）這個詞可追溯到十四世紀，當時該詞的含意與現今的差不多，是指透過合法或非正式管道讓一個人進入先前不存在的關係。[59] 在美國，「合法的」收養絕大部分是十九世紀上半葉的發明，大約在同一時期，美國人開始認識到核心家庭以及哪些孩子歸屬於哪些父母的重要性。在那之前，是法院和社群並不怎麼在意是否該讓小孩和計畫養育他們的成人關係正式化，這點令人感到驚異。舉例來說，在十七世紀的麻薩諸塞州，某一天貝西亞・羅瑟洛（Bethiah Lothrop）的丈夫湯姆斯抱著一個嬰兒回家，羅瑟洛於是成為一名母親。那個嬰兒是湯姆斯表弟的孤女，在父母雙亡後流轉於不同家庭間，無法找到一個能穩定養育她的家。羅瑟洛夫婦可能出於憐憫，也可能因為小嬰兒絕望的處境而決定收養她。他們愛她如己出，當夜晚貝西亞和湯姆斯坐在爐火旁凝視著嬰兒，他們會感謝「上帝的旨意，讓這個孩子從一地遷移到另一地」，直到孩子來到他們的家。羅瑟洛夫婦的收養程序並不正式，他們只有把嬰兒帶回家，讓她住在那裡，其中沒有牽涉到法院、法律或任何文件。幾年後，湯姆斯在菲利普國王戰爭（King Philip's War）中陣亡，[4] 這件事才在法庭上引發問題。當時想爭奪羅瑟洛財產的親戚憑空冒出，挑戰嬰兒作為湯姆斯女兒的地位。湯姆斯沒有留下遺囑，但貝西亞堅持孩子是湯姆斯的合法繼承人。她向法官請求：「我親愛的丈夫是名溫柔慈愛的父親。我謙卑地認為他真心接納那這孩子作為他養女，就像他接納我作為他妻子般。」法庭接受那個孩子的養女身分，因為羅瑟洛夫婦一直都在養育她，法院並允許貝西亞用湯姆斯的遺產扶養她長大。[60]

當然，現今的收養程序和貝西亞．羅瑟洛成為母親的過程相當不同，也和我青少年時期認為家庭組成其實很簡單的天真想法大相逕庭。第一個是收養孩子很昂貴，根據兒童福利資訊平台（Child Welfare Information Gateway）這個聯邦服務機構，私人家庭收養的平均費用在一萬五千到四萬五千美金，國際收養費用則為兩萬到五萬美金。[61] 再者，收養過程可能耗費數年。一名學者觀察到許多收養機構本身並不積極聯繫苦於不孕症的人，主要是他們擔心那些無法生下親生孩子而感到悲傷的夫妻，可能還沒準備好完全接納收養的小孩，加上試管嬰兒業者時常向這些夫婦大力自我推銷，這可能意味許多人從沒考慮過收養。[62] 但最具挑戰性的原因可能是近年來收養的倫理得到愈來愈多關注，引發許多問題，例如被收養的人是否有知道自己出身資訊的權利、親生父母的權利、基於性向或種族對收養父母的歧視，以及跨國或跨種族收養的潛在傷害等。或許基於這些理由，從二〇〇七年到二〇一四年，美國的年度領養數量跌了百分之十七，在那之後更持續下降。[63]一組研究員便指出這種收養數量下降的趨勢，和試管嬰兒、凍卵等生殖技術的進步有密切關係。[64]當面對收養孩子的高昂費用、複雜的倫理問題和社會長期對親生母親的偏好時，有不孕問題的女性可能會愈發認為「不如自己生」，收養孩子相對於親生孩子會是「次好的選擇」。[65]

諷刺的是，試管嬰兒確實已經變成多數人解決不孕症的首要方法，這種方法在倫理議題上甚至比較不複雜。在我們的歷史記憶中，墮胎在任何生殖倫理辯論中才佔據重要的地位。過去由於墮胎議題引發診所被炸、醫生被謀殺，或在一九八〇年代興起、到一九九〇年代達到全盛的數十萬人生命權遊行，都讓人難以想像有比墮胎更挑動敏感神經的胚胎政治問題。但在一九七〇年代初，早期的試管嬰兒實驗也不斷引發爭議。對許多人來說，在實驗室桌上裝滿精液的培養皿中創造胚胎，並希望它們有一天變成人類，聽起來是很可怕的想法。人們擔憂試管嬰兒是否會為其他人類生殖的實驗，比如像複製人或訂製嬰兒打開潘朵拉的盒子，也懷疑製造人類是否太接近扮演上帝。一九七三年，當最高法院通過墮胎合法化後，當時剛萌芽但還在成長中的美國反墮胎運動組織開始將目標轉向試管嬰兒。他們指出這種行為涉及毀壞人類胚胎，並說服國會在一九七四年通過一條禁止胚胎和胎兒研究的禁令。在此同時，科學家和醫生強調這些胚胎發育成孩子的可能風險。一名科學家跟《華盛頓郵報》說：「我擔心的是如果在實驗中哪個地方出錯，會對所有科學發展造成什麼效應。社會真的給我們足夠的支持了嗎？」[66]

然而在一九七八年七月二十五日後，社會幾乎一致接受了試管嬰兒。那天，一個女寶寶在英國蘭開夏郡（Lancashire）的歐德漢綜合醫院（Oldham General Hospital）出生。露易絲．布朗（Louise Brown）出生時體重為五磅十二盎司，她有十根手指十根腳指、肥胖的臉頰，兩個強而有力的小肺發出宏亮的哭聲。這些事實無疑為幾千年來的新手父母帶來喜悅和寬慰，不過對露易絲的雙親和醫生來說，他們是在一起屏住九個月的呼吸後終於鬆一口氣。露易絲．布朗是世界上第一位試管嬰兒，她出生的消息很快傳遍全球，如同《倫敦晚報》宣布：「**超級寶寶**」，[67]《紐約每日新聞》則以滿版報導慶祝：「寶寶是個女孩！狀態非常好。」[68]

近期露易絲．布朗回想：「萬一當時我有任何毛病，我想那會是試管嬰兒的終點。」[69]但她沒有任何毛病，露易絲的完美幾乎在一夜之間消除美國人對試管嬰兒的抵制。在她誕生後幾天，全國各地的科學家開始對衛生福利與教育倫理諮詢委員會（Department of Health,

Welfare, and Education's Ethics Advisory Board）強烈抗議。該部門是由卡特總統的政府成立，主要處理與胚胎研究相關的問題。科學家呼籲該組織終止對全國試管嬰兒研究下的禁令，在一年內，科學家就獲得進行胚胎研究的許可，「即便那些胚胎在研究過後被摧毀。」皮耶・蘇帕特（Pierre Soupart）表示。蘇帕特是范德堡大學（Vanderbilt University）的研究員，他從美國國家衛生院（National Institutes of Health）獲得三十七萬五千美金，對四百個人類胚胎進行受精、檢查，最終將它們丟棄，以「確定試管嬰兒的遺傳風險」。[70]

試管嬰兒被夾在美國兩種最堅定的理想中間，第一種理想是兩百年來美國人對親生核心家庭的推崇；第二種則是對人類在出生前生命就不可侵犯的信念，這在過去半世紀以來成為第一線反墮胎運動的信條。不過，大眾對試管嬰兒的看法，事實上受到第一種理想的影響更深，這顯示建立核心親生家庭與期待女性親自生育孩子，對我們有多大的影響力。儘管墮胎與試管嬰兒都涉及毀滅人類的受精卵，但二〇一三年一份皮尤報告指出，半數美國人相信墮胎是種道德錯誤，卻只有百分之十二的美國人認為試管嬰兒也是如此。[71] 像是阿拉巴馬州的參議員阿拉巴馬州參議員克萊德・查布利斯（Clyde Chambliss）是《人類生命保護法案》（Human Life Protection Act）的支持者，這項法案禁止州內任何墮胎行為以保護「未誕生生命的神聖性」。然而，查布利斯卻澄清說，他對丟棄經由試管嬰兒產生的胚胎沒有異議，他表示：「實驗室裡的卵子並不適用這項法案，因為它們不是在一個女人體內，沒有讓女人懷孕。」[72]

「試圖解釋為什麼反對試管嬰兒更困難。」安・謝德勒（Ann Scheidler）承認，她是全國性反墮胎組織「支持生命行動聯盟」的創辦人。[73] 相較起來，要解釋為什麼反對女人墮胎則容易得多。墮胎常被視為一種規避母職的行為，儘管根據美國疾病管制與預防中心調查，接受墮胎手術的女性中有百分之六十都已經有孩子，也就是說這些女性多半已有母親身分。[74] 相反地，如同羅格斯大學（Rutgers University）的法律系教授瑪格・卡普蘭（Margo Kaplan）提到：「進行試管嬰兒治療的女性卻不會被質疑未盡母職。」[75] 接受試管嬰兒治療的患者平均年齡為三十幾歲，她們已婚、受過大學教育、富裕、是白人，而且想成為母親。[76] 換句話說，她們和一個半世紀以來執政者們擔憂的女性是同一群人。她們的子宮空蕩蕩的，日益惡化的健康狀態以及被形容為「與生俱來抗拒懷孕的道德傾向」，被指控導致「國家的衰退」。[77] 但因為試管嬰兒目標正確，能將沒有孩子的女性轉變成親生母親，即便是那些主張從受孕開始人類生命就神聖不可侵犯的群體，也選擇接受其中模稜兩可或不合理的手段。

生育治療已經變成一項價值數十億的產業。正因為人們渴望和親生孩子共享基因，即使得花大錢或付出巨大身體代價都在所不惜。這種慾望是如此普遍而強烈，以至於人們不需要特別去解釋它。然而無論是否真的需要，這裡存在一種解釋：隨著美國人在十九世紀末到二十世紀全力支持核心家庭制度，孩子的來源對家庭和整體社會來說變得更加重要。現實告訴我們，當女性面臨不孕症時，她們毫無疑問會經歷巨大的痛苦和傷痛，這種痛苦需要極大的犧牲加以解決。同時，我們被灌輸應該渴望生育子女的期望，抱持如果不這麼做在某方面就會有缺陷的信念。但這些觀念其實都是歷史跟社會強加給我們所有人的。

一九四四年，費城約瑟夫·普萊斯醫院（Joseph Price Hospital）的外科醫生詹姆斯·威廉·甘迺迪（James William Kennedy），和麥基爾大學的婦產科副教授亞奇伯德·唐納德·坎貝爾（Archibald Donald Campbell）一起出版了一本名為《陰道子宮切除術》（*Vaginal Hysterectomy*）的教科書。這本書教導醫生何時應該切除女性子宮，以及要如何做到最好。他們以白紙黑字寫下幾個世紀以來女性打從心底就清楚知道的事實：「子宮的價值是由它可不可能生育來估計。」[78] 這兩名作家建議，如果子宮有多產的潛力，那即便女人本身很痛苦或不想生小孩，醫生也應該盡力避免切除它。這其中隱含的意思是：懷孕和生孩子讓女性和她的生殖器官變得有價值，值得保留。在《聖經》裡，當上帝告訴撒拉她會在九十幾歲懷孕時，撒拉當面嘲笑上帝，但最終發現自己才是笑柄。不過那次懷孕讓她贏得宗教經典中的地位。在《創世紀》另一段落，瑞秋最後生下兒子約瑟時，她主要的情緒是鬆了口氣，而不是喜悅，並表示：「上帝已取走對我的責備。」[79]當哈拿懷孕並生下撒姆耳時，心情是如此滿足。她甚至不需要養育孩子，一等到孩子斷奶，就把孩子留給上帝。而布麗姬·亞當斯怪罪自己花了五位數的金錢投入「凍卵以解放事業」的賭注，下場卻十分悲慘。在亞當斯和聖經裡的這些女性之間，是無數名活生生的女人。她們承受個人的痛苦，而社會投注的憐憫、猜疑、輕蔑和怪罪則讓她們的處境雪上加霜。

自從霍利克製造解剖人偶，以及葛藍發明會震動的天床以來，科技當然已經大為進步，我們能從冷凍卵子或培養皿製造人類這件事也確實令人感到驚奇。不過在今日，像試管嬰兒般的不孕治療成功率依然偏低。二〇一九年，美國疾病管制與預防中心對生育診所進行一項調查，發現在三十七歲以下的女性中，大約只有半數的人經過多次試管嬰兒治療能生下小孩；在三十八歲後懷孕的成功率則大幅降低。[80]儘管如此，光是試管嬰兒治療的存在本身，就能完美收束人們對生育的鬆散提問。當美國最高法院分別在〈格里斯沃爾德訴康乃狄克州案〉、〈艾森施塔特訴貝爾德案〉以及〈羅伊訴韋德案〉中判決女性墮胎合法化，5人們開始相信任何女人都能選擇不生孩子。尤其當現代發展出凍卵和試管嬰兒的技術，女性似乎被認定能隨意選擇要不要生育。這讓人們對沒有生育女性的認知發生天翻地覆的變化。一名歷史學家就問道，好幾世紀以來，有多少被認定不育、受人憐憫的女性，實際上是主動選擇過不生孩子的人生？[81]但今日或許我們該反過來問，有多少女人被預設刻意不生孩子、歡欣鼓舞地過生活，但實際上她們想當母親勝過一切？

試管嬰兒治療承諾將寶寶放進那些渴望得到孩子的絕望女人懷中，但這不是獲得孩子唯一且獨特的管道。幾世紀以來，非正式和正式收養、代替養育以及社群共同養育，都是將小孩放進無子女家庭的方式。試管嬰兒真正承諾的是讓女人變成一名親生母親，恢復她的子宮價值。問題就在有時這項療程無法兌現承諾，而當它失敗了，會讓女性比以往更加心碎，因為過去有關生育的選項更少。對一部分女性來說，試管嬰兒是來自上帝或科學或同時來自兩者的禮物；對一些人來說，它是一種無法企及的希望，只帶來攀升的信用卡債和裝滿自行注射針筒的帆布袋。對更多人來說，試管嬰兒完全是無法企及的白日夢，其中原因並不總是令人意外。兩世紀以來，人們對不孕抱持的疑問仍只獲得部分解答。因此假使我們問現在的女性為什麼不生小孩，一個最明顯但也最常被忽視的答案就是：她們沒辦法生。她們無法負擔昂貴的生育技術，或者像布麗姬．亞當斯在她人生中最糟糕的一天發現的：即便她有方法，她還是生不出來。

1 401(K)退休福利計畫化為一九八一年，美國政府為鼓勵人民為退休做準備，創立的一種延後課稅退休金帳戶。由於美國政府將相關規定明訂在國稅條例第401(k)條中，該計畫簡稱為401(K)計畫。

2 班傑明·華茲華斯(Benjamiin Wadsworth，一六七〇年—一七三七年)，美國公理會牧師與教育家，從一七二五年起擔任哈佛大學校長直至過世。

3 昏厥沙發(fainting couches)的設計具有特殊形狀與構造，能讓昏厥的人舒適休息。過去這種沙發經常被用來支撐穿著緊身衣物的女性，在女性感到不適時輔助她們休息和恢復。

4 菲利普國王戰爭(King Philip's War，一六七五年—一六七六年，又被稱為梅塔卡姆戰爭)。這是一場發生在美洲原住民和英國移民之間的戰爭，戰爭名稱得名於美洲原住民領導者每卡塔姆(Metacom)，他的名字在英文中被稱為菲利浦國王。

第六章 因為我們想要其他人生

一九七四年，一名叫瑪西雅・德魯特－戴維斯（Marcia Drut-Davis）的老師參加電視節目「六十分鐘」（60 Minutes）。那是美國哥倫比亞廣播公司推出的新聞調查節目，半個世紀以來都在美國客廳播映。德魯特－戴維斯三十二歲，是一名長島的老師，與華倫（Warren）結婚，華倫用吉他寫過一些關於她的情歌。但在他們看起來像是傳統白人中產階級的面具之下，華倫和瑪西雅有個不可告人的祕密，長久以來他們甚至不敢告訴彼此，那就是他們不想要有小孩。在他們婚姻早年，這個問題沒有浮上台面。有一段時間他們的經濟狀況十分吃緊，但兩人都熱愛工作。不過當德魯特－戴維斯讀到艾倫・佩克在一九七一年出版的著作《寶寶陷阱》（*The Baby Trap*）時，[1] 她彷彿得到天啟。那是第一本討論沒有孩子的人生益處的書，該書已經接近美國主流大眾。於是德魯特－戴維斯跟華倫說：「我們需要好好談談。」然後把書交給他。他們意識到自己都太害怕了，不敢對彼此承認內心深處黑暗的真相。當他們讀完《寶寶陷阱》時，祕密像洪水般流洩而出。「我們當時的反應就像是：呼，沒錯，我們不想要小孩。」如今在婚姻中的他們終於鬆了一口氣，可是內心的平靜很快被新的恐懼取代，因為他們得告訴其他人。「我們沒有挺身而出表示，這是我們的選擇，我們很快樂，請為我們高興吧。」但在那天晚上，這對夫妻在哥倫比亞廣播公司的節目上，向全國講出這些話。[1]

理論上來說，「六十分鐘」節目的製作很簡單，那就是拍攝瑪西雅和華倫告訴父母他們不想要孩子的過程。但實際拍攝過程卻是一場噩夢。當這對夫婦邀請他們父母上節目進行一場嚴肅對話時，父母們還以為他們是共產主義者或毒販而憂心忡忡。當然瑪西雅跟華倫不是。但到節目最後，德魯特－戴維斯很希望那就是他們的祕密，因為華倫的父母對真相更無法接受。她記得那場攝影像是「兩小時的折磨」。她的公公大聲質疑他們在養育華倫時做錯了什麼，怎麼會養出這麼自私的兒子。有一刻，她的婆婆還啜泣著問她為什麼要嫁給華倫，如果她不打算生他的小孩。[2]當影片播出時，那場兩小時的痛苦對話和小心翼翼的解釋，被剪輯成只有數分鐘的鏡頭，其中華倫只有一次開口對父親低語。德魯特－戴維斯後來回憶：「就這樣我成為一個爛女人。」[3]那段節目將他們的談話與一些無子女夫婦的影像搭配起來，像是沒生孩子的年輕夫婦做著別人想像他們會從事的自私、昂貴活動——從私人飛機和遊艇窗口揮手，淹沒在錢堆中，並將錢花在自己身上。麥克・華萊士（Mike Wallace）是主持「六十分鐘」將近四十年的傳奇新聞記者，當這個節目片段結束時，他向觀眾為他們剛才目擊的影片致歉，他說：「請原諒我們在母親節播放這段扭曲的節目，大家晚安。」[4]

後來，德魯特－戴維斯回憶到這件事開始失控。她的婆婆收起眼淚，轉而寫下憤怒且冒犯人的詩歌。在訪談隔天早晨，瑪西雅和華倫醒來時發現有一首詩塞在他們家門底。「你們會將你們的世俗財產留給誰？」那首詩寫道。「留給搶劫犯、毒蟲，還是窮鬼？」詩文並以這段話總結：「我們的孩子雖然結婚了，實際上只是朋友。」德魯特－戴維斯說，當那集節目播映後，她被開除教職，甚至被列在代課老師黑名單上長達十五年。這對夫婦收到死亡威脅，他們的狗也收到死亡威脅。那時長島的青少女懷孕機率以令人憂慮的速度攀升，當德魯特－戴維斯受邀前往長島，跟高中生談論要如何選擇何時以及是否該生小孩時，必須有警察護衛她穿越聚集在外面的抗議群眾。[5]群眾的標語寫道：「撒旦的姊妹今天要演講，不要讓痛恨小孩的人進門」、「小孩是祝福」。德魯特－戴維斯的鄰居寄來一封匿名信，表達對附近住了一名「不信上帝、痛恨寶寶的爛女人」感到遺憾，並寫道：「妳不該自稱是女人，不想要孩子的女人都違反自然。」[6]

人們反彈程度之激烈，讓德魯特－戴維斯措手不及。「我本來不知道什麼是生育主義

（pronatalism），不知道什麼是影片剪輯。上節目前我天真的不得了。」[7] 在《牛津英文辭典》中，生育主義的定義是「提倡或鼓勵組成大家庭的行動，尤其是透過國家政策。」這種「提倡或鼓勵」的思維在二戰過後的美國是如此全面滲透到生活中，讓德魯特—戴維斯甚至無法辨識，直到被這種觀念迎面痛擊。她婆婆寫的詩是個特別奇怪的例子，但這種觀念其實以更平庸的形式到處存在。例如康寶的廣告詞便說：「如果不是母親煮的，就不叫做湯！」「如果真是如此，那昨天午餐我煮的鬼東西是什麼？」德魯特—戴維斯語帶諷刺地問丈夫。[8] 有時鼓勵生育政策對家庭很有幫助，例如抵銷養育孩子花費的稅額，或是像在法國或瑞典等國家，會推出保障寬裕產假和產後支持的政策。但更多時候生育主義政策更側重於懲罰那些不服從的人，例如十九世紀末以來的美國、一九三〇年代的納粹德國或直到一九七〇年代的蘇聯，都曾頒布避孕和墮胎的禁令。

一九五〇、六〇年代，美國女性早婚早生的傾象翻轉一世紀以來美國衰退的出生率。如同一名歷史學家所說，二次世界大戰後創造核心親生家庭變成一種「全國性的執念」，成為「國家和自我的唯一救贖」。[9] 一九七〇年代初，像德魯特—戴維斯和艾倫．佩克這樣的年輕女性開始重新思考「救贖」對於她們的世代而言可能的樣子。一九七〇年，一群荷蘭女性主義者包圍一場婦科會議，在冷冽的北海寒風中掀起外套，露出每個人用馬克筆寫在身體上的潦草口號：「我是自己肚子的主人（Baas in eigen buik）」。隔年，德國女性主義者在柏林遊行。她們大喊：「我們該有小孩，或不該有小孩？選擇完全在我們自己。」一名歷史學家將這群女性稱為「拒絕的世代」。[10]

拒絕必須付出代價。德魯特－戴維斯上「六十分鐘」電視節目受到的關注，加上荷蘭女性主義者、德國女性主義者和佩克的書，挖掘出生育主義的醜陋面向。生育主義非但沒有透過向國家施壓，以資助方式鼓勵人民生育，反而將憤怒對準不生孩子的女人。這是一種特別強烈的憤怒，專門針對一九七〇、八〇年代愈來愈多自稱「選擇不生小孩」（childless by choice）甚至「自願無子女」（childfree）的女性，也就是那些驕傲公開宣稱不想要小孩的女性。一個女人要向外人解釋她是因為工作、經濟狀況、缺乏家庭支持、對地球有責任感或難以懷孕而沒有孩子已經很困難了；但其中最困難的，可能是要解釋你單純就是想過沒孩子的人生。

無論如何，這種慾望都不新鮮。在接近十一世紀尾聲的英格蘭亨廷頓，有一名叫碧翠絲（Beatrix）的貴族女性產下一個女兒，這個女兒在日後也會想過沒有孩子的人生。碧翠絲和她的丈夫奧提（Autti）將女孩取名為希奧朵拉（Theodora），這個名字並不廣為人知。在歷史記載中，希奧朵拉的名字是克里斯蒂娜（Christina），名字源於希臘文christos，意思是

「一名基督徒」或「基督的追隨者」。當本名為希奧朵拉的克里斯蒂娜還在母親子宮時，她的父母就知道她很特殊。碧翠絲懷孕時，有一隻雪白的鴿子從當地修道院飛進她房間窗戶。那隻白鴿收攏翅膀，埋入碧翠絲的袖子裡，和懷孕的母親一起坐了整整七天。碧翠絲顯然一整個星期都沒移動，她溫柔地輕撫白鴿，看到鴿子「舒適地依偎在她大腿與懷裡，散發明顯的愉悅。」最後當鴿子飛走時，碧雅絲感到一股篤定和平靜。她和任何願意聽的人說，她懷的這個孩子「會讓上帝非常喜悅」。她指出耶穌也曾經有一隻鴿子和祂形影不離，後來發現那隻鴿子就是聖靈本身，所以這只會是個好消息。當希奧朵拉／克里斯蒂娜出生那天，碧翠絲整天都待在教堂裡，就像當時的人在分娩早期會做的一樣。然後她「為了後代的希望，堅強忍受分娩的痛苦」。終於，孩子出生了，而且長得非常漂亮，她母親確定她得到上帝的祝福。[11]

希奧朵拉在孩提時代，就展現某些獨特的個性。例如「每當她覺得自己做錯什麼事時，就會用棍子毆打自己嬌嫩的身軀。」每天晚上當她躺在床上，就會和耶穌講話，「彷彿她在和一位看得見的男人說話」，而且相信沒有人聽得到她的聲音。跟她睡在同個房間的兄弟姐妹可能只是想好好睡覺，於是就一直戲弄跟糾正她，直到她想出比較安靜的祈禱方式。當希奧朵拉十四歲時，她正式宣誓要堅守一生的貞潔。她告訴上帝：「我除了祢以外誰都不想要。」並承諾她永遠不會結婚，永遠不會臣服於男人的撫觸，也因此她永遠不會有小孩。

無論希奧朵拉對上帝做過什麼承諾，她的父母是富有的商人，並將子女的婚姻視為與其他家族結盟、促進商業利益與提升社會地位的機會。通常出生在這種家庭的女人會和家裡為她們選擇的男人結婚，過著經營家庭、服侍丈夫，還有生孩子的傳統生活。有的人確實會去修道院，那是中世紀上流家庭中較年幼女兒的共同命運，通常是因為她們的父母沒有錢或無力支付嫁妝。但對希奧朵拉而言很不幸的，是碧翠絲和奧提有的是錢，而且不希望看見自己的女兒穿上修女袍。他們安排希奧朵拉和一位名字聽起來很沒出息的年輕貴族伯斯雷德（Burthred）結婚。希奧朵拉很不開心，她提醒父母：「我想保持單身，因為我立下了貞潔誓言。」

在希奧朵拉的婚禮之夜，她的父母硬逼伯斯雷德進入女兒臥室，然後把門鎖上。第二天早上他們打開門，希望看見女兒因爲失去貞潔而散發光彩，結果驚駭地聽說希奧朵拉花了一整晚時間對新婚丈夫說教，告訴他貞潔的美德。隔天晚上伯斯雷德想嘗試第二次圓房，偷偷溜進希奧朵拉房間並想強迫她，但希奧朵拉成功躲在掛氈後。她的父母感到挫折不已，請來當地神父說服她婚姻和成為母親的價值。神父指引希奧朵拉，說道不要認為「只有處女才能得到救贖。我們都知道，儘管許多處女消亡，許多家庭的母親卻得救了。」而希奧朵拉反駁：「如果許多家庭的母親都得救了，那處女當然更容易得救。」她和神父展開辯論，以她自己的宗教理論迎戰神父每一個聖經論點，後來神父放棄了，回到她父母身邊聳聳肩。希奧朵拉逃家，將名字換成克里斯蒂娜，花好幾年時間和當地僧侶躲在一起，直到她父母精疲力竭，了悟到她的貞潔誓言真的不是開玩笑。最後，她父親允許她解除婚約。克里斯蒂娜擺脫了俗世的丈夫後，成為馬基艾德的克里斯蒂娜（Christina of Markyate）、耶穌的新娘、聖奧爾本斯修道院（Saint Albans Abbey）的女院長、一名學者和一大群女性門徒的導師。

我們手邊有關克里斯蒂娜的人生描述來自聖徒傳記。這種傳記是針對一種很特殊的目的而寫：向天主教會證明傳記主角應該被聖化。正因如此，聖徒傳記的文筆經常很誇張，描述的信仰和善良行為甚至超過人們最豐富的想像。傳記中的男人時常挨餓、捐出大筆金錢、立誓保持沉默，或希望仿效希伯來聖經的先知，單獨前往沙漠或赤身裸體長期過活。[12]當寫到女人時，聖徒傳記往往提到這些女性早年如何立下貞潔誓言，以及後來不斷英勇努力地捍衛誓言，抵禦有權勢或鬼鬼祟祟的男人侵害。就像克里斯蒂娜的案例一樣，婚姻往往是一種試煉，這位具有潛力的聖人不但得對抗自己的情慾，還要對抗在法律和宗教上擁有她身體的男人情慾。對二十一世紀的讀者來說，像克里斯蒂娜這樣的聖徒傳記說明要避免婚姻和母職的傳統道路有多艱難，即便在中世紀擁有最堅固的理由，例如對上帝的誓言。克里斯蒂娜就像九個世紀後的德魯特—戴維斯一樣，她希望過沒有孩子的人生的決定，讓她遭受周遭人們的悲嘆、排拒和深沉反感。

對於一些女性來說，她們在奮戰後獲得的另一種人生是相當值得的。像赫德嘉・馮・賓根（Hildegard von Bingen）是十二世紀德國本篤會女修道院的院長，也是一位著名的神秘主義者、詩人和作曲家。她的寫作領域從植物論文、醫學文獻到〈美德典律〉（*Ordo Virtutum*）不一而足。〈美德典律〉是目前已知歐洲最早的音樂劇之一。同時，赫德嘉也會向教宗、國王和至少一名神聖羅馬皇帝提出諫言。赫德嘉就像克里斯蒂娜一樣，以貴族女性的身分出生和受教育。但即便擁有那樣的地位，很少有女人能和教宗或皇帝直接對話。[13] 赫德嘉的貞潔誓言與她對母職和婚姻的放棄，允許她追求智識和有影響力的人生。十一世紀的克里斯蒂娜則透過立下貞潔誓言，找到擺脫中世紀傳統英國貴族女性的路徑之一。克里斯蒂娜不但沒有後悔自己的選擇，反而指導一群女性追隨者，鼓勵她們追求相同人生。

一直以來，母職在基督教的地位都很崇高。大約從四世紀開始，馬利亞這名孕育、誕生和扶養耶穌的凡人女性，在教會的教義中被尊稱為「聖母」。但有宗教信仰的女性長期以來都關注馬利亞另一個特色：她的貞潔。馬利亞是耶穌的母親，但當上帝選擇讓她懷上神的孩子時，她也是一名處女。這項事實從好幾世紀以來困擾著主日學的課程。從羅馬帝國到十九世紀的美國，宗教生活為女性唯一能扮演的角色模範之外，提供另一種社會能接納的替代方案。由於貞潔確保這些女性的子宮空蕩蕩，她們創造了自己定義的母職，那是一種透過社群的慈善和宗教工作達到的母性。「我們身為加爾默羅會信徒的任務，」[2] 十九世紀法國天主教修女聖女小德蘭（Saint Thérèse of Lisieux）在給她姊妹的信中寫道：「便是培養福音派工作者，拯救成千上萬個靈魂，我們將成為他們的母親。」[14]

就像克里斯蒂娜一樣，艾倫·佩克也吸引一群信徒跟著她過非傳統的生活。佩克是《寶寶陷阱》的作者，那本書讓瑪西雅·德魯特－戴維斯考慮不生孩子。佩克也和德魯特－戴維斯一樣，曾經在黃金時段的電視節目中造成轟動而聲名遠播。一九七一年，佩克上了「今夜秀」(*The Tonight Show*)，那是當時收視率最高的節目之一。當她在主持人強尼·卡森（Johnny Carson）光滑的木桌旁坐下時，她的外表引人注目。佩克美豔群倫，她留著長長的金髮以及像女演員法拉·佛西（Farrah Fawcett）的瀏海、藍色的眼睛被黑色眼線襯托，她有稜有角的下巴和顴骨，常被拿來跟法國女明星碧姬·芭杜（Brigitte Bardot）相比。[15] 但她的外表為她贏來的觀眾青睞很快就消失了，當現場觀眾憤怒地發出噓聲時，卡森頑強地維持笑容。佩克在幾百萬名美國觀眾坐在客廳收看節目時，清晰闡述她自願不生小孩的論點，或以她的話來說，自願無子女的人生。[16]

佩克像德魯特—戴維斯一樣是一名老師，她在馬里蘭州巴爾的摩的賓里克初中（Pimlico Junior High）教八年級英文。從臉書頁面來看，該校校友似乎都對她記憶猶新。她是一名年輕、很酷的老師，喜歡穿迷你裙。根據報導，她在教書時穿的迷你裙短到違反學校對學生的穿著規定。一篇校友的臉書貼文寫道：「所有男孩都迷戀她！」她顯然也是一名優秀的語法老師，另一名校友認為佩克的課程讓他在跟一名十年級老師爭辯時辯贏對方，而大家都不太記得這位十年級老師了。[17] 佩克寫的第一本書，是在一九六九年出版的《如何釣到一位青少年，以及釣到他以後該怎麼做》（*How to Get a Teenage Boy and What to Do with Him When You Get Him*）。這是一本寫給青少女的書，也是一本有關美容、愛情和時尚的戲謔指引，樹立了佩克作為最酷的姐姐的名聲。兩年後，《寶寶陷阱》則讓她變成全國風雲人物，在短短十天內，這本書第一刷就賣出十萬本。[18]

《寶寶陷阱》觀察到在我們的社會裡，「寶寶愈受到重視，成人就愈被冷落。如果女性只被當作繁衍的手段，那她本身就不會被視為美麗、充滿活力而有價值的主體。男人也只會成為養家餬口的人，甚至可能不被當作獨立個體。」[19] 很不幸地，這項合理甚至有用的社會批評被埋葬在其他論述之下，讓讀者很快失去興趣。在《寶寶陷阱》開頭，佩克以長達六十頁篇幅描述她與丈夫出國旅遊的故事，包含「在南法路邊大啖松露香料火腿、水果、布里歐麵包和冰鎮過的香檳作為野餐」、「在勃艮第鄉間品嘗香貝丹紅酒」、在法國蔚藍海岸流連於畢卡索美術館，還有造訪「琉森（Lucerne）、巴黎、日內瓦和巴比松（Barbizon）」的私人藝廊。佩克更輕鬆愉快地加上一句：「我們還遇到藝術家馬克．夏卡爾。」[20] 佩克暗示她跟丈夫是因為沒生小孩，才能省下錢進行這些冒險，並否認讀者認為他們可能只是有錢的想法。除此之外，讀者還得面對一些缺少根據的概括性結論，例如「在我對話過的女性中，沒有生孩子的女性幾乎毫無例外地比較漂亮、善於交談、了解自己、充滿活力、令人興奮且更對自己滿足。」[21] 並且要忍受書中提到像洛莉（Lori）的故事。書中的洛莉「實際年齡是三十歲，但看起來像十八歲」，並有著和在約會中的已婚男子搭乘噴射機，隨性飛到葡萄牙亞速爾群島（Azores）的嗜好。想當然，所有追求她的已婚人士都有小孩。洛莉針對這點向佩克解釋：「我的追求者當然是那些有小孩的男人，那些沒有小孩的男人依然喜歡他們的老婆。」[22]

可以說，艾倫．佩克有一種惹惱人的特殊本領。舉例來說，她在一九七二年的母親節當天，在《紐約時報》上為母職體制刊登一則訃聞。她寫道：「曾經，生孩子有充分正當的理由。曾經，生育是無可避免的。曾經，我們沒有其他事可做。曾經，人類的生存仰賴人類的生育能力。」但是，她繼續寫道，這些不再是真理。賀爾蒙避孕藥已經存在，現代女性有很多別的機會可以選擇，而地球當時在看似驚人的四十億人口統治下呻吟哀嚎。佩克嚴肅表明：「大約在一九七〇年代初某個時刻，」母職就已死亡了。當然，這個觀點和她提出「當今擔任父母似乎與成年完全相反」的主張，沒有為她在保守派或傳統主義陣營贏得任何朋友，不過女性主義的圈子也沒因此青睞她。[23]

在一九七〇年代初期，許多女性主義者都把她們的母職當作盾牌，相信母親的身分能讓她們在運動中受到接納和尊重。貝蒂・傅瑞丹在《女性的奧秘》（*The Feminine Mystique*）中，記錄歷史上許多擔任母親的女性社運分子，反駁一般大眾對女性主義者是「怨懟的潑婦」的刻板印象。[24] 對許多女性主義者而言，沒有孩子的女人似乎只是一種問題徵兆，她們是社會無法在工作與家庭上支持女性的證據。當時，女性主義者將更多精力投注在從父權體制中重新奪回母職，例如創造以女性中心的自然生產行動，取代男性醫生和醫院分娩；爭取女性在公眾場所哺乳的權利；提倡輔助職業母親的政策，像是提供支薪育嬰假或全民托育。然而，他們卻未考量到是否所有女性都應該成為母親，或是否想成為母親的本質問題。例如艾倫・威利斯在《Ms.》針對《寶寶陷阱》發表的書評中，便指責佩克「傲慢」，[3] 指出佩克提出的「自願無子女」理論框架和女性主義目標背道而馳。威利斯表示「自願無子女」這個詞，本身意味著只有那些愚蠢到不知道如何避免的女性才會成為母親。[25]

由於一個世紀以來，由政府營運或受到社會認可的生育政策，多為限制有色人種社群的生育計畫，其中的手段包含強制絕育、策略性設置公共節育診所，以及將原住民孩子從原生家庭遷移到寄宿學校，讓他們受到歐洲—美國文化「同化」等。這段歷史讓來自那些社群的女性主義者，相較於白人女性更不願輕易拋棄母職。成為母親的權利是她們核心的政治議題。在一份一九六九年的論文中，一群來自紐約哈德遜河谷的黑人女性議論道，母職遠非她們白人同行認為的壓迫機制，而是她們力量的來源。她們寫道：「女性的身體受孕、滋養和創造人類未來，在本質上充滿力量。」[26] 這樣的論點，跟佩克公開拒絕母職價值、開心沉浸在沒有孩子的光鮮亮麗人生格格不入。當《巴爾的摩太陽報》（*The Baltimore Sun*）的記者詢問佩克與其他女性主義者的關係時，佩克停頓片刻，「嘴角帶著一絲微笑」。她說：「在我看來，有些婦女運動成員似乎令人感到遺憾。」[27]

佩克向社會大眾推銷她理念的成效也不彰。她認為無子女人生的好處，特別是能夠有更好的性、更可以支配所得、擁有更長假期，以及能像她和丈夫一樣在偏遠的加勒比海海島打造第三個家等，似乎都讓她贏得極少的同情。[28] 一九七一年在強尼．卡森的國家廣播公司（National Broadcasting Company）攝影棚中，這些理由就引起現場觀眾反感。「我還以為在她走出攝影棚前，觀眾就會開始對她動用私刑。但她只是說比起結婚和生寶寶以外有更豐富的人生，那是個誠實的意見。」[29] 數年後卡森在一次受訪中回憶道：「觀眾的反應就像她是反對母職、美國國旗、凱特・史密斯（Kate Smith）和靈犬萊西（Lassie）的綜合體。」[4]

一九七四年，佩克組織全國無父母聯盟（National Organization for Non-Parents）（簡稱NON），並為無父母日（Non-Parents Day）舉辦一場精心設計的典禮。他們決定在八月一日慶祝節日，典禮在紐約中央公園舉辦。無父母聯盟特別安排一場「非生殖儀式」，找來三名身穿銀色緊身衣的女人搭配長笛的旋律舞動。慶典的重頭戲是科幻作家以撒・艾西莫夫小心將桂冠戴在一對年輕男女頭上，[5] 並封他們為「年度非家長」。年度非母親和非父親將成為大使，負責將正直的非家長介紹給大眾，並向還沒生育的人推廣沒有小孩的人生有多棒。

那一年的非母親代表就是史蒂芬妮・米爾斯，那位五年前在畢業典禮上發表末日致詞而聲名遠播的「前任潛在父母」。米爾斯在這幾年間寫了一本叫作《避孕的喜悅》（*The Joy of Birth Control*）的小書，並開始和讓她變得家喻戶曉的環保節育主義保持距離。在無父母日舉辦前夕的聚會上，一名賓客指出，「光著腳丫，身穿飄逸白裙」的佩克邀請米爾斯針對不擔任父母的社會益處發表聲明，但米爾斯婉拒了。她解釋自從發表完畢業演說後，她發覺不生孩子只是讓她能過上最喜歡的生活方式。「但你就不能分享一些你之前曾說過的美妙好話嗎？」佩克有些絕望地問：「比如你說的名言：我們正在自行繁衍以走向滅絕？」不，米爾斯拒絕。

年度的非父親代表則是一名叫丹・韋克菲爾德（Dan Wakefield）的小說家，佩克發現這個男人也令人失望。首先他在接受頒獎前就猶豫再三，跟佩克說他不相信不擔任父母是需要慶祝的事，或沒有擔任父母的人有受到任何歧視。韋克菲爾德搖擺的態度在獲頒演講中隱約可見，他提道：「我不認為自己適合做，比如說吧，一名太空人或一個孩子的父親。」隔天他在中央公園也對著麥克風說：「我也不相信，在這兩種角色上缺乏成功潛力，會讓我比較沒資格成為完整的人。」但韋克菲爾德很快就發現佩克、德魯特－戴維斯、米爾斯，以及從過去到現在沒生小孩的女人早就知道的事：許多人真心認為你因為沒有孩子而不完整。「你知道當我拿起報紙，讀到你被加冕為年度非父親時是什麼感覺嗎？」一個朋友在讀過美聯社寫下的慶典報導後跟韋克菲爾德說。「那就像拿到報紙後讀到一位你最親愛的朋友變成納粹。」後來，韋克菲爾德承認，不擔任父母「成為敏感的話題」。[30]

正是因為公眾對不生育的人抱持這種刻板印象，人口零增長組織的執行長雪莉・拉鐸決定和艾倫・佩克結盟。拉鐸在一九七〇年代早期要忙的事很多，她在全國各州議會爭取放寬墮胎法，並試圖讓開始分裂的環保主義跟女性主義陣營維持合作關係。她知道自己可以整天談論人口成長造成的可怕生態結果，但如果現實生活中仍然有人把沒生孩子的朋友稱為納粹，那就代表她沒有任何斬獲。拉鐸本身雖然是一名母親，但她公開坦承自己後悔成為母親。她澄清，她愛自己的小孩，但不喜歡母職。她發覺母親身分並沒有為她帶來人們所說的喜悅、滿足感和神聖的使命感，反而那是「怨恨、敵意和憤怒」的根源，這種感受只會更快毀掉婚姻，而非讓人建立家庭。因此她同意加入佩克的無父母聯盟，擔任共同領導人。拉鐸和佩克結盟後，希望能將不生育正當化為一種本身具有價值的選項，這種選項不會讓你成為納粹，也不是出於對未來的憂慮或對環境保育的責任。拉鐸和佩克希望不當父母成為一種純粹因為你想要而做出的選擇。[31]

在佩克和拉鐸領導下，全國無父母聯盟聚集起來對抗一個敵人：不是小孩，不是父母，而是在美國社會隨處可見的生育主義意識形態。他們認為生育主義將婚姻簡化為製造寶寶的機制，只提供女性兩種可能的身分認同——潛在母親或實際母親。光是無父母聯盟的存在就足以表達激進的聲明，那就是不擔任父母應該是一種被正式認可的身分，也是可和其他人分享的認同。無父母聯盟的倡議引發局外人持續謾罵，他們被指控崇拜撒旦與「誹謗送子鳥」等罪名。[32]但對許多加入組織的人來說，無父母聯盟的主張改變了他們的人生。這些成員在平常上學日夜晚聚會小酌、一起在只限成人的度假勝地旅遊，並重新肯定彼此的選擇和生活方式。一九七五年，一位六十七歲的女士在無父母聯盟年度大會上說道：「這是我等了一輩子的運動，」她對著麥克風說：「我一直承受沒有為父母生下孫子的罪惡感，忍受自以為高尚的人們嘲笑。他們以為生孩子就是為社會做對的事。像這樣的組織能做的，就是消除不想要孩子的人們的內疚和不安。」[33]對瑪西雅．德魯特—戴維斯和她的丈夫華倫而言，發覺這個組織也徹底改變了他們。德魯特—戴維斯在她的回憶錄中寫道：「我們不再將自己看成沒有孩子的夫婦，我們是自願無子女的家庭。」[34]

對於德魯特—戴維斯、佩克和許多無父母聯盟的成員而言，即便是詞彙上的微小差異，也會引發深遠而巨大的變化。原先常用來稱呼他們的詞彙「無子女」（childless）隱含缺憾和不足，似乎表示他們的家不是完整的家，而身為沒有孩子的女人具有某種缺憾。一九七〇年代初期，「自願無子女」（childfree）這個詞開始出現，成為一種替代性方案。雖然好像沒人知道是誰創造這個詞，但它在《寶寶陷阱》中經常出現，無父母聯盟出版的宣傳行銷手冊也大大推廣。到了一九七〇年代中期，「自願無子女」已經出現在學術出版品中，往往被用來取代像「志願無子女（voluntarily childless）」或「選擇無子女（childless by choice）」等累贅的修飾詞。[35]無父母聯盟的領導者和成員相信用「自願無子女」取代「無子女」，是正常化甚至慶祝不擔任父母人生的關鍵詞。如果「無子女」指涉一個人可悲的缺憾，那「自願無子女」聽起來就像你會做的選擇，甚至是改善的版本，就像無糖口香糖不會讓你蛀牙一樣。這種將無子女夫婦轉化成自願無子女家庭的巧妙方法，有助於讓那些擁抱該詞彙的人徹底改變心理。

但儘管如此，無父母聯盟的成員依然極其稀少且小眾。當這個組織在一九八二年正式解散時，它在全球只有兩千名成員，而且幾乎所有成員都是白人、中產階級、已婚與異性戀者。[36]對許多無父母聯盟成員而言，「自願無子女」意味某種特定的情境。這是一種從無限選項中揀選出來的人生，並能讓人達到全然喜悅和輕鬆。你是要像《天才小麻煩》裡的克利夫一家人，還是想在蔚藍海岸喝香檳？在這種選項中痛苦是沒有容身之地的，無論你遭受不孕、找不到伴侶，或因為重視事業或財務狀況而無法生孩子。奇怪的是在這種意識型態中，其他非傳統思想也找不到容身之地。無父母聯盟不像一九六〇、七〇年代，把美國社會搞得天翻地覆的婦女解放、民權、勞工權利、社會正義或環保運動。他們沒有尋求重大的社會改革、不想破壞家庭生活、重新排列家庭的性別角色，或從根本上改變充斥特權與不公義的美國社會體系。像佩克這樣的自願無子女運動人士，大致是將她的批判限縮在強制個人成為父母的文化上，為體面但無子女的中上階層家庭爭取在核心家庭中應有的權利。身處這種地位的家庭通常會被要求擁有子女。[37]

從很多層面來看，在美國長遠歷史上無父母組織是因為他們的保守主義，而非對無子女的頌讚而引人注目。在十八世紀，有一位名叫安・李（Ann Lee）的女人也推動一場環繞不生育（non-procreation）議題的運動，但她的目標可不保守，她想燒毀這一切。李在一七四二年出生於英國曼徹斯特的勞工家庭，十六歲時，她加入一個貴格會的小眾教派，該教派稱為「震顫派」（Shaking Quakers）。震顫派的教徒在祈禱時會在狂喜中全身顫抖和蠕動，他們相信顫抖是聖靈從他們體內清除罪孽的結果。但李更進一步教導這群小眾但人數逐漸增長的信徒放棄所有性行為，包括婚姻性行為和生質性行為，以達到真正的完美聖潔。她指示追隨者們「放棄肉體的婚姻，不然就不能與耶穌成婚，也無法分享基督的復活；因為那些有資格分享基督復活的人不是沒結婚，就是在婚姻中保持貞潔。」[38]後來，李在歷史上被她的追隨者稱為安·李母親（Mother Ann Lee），但她沒有意願成為一名生理上的母親，而是教育其他人重新思考整個生育機制。

李從很小的時候開始就發現她很厭惡性欲，尤其是自己的性欲，因此絕望地嘗試說服父親讓自己保持單身不生小孩，跟馬基艾德的克里斯蒂娜完全相同。在這兩名女性相隔的七世紀間，英國歷經新教改革，這讓李不可能再成為一名天主教修女。但她跟自己十一世紀的同伴一樣，想成為上帝之女（a woman of God）和一名精神領袖，向每一個人（而不只是修女）宣講保持終身單身禁欲的美德。李的父親對於她想法的接受程度，和克里斯蒂娜的父親差不多，李在十九歲時就和亞伯拉罕·史坦利（Abraham Stanley）結婚，婚姻也不出乎所料地不幸福。安和亞伯拉罕痛恨彼此，李迫於義務必須參與的性行為也讓她的處境變得更糟。

她從四次艱辛而危險的懷孕分娩中倖存，但她的孩子都在嬰兒時期早夭。李嘗試生育引發的生理和情緒創傷，只是讓她更確定自己對性的看法是正確的，性不只粗鄙、齷齪，更是讓上帝不悅的行為。性也毀壞女人的身體、威脅她們的性命，並限制她們的人生選擇。[39]

英國當局多次以各種宗教罪名逮捕和監禁李，從「用托缽僧似的舞蹈和奇怪語言的叫喊」打破安息日、無視英國國教嚴格禁止女性宣講教義，到老套的褻瀆罪等，李被指控的罪行不勝枚舉。[40]某一次，李宣稱自己在四小時內以七十二種語言對逮捕她的人們說話，並將他們搞得困惑不已。李在一場幻象中，看到一棵燃燒的樹指引她將教會遷往美國，在那裡基督教的另類風格會讓她有更自由的發展空間。於是在一七七四年，李和她的丈夫亞伯拉罕以及七位她最忠誠的信徒在紐約市登陸。當他們一抵達當地，亞伯拉罕隨即拋棄這個團體，但李毫無畏懼。她帶著剩下的追隨者出發前往鄰近的奧爾巴尼（Albany）的租用土地，並很快在美國十八世紀末的許多新興教派和實驗性社群中脫穎而出。[41]

李創立的震顫派之所以顯得與眾不同，其中一個原因是他們完全遵守性別平等原則。李教導她的信徒亞當和夏娃故事的教訓並非如許多人想像，反映女人面對慾望時是軟弱、不服從而無助的，迫切需要男性伸出援手。反之，她提及上帝同時寬恕亞當和夏娃的罪孽，這份平等的寬恕讓他們獲得同等地位。而正是這種信念讓李不贊成婚姻，因為婚姻體制宣稱丈夫對妻子的「所有權」，李相信這直接違背上帝想達到的性別平等。震顫派的教義主張為了達到救贖，男人必須克服他們的「優越感和佔有欲」，女人則須克服她們的「低劣感和順從」。在震顫教社群中，男性和女性都會擔任位高權重的職位。[42]

震顫派教徒有嚴格的獨身政策，並遵循一套設複雜的教條。教會的男女禁止一對一交談或單獨走在一起，兒童必須在成人監督下沐浴。如果教徒們走樓梯時經過彼此，女人必須靠到一邊，不是出自尊敬，而是避免與男人的身體接觸。「當你們在一起時，如果開始感覺到你們本性中的性興奮被挑動，」他們的教規告誡：「立刻離開彼此，並與那種齷齪的精神奮戰。」[43]當然，有這般嚴格的性規範，代表教會不能生育出新的震顫派教徒。讓社群成長的唯一方式，就是對外徵召新的成員。

「來加入我們吧！你不能有性行為、小孩或親密關係！」這個推銷口號聽起來實在不怎麼吸引人，但李和她的教徒一開始在招募新成員時並沒有碰到什麼困難。這些規範特別吸引女性，而且是剛成年的女性，因為那段期間社會期待她們完成的首要任務是進行婚姻性行為和生小孩。在教派中，二十歲以下的教徒男女數目相當，但在二十到四十五歲的範圍，也就是在女性生育和成為母親的主要年齡，女性與男性的教徒比例幾乎到達三比一。震顫派似乎是跟李志同道合的人們的避風港，正值生育年齡的女性希望能有另一種選擇。因此對許多加入教派的女人來說，完全禁絕生育的教規反而吸引人的特點，讓她們能掙脫伴隨母職的繁瑣家務，並得到相應的自由。[44] 根據一些統計，在一八六〇年代早期震顫派發展到巔峰時，有四千到六千名教徒住在美國東北部和中西部約二十個社區。不過到了一九〇〇年，他們的數量跌到八百五十五名，而且大部分的教徒都是年長者。信仰的皈依趕不上時間的更替，最終震顫派教徒對增加新成員的忌諱對教派自身產生影響。[45]

震顫派發展到全盛時期一個世紀後，一九七〇年代初，一個新興的分離主義團體不只排除性行為，還完全排除男人。一九六〇年代女性主義運動的巨變，讓美國主流女性清楚看性別不平等與壓迫，也讓一些女性不願再生活在一個透過文化和法律，鞏固不平等與壓迫的社會中。當時，女同志分離主義者在美國和加拿大各地建立女人之地（Women’s Land）。她們購買房屋和廣闊的鄉村土地，並歡迎所有女性來住，而男人——有時甚至是男孩——則被斷然拒於門外。當時的社群包含柏克萊的The Gutter Dykes、紐約的基進女同志（Radicalesbians）、華府的全婦女憤怒聯合（Furies Collective）還有西雅圖的The Gorgons。在奧勒岡州西南部，有一大片土地被買來成立奧勒岡女性土地信託（Oregon Women’s Land Trust），創立於紐約曼哈頓的團體New York Lesbian Food Conspiracy則是一個只限女性的合作社。有一群開著箱型車四處遊走的素食主義者稱自己為范戴克（Van Dykes），她們希望所有美國女同志都能使用這個姓氏，並在一九七〇年代在不同社群遷徙，繪製女人之地在北美的邊界。「我們無處不在。」二〇〇九年，拉瑪・范戴克（Lamar Van Dyke）告訴一名記者。「我們在北卡羅來納州、佛羅里達州、德州、阿肯色州、新墨西哥州、亞利桑那州都找到女人之地，加州和奧勒岡州也有很多。事實上，你可以走遍全國，從一個女人之地移動到另一個女人之地……那是個完整的世界。」一名專攻女同志歷史的學者曾經估算過，當女同志分離主義運動達到顛峰期時，有「數千人」住在美國各地的女人之地上。[46]

在美國，女同志分離主義代表一個婦女運動激進的新時代。當一九六六年貝蒂・傅瑞丹創立全國婦女組織（National Organization for Women）時，她很清楚表達該組織目標是修正「阻礙女性輕鬆結合婚姻、母職和工作的條件」。作家雷貝嘉・崔斯特（Rebecca Traister）觀察道：「這曾經（並且仍然是！）一個革命性願景，[6] 但它似乎沒有意識到不是每個女人的人生都會（或應該）包括婚姻」，尤其是和男人的婚姻，「以及小孩，按照這個順序。」[47] 全國婦女組織提出的主張是具有戰略性的，因為傳遞女性依然想成為妻子和母親，只是**同時**想擁有職業的訊息在政治上相對安全。然而，那也讓不想進入婚姻和不想成為母親的女人成為一種威脅。據說在一九六九年，傅瑞丹會稱呼婦女運動中的女同志為「薰衣草威脅」（lavender manace），[7] 該詞彙借用了冷戰術語「紅色威脅」（red menace），用以表達共產主義對美國社會的威脅。傅瑞丹認為婦女運動中的女同志群體，會提供她們的對手反駁其政治理念的施力點。反對者會主張婦女運動並非要求政治和法律平等或支援職業母親，她們只是痛恨男人。[48]

但像全婦女憤怒聯合和基進女同志這些團體的成員相信，排除和男人的性與浪漫關係，對女性主義的理念不構成威脅；反之，她們認為那是女性主義運動達到政治一致性的必要手段。一九七〇年在第二次婦女聯合代表大會（Second Congress to Unite Women）中，基進女同志成員穿著胸前印有「薰衣草威脅」字樣的紫色T恤衝上講臺，並舉起「我們全都是女同志！」、「女同志主義是解放女性的陰謀」等標語。在一九七二年，全婦女憤怒聯合在發表的聲明中主張，身為女同志「不是一種性偏好，而是一種政治選擇。如果女人要獲得女性認同，並終結男性霸權，那女人就必須做這個選擇。」[49] 在今日，我們通常會將性取向視為個人先天的身分，但對一九七〇年代某些女性主義者而言，只追求和女性的浪漫關係與性關係是一種實踐政治理念的生活方式。作家吉爾．約翰斯頓（Jill Johnston）在她一九七三年出版的書《女同志國》（*Lesbian Nation*）寫道：「女同志是再爭取解放的鬥爭中，[8] 結合個人與政治的女性……從這層定義來看，女同志是抵抗運動的先鋒。」[50]

擔任運動先鋒不僅得放棄男人，對於加入女人之地或其他同志分離主義社群的女性而言，她們還須付出無法擔任親生母親的代價，除非她們在加入組織前就已經生過小孩。在今日，女性能在不和男人發生性關係的情況下透過捐精者的精子受孕、生下親生孩子。但在一九七三年前的美國法律中，那幾乎是不可能之舉。當時一項聯邦法闡明精子的捐贈者沒有親權。而直到一九九〇年代初，仍罕有女性透過借精方式受孕。[51]不過在一些加入婦女運動的成員中，有些人投身運動的初衷就是為了放棄母職。她們主張廢除神聖的婚姻制度、質疑社會對她們投射的期待，也漠視社會規範。如同拉瑪・范戴克所說：「我們上路去完成任何我們想做的事。」[52]

* * *

除了向沒有孩子的特定群體提供支持和認可，全國無父母聯盟早期也成功吸引廣大注意力。對於一個在顛峰時期擁有三千名成員的組織來說，無父母聯盟受到令人羨慕的媒體關注量。他們出現在數百篇報章雜誌的專欄與報導中，包含《柯夢波丹》、《魅力雜誌》（*Glamour*）、《時代雜誌》、《新聞周刊》（*Newsweek*）、《紐約時報》、《紐約客》，也曾上過電視節目「六十分鐘」和「今日秀」（*Today Show*）。不幸的是有關他們的報導大部分是負面的。在《波士頓環球報》（*The* Boston Globe）中，一篇尖銳的諷刺文章宣稱：「社會上終於成立一個將自願無子女的成人當作英雄的組織。」那篇文章的作家嘲諷地寫道，母親節和父親節「會被合併成一個節日，叫作呆瓜節。」[53]在《時代雜誌》一篇文章中，即便文章作者同情無父母聯盟創立的理念，但仍感嘆該組織的成員「永遠都長不大」，而且「時常幼稚地主張不生育」。那名作家承認：「社會上對不生育的文化偏見是如此強烈，讓丈夫和妻子無法自由選擇是否要生小孩，他們知道如果不生，會背負自私、膚淺和神經質的罵名。」作家繼續表示，然而NON能想到最好的口號竟然是「不生是享樂」（none is fun），令人感到十分惋惜；而佩克之所以「貶低母職，主要是是因為那阻礙自由生活的魅力。」[54]

由於無父母聯盟的公關策略陷入困境，一九七四年他們請來凱洛．貝克（Carole Baker）取代佩克擔任執行長。貝克有兩個青少年兒子，無父母聯盟試圖透過她的身分擴大和緩和組織的公眾名聲，也讓他們在能幫助傳遞訊息的投資者面前顯得更容易被接受。一九七六年，貝克與洛克斐勒兄弟基金會（Rockefeller Brothers Fund）接觸，這個慈善機構曾捐款給投入環保和人口過剩議題的組織。貝克跟一整屋的基金會代表說道，無父母聯盟希望將反對生育的鬥爭推向全國。她表示讓美國人知道成為父母是一種選擇而非天命，不僅能改善無子女族群的人生，**也能**幫助減緩許多人仍擔憂的人口成長問題。洛克斐勒兄弟基金會認同無父母聯盟對生育主義引發負面效應的憂慮，但對組織的策略感到猶豫。在會議過後，他們寫給貝克一份備忘錄提到：「在談論到孩子和家庭時，美國人還沒有能接受人們蔑視悠久歷史傳統的幽默感。」他們寫道，基金會將支持無父母聯盟對生育主義戰鬥，前提是組織得同意做出重大改變，包括品牌改造，還有努力為自己創造「更專業的形象」。貝克同意他們提出的所有條件，她向基金會保證無父母聯盟已經準備好將「搖旗吶喊的激情時代留在身後」，尤其是他們在中央公園穿銀色緊身衣跳的反生殖舞，並且「保持一種認真、學術而公正的態度」。[55]

洛克斐勒兄弟基金會的資金讓無父母聯盟能推出一系列的電視和廣播廣告攻勢，目標在揭露生育主義潛入日常生活中無意識行徑，並使用「你**的確**有選擇（You Do Have a Choice）」的口號。在一部廣告中，一名房地產經紀人帶一對年輕夫婦看房，當經紀人描述如何將一個房間打造成溫馨的育嬰房，另一個房間則能當作實用的遊戲室，但那對夫婦開始想像他們的家庭辦公室。這時經紀人厲聲打斷他們，表示如果他們不計畫生育，那他可以「帶他們去看市中心的公寓」。在另一個廣告中，一對夫婦沉默坐著，氣氛很緊繃，觀眾馬上能推測他們剛剛發生一場難堪的爭吵。廣告中的丈夫試探性地說：「如果我們有小孩，情況也許會改善。」這時鏡頭停格，一個不祥的旁白聲音說：「可能沒辦法。」[56] 在第三個廣告中，一對新婚夫婦剛度蜜月完回家，發現一輛嬰兒車令人毛骨悚然地矗立在客廳，廣告旁白說：「所有要求我們成為父母的壓力，讓我們很容易忘記我們一開始是有選擇的。」

一九七八年，全國無父母聯盟的董事會投票決定將他們的名稱改為「全國選擇性父母聯盟」（National Alliance for Optional Parenthood，簡稱ＮＡＯＰ），並邀請所有人——無論他們的親職身分是什麼——成為支持者。貝克一次又一次告訴記者：「我們並不反對兒童，我們只是希望夫妻能選擇是否要生孩子。」[57]

在一九七〇年代中期，無父母聯盟（或者說更新、更冗贅的組織名稱「選擇性父母聯盟」）會全力投入品牌重塑其實並不特別令人意外。當時支持「個人選擇自由」的觀點剛在墮胎權的辯論中贏得勝利，雖然在今日似乎讓人難以想像，不過那時一些保守派也跟女性主義者一樣接受「選擇自由」的論述框架，至少在一開始時對此抱持接受態度。當最高法院公布對〈羅伊訴韋德案〉的判決一周後，自稱為「美南浸信會通訊社」（News Service of the Southern Baptist Convention），同時作為美國最大新教教派喉舌的《浸信會報》（*Baptist Press*）出版了一篇專文，向讀者解釋這項判決。報紙澄清：「美南浸信會對墮胎或任何相關議題沒有官方立場，」但也贊同地補充：「現在，墮胎或生產的決定，可以是一個關乎良心且經過深思熟慮的選擇問題，而非法律強制的問題。」[58]那個星期，《浸信會報》刊登另一篇採訪琳達．科菲（Linda Coffee）的報導，她是在〈羅伊訴韋德案〉中向最高法院提出支持墮胎權的律師之一。科菲在美南浸信會長大，她鼓勵讀者透過保守派視角，審視這起案件中關於自由和選擇的命題，並解釋這項判決允許更多憲法自由，那是比起她身為基督徒個人會行使的自由來得更多的。[59]對於選擇性父母聯盟這種希望擴大受眾的組織而言，他們很難再找到比美南浸信會和美國計畫生育聯盟（Planned Parenthood）更能替自己背書的機構。

然而，我們現在已經知道這個組織運作並不長久。一九八二年，全國選擇性父母聯盟正式解散，而且恰好是在八月一日，也就是他們宣布作為無父母日的那天。在聯盟的最後一篇通訊中，他們將解散理由歸咎於經濟問題。但聯盟之所以經濟拮据可能是一個更大問題的徵兆：在最繁盛的時代，也就是雷根總統執政的八〇年代，不生孩子是一個很難推銷的政治想法，當時在社會上唯一比個人自由更有價值的便是「傳統的」美國價值。無論是佩克光鮮亮麗的外表與對母職的斷然拒絕、貝克精明的公關手腕，或者無父母聯盟所支持沒有孩子的特定生活型態，都在核心家庭已經變成愛國理念的國家中找不到賣點。

儘管無父母聯盟的激進主義飽受批評，他們確實改變原先的遊戲規則，無論他們做的是否只是讓「自願無子女」或「非家長」等詞彙出現在報紙上，讓人們在早晨喝咖啡時能看到。在一個過往至今大多數人都將成為父母，視為成年必須階段的文化中，社會大眾對於迴避親職選項的認可，為那些自認已透過結婚生子成功達標的人帶來巨大的影響。[60]不過對今日的我們來說，無父母聯盟遺留的產物更加複雜。即使在當代，無父母聯盟對「自願無子女」

（childfreedom）的定義，實際上都只捕捉到一小群沒有孩子人們的人生。根據美國疾病管制與預防中心的調查，美國只有大約百分之六的人是以無父母聯盟想像的方式「特意不生孩子」。換句話說，這一群人積極選擇不生育，並圍繞那個選擇打造人生。對其餘的人來說，我們的無子女狀態是由超出我們能控制的因素造成，例如不孕；或是源自我們已經建立的其他生活，像是優先取得研究所學位、發展事業、找到對的伴侶、為買房或退休存錢、照顧年邁父母、償還學生貸款、身兼數個工作以維持生計。自願無子女運動對選擇的強調，反而讓我們忽視所有可能讓這些選擇不那麼自由的因素。

＊＊＊

對凱倫・瑪隆・萊特（Karen Malone Wright）來說，不生孩子從來不是她真正的選擇。二〇一〇年，萊特的婚姻幸福，事業也很成功。她住在俄亥俄州克里夫蘭的家鄉，在公關公司有二十年經驗，並在數位行銷上表現不俗。她已經五十幾歲了，沒有生孩子，而且本身是獨生女。她發現自己一直對希望擁有吵鬧的大家庭黯然神傷。她在網路上找不到能與她個人經驗連結的資訊，無論是與她年紀相仿的空巢老人、未來的養父母，或選擇不生孩子的人寫下的部落格內容都和她格格不入。探討不孕的部落格也不適合她，那些文章內容「太悲傷」，充滿女性對失落感的哀慟以及對生育抱持的希望，那是萊特很早之前就放下的感受。由於找不到適合的社群，萊特決定自己著手創辦。隔年，萊特創立了非媽媽組織（NotMom），那原本只是個線上資源平台與社群，但現在已擴展到能定期舉辦會議、製作Podcast節目，還有成立全國各地句會的中心。非媽媽的口號是「出於選擇或偶然」，該團體對他們的座右銘非常認真以對。官網寫道：「我們擁抱那些從不想要小孩的女人，也愛那些曾希望擁有孩子，以及從未生育但照顧過繼子女或年輕親戚的女性。我們在不同路徑，又在相同的路上。」[61]二〇一三年，非媽媽舉辦克里夫蘭高峰會，他們邀請到的主講人瑪喬麗・格林菲爾德（Marjorie Greenfield）是凱斯西儲大學（Case Western Reserve University）的婦產科醫生，瑪喬麗對於參與者類別的廣泛度感到相當驚訝。參與者中有年輕和年邁的人、快樂選擇不生孩子的人，以及放棄試管嬰兒後陷入悲傷痛苦的人，他們彼此交談、哭泣、一起吃午餐。[62]如果無父母聯盟是個排他性俱樂部，那麼非媽媽就是沒有小孩女性的海納百川版本。它提供一個空間，讓自願無子女和無子女的人，還有不能認同上述兩者的人們和平共處一室，因為他們發現將生殖地位奠基在一種身分上的想法很無聊，也太高傲跟簡化，這可能是讓他們一開始就覺得擔任母親不吸引人的原因。

二〇一四年，珍妮佛・安妮斯頓（Jennifer Aniston）在《哈芬登郵報》（*HuffPost*）一篇文章中表達了這種挫敗感，關於女性只能透過有沒有生孩子被定義的沮喪。安妮斯頓寫道：「我鄭重聲明，我沒有懷孕。我只是**受夠了**。」二〇〇八年安妮斯頓在與布萊德・彼特離婚，隨後想要懷孕但失敗。當時網路上出現一系列「悲傷的珍妮佛」（sad Jen）迷因，儘管有大量證據顯示珍妮佛・安妮斯頓一直過著精采的生活，但這種迷音還是成為網路史上最悠久的迷因之一。安妮斯頓寫道，她受夠她的生育狀況作為她最引人關注的事情。「我們不需要結婚或成為母親才能變成一個完整個體，我們可以自行決定怎麼樣能讓自己**從此以後過著幸福快樂的生活**。」[63]

很顯然地，十一世紀的修女、震顫派的教徒、生活在女人之地的女同志，或者珍妮佛・安妮斯頓彼此之間沒有多少共同點，但這些人確實共享一個特質，那就是她們都想要過上與婚姻、小孩、核心家庭等傳統期待不相容的生活。她們不單只是選擇不生孩子，她們選擇的是一種因為沒有生育而可能的人生。

一九八六年，西蒙・波娃在長期與肺炎奮鬥後過世，當時距離她的人生伴侶沙特逝世六周年僅剩八小時。全球的訃聞將波娃描述為一名「多產」、「才華橫溢」、「深具啟發性」的人，並作為女性主義運動中「重要的哲學家」。[64]她被安葬在巴黎的蒙帕納斯公墓（Montparnasse Cemetery），並在逝世時終於同意履行她在生前不能也不願做的事：在沙特身側與他長眠。[65]

當死亡磨平她智識、矛盾與政治的銳角時，她不僅變成一名妻子，更成為一名母親。世界各地刊出的專題報導和訃聞，都盛讚波娃是婦女運動的母親，甚至稱呼她為所有被解放女性的母親。巴黎婦女藝術和政治運動視聽檔案中心「西蒙・波娃視聽中心」（Centre Audiovisuel Simone-de-Beauvoir）的創辦人在一份聲明中宣示：「我們現在都是孤兒了。」[66]不過，在波娃死前七個月，一名訪談者曾問她對於自己被全球視為女性主義者和婦女運動的母親，抱持什麼樣的感受。「這個類比大錯特錯，」這名哲學家笑著說：「因為人們通常不會聽母親的話。」[67]

---

1 艾倫・佩克（Ellen Peck，一九四二年—一九九五年），美國女性主義者、作家和無子女運動人士。

2 加爾默羅會（Carmelite）始於十二世紀的羅馬天主教宗教體系，由在迦密山（Mount Carmel）遵循先知以利亞（Elijah）生活模式的隱士所創建。十字軍東征失敗後，加爾默羅信徒移居到歐洲，以乞食修士文明，嚴格實踐隱居、節制飲食與祈禱等生活模式。西元一四五二年，加爾默羅修女加入這群修士，成為加爾默羅的第二分支。

3 艾倫·威利斯（Ellen Willis，一九四一年—二〇〇六年），記者、女性主義者、文化評論家，作品內容涵蓋政治、宗教、性、電影與搖滾樂。威利斯為一九六〇年代末女性主義運動的重要代表人物，也是重要的女性主義團體Redstockings創始人之一。

4 文中提及的凱特·史密斯和靈犬萊西都作為美國經典文化代表。凱特·史密斯（Kate Smith，一九〇七年—一九八六年）為美國女低音歌手，以〈天佑美國〉（God Bless America）一曲聞名，二戰時期更因歌聲受到歡迎，被稱為「南方歌鳥」。《靈犬萊西》為美國作家作家艾瑞克·奈特（Eric Mowbray Knight，一八九七年—一九四三年）在一九三八年寫的真實兒童故事，並於一九四三年拍成電影，之後更由米高梅公司多次改拍成電影，為美國影劇史上的經典劇作。

5 以撒·艾西莫夫（Isaac Asimov，一九二〇年—一九九二年），出生於蘇俄的美籍猶太人作家和生物化學教授，以科幻小說和科普叢書著稱，創作量豐沛。艾西莫夫知名的代表作包含《基地》系列與《機器人》系列，小說發明的「機器人三法則」更影響後世無數創作。

6 雷貝嘉·崔斯特（Rebecca Traister，一九七五年—），美國作家與記者，擔任《紐約》雜誌撰稿人與《ELLE》特約編輯等。

7 Lavender manace又譯為紫色公害。

8 吉爾・約翰斯頓（Jill Johnston，一九二九年—二一〇年），出生於英國的美國女性主義作家和文化評論家，在一九七〇年代的女同志分離主義運動中擔任重要領導者。

結語　所以請容我問，我們為什麼應該生？

水電工在廚房修理我的電燈時，哼唱著〈簡單的愛〉(*Easy Love*)：

南極洲周圍的海水創下新低
在新聞報導裡，一名男子急忙穿過基輔的街道
懷中抱著他的嬰兒。戰爭的詞語瀰漫在
每個角落。地球在升溫。在德州，一個孩子因為悲傷而
變得聰慧。一切似乎都要爆發。
早晨，我的肚腹再次渴望一個寶寶。
我的渴望流瀉。依然沒有人告訴我的身體
關於這個世界的事。她聽到的只有

某人在另一個房間的聲音，
那聲音依舊在歌唱。

——喬伊・蘇利文，《西部旅遊指南》[1]

一九七六年，以安・蘭德斯（Ann Landers）為筆名的專欄作家埃佩・萊德勒（Eppie Loderer）收到一封信，這封信讓當時已經習慣收到美國最發燒話題的她也大吃一驚。「那是一封非常簡單的信。」那年夏天，蘭德斯在《好管家》（*Good Housekeeping*）雜誌專欄發表的文章中寫道：「一對即將結婚的年輕情侶來信徵詢。他們感到相當猶豫，無論如何就是無法決定是否要生小孩。」這對情侶發覺似乎有很多朋友都厭惡自己的孩子，並羨慕他們的自由與經濟狀況。他們認識的一對夫婦在生下第二個孩子後，去做了輸卵管結紮和輸精管切除手術，以百分之百確定他們永遠不能再生育。「安・蘭德斯，這一切都讓我納悶，擔任父母值得這些麻煩嗎？我和吉姆深愛彼此，我們的關係很美妙，不想要任何東西毀壞它。我們看見周遭夫妻在沒生小孩前都更快樂。」蘭德斯將這個問題轉發給她龐大的讀者群，詢問道：「如果你能重來，你會生孩子嗎？」上萬封回信從美國各地湧入，並且讓蘭德斯「驚恐」得知，有百分之七十的人說不會。[1]

沒有人能重複這項調查結果。有百分之七十的父母在下單後悔不當初，希望將他們的小孩退還給商店。就我所知到今天為止，都沒有人能對為什麼蘭德斯的調查中有百分比如此高的家長感到懊悔，給出令人滿意的答案。那一年稍晚，《新聞日報》（*Newsday*）針對那個問題又再做了一次調查，他們刊登結果時標題寫著：「百分之九十一的人會生孩子」，還不忘加上一句：「接招吧，安・蘭德斯。」（Take That, Ann Landers.）[2] 二〇一三年，在一份蓋洛普民調中，只有約百分之七的美國父母表示如果能重來他們不會生孩子，[3] 因此確切來說，美國絕對沒有百分之七十的人後悔生小孩，但這項數值也不是零。

挪威的社會學家漢森（Thomas Hansen）曾指出，人們對不生育群體常有的三大刻板印象，都隱含邏輯謬誤。他把這稱為「民間傳說理論」（folk theories）。這些刻板印象分別為：（一）孩子讓人快樂，所以沒有孩子的人比較不快樂（二）沒有孩子的人過著孤獨、空虛的人生，所以比父母不快樂（三）沒有孩子的人優先考慮到享樂、自由、與朋友相處的時光、浪漫關係、美食、漂亮的房子和旅行，並將親職排到最後。漢森冷冷地評論道，最後一種刻板印象好像認為沒有生育的人「是一個相當快樂的群體」。有一些研究也支持這點。至少在這三十年來，不同研究都反覆顯示在美國和許多已開發國家，沒有孩子的人比父母快樂。[4] 近期研究更指出，父母在小孩年幼時比較不快樂，因為那時他們需要花費最高也最多的時間、精力和金錢，這似乎很符合邏輯。除此之外，在美國子女長大後離家的父母，相較於年長的無生育夫婦幸福感也比較低。以美國成年人為調查對象的研究者找不到到任何一種父母，展現比沒生育群體更大的幸福感，無論這些父母有無監護權，擔任親生、收養或繼父母，或者孩子是否年幼。根據報告顯示，美國的父母比沒生育群體的幸福感也低了百分之十二，是在已開發國家中擁有父母與非父母最大快樂鴻溝（happiness gap）的國家。[5]

必須要澄清的一點是，造成這種現象的實際原因不是小孩。小孩或許會讓人精疲力竭，但他們也是一群帶來喜悅、充滿好奇、令人喜愛且精力充沛的生命。他們代表了我們的未來，也讓現在的我們充滿活力。許多人認為擔任父母賦予他們人生目標，並為他們帶來滿足感、認同感與有意義的社會關係。[6]父母的快樂程度可能比沒生育的群體低，但有些研究也指出，有孩子的人抱持更多人生目標與意義，也對生活更滿意。[7]

問題不在小孩，而是在父母所處的環境。近期一群研究員解釋：「在當代，養育孩子獲得的情感回報，被擔任父母的壓力給淹沒了。」具體來說，父母會被壓力拖垮，是因為國家缺少支持父母的政策，例如沒有提供讓父母能去工作的托育補助、不提供慷慨的支薪育嬰假，讓父母無法花時間和孩子相處。即便在缺少其他政策扶持的情況下，光是有這兩項政策——能負擔的兒童保育與支薪休假——就能完全消解父母與沒生育人們之間的快樂鴻溝。

例如在法國、芬蘭、挪威和瑞典等有相關政策的國家，父母比非父母的幸福感就高了百分之八。「國家的政策百分之百說明父母何以在幸福感中區於劣勢。」研究者如此總結。[8]

儘管在政治領域，各種立場的人都相當關注美國衰退的出生率，但卻都沒有採取任何措施改正那些讓父母變得不快樂的政策。在美國，有將近一半的女性沒有資格享受《家庭與醫療假法案》（Family and Medical Leave Act），該法案在一九九三年制定，保障女性享有十二周的**不支薪**產假。[9]然而，根據美國勞工統計局數據顯示，只有百分之二十三的美國勞工享有任何時間的支薪育嬰假。[10]直到二〇二一年尾，儘管民主黨掌控國會、參議院和白宮，立法者依然沒能通過一項保障許多（但非全部）勞動婦女僅僅四周的支薪育嬰假。根據加州大學洛杉磯分校世界政策分析中心（World Policy Analysis Center）的數據顯示，各國政府平均規定的支薪產假為二十九周。[11]如果你曾領養過小狗，那便會知道無論是小狗或其他需要一年左右時間達到成年期的哺乳類，通常在出生八周後才會從母親身邊被帶走。

我們面對的難題不只包含產假。對於我們和下一代來說，醫療保險依然和工作息息相關，無論是醫療保險的品質或費用，都取決於我們雇主的慷慨程度，老年照護更是負擔得起的人才能享有。那代表我們之中會有許多人在還沒考慮是否要生孩子前，就會先發現自己必須在經濟與其他層面照顧年邁的雙親。[12]二〇二二年，美國最高法院決定推翻〈羅伊訴韋德案〉，允許超過半數的州政府大幅限制女性結束懷孕，除非孕婦或孩子遭遇可怕情況。這使得懷孕與分娩變得更加危險，而原本美國的孕婦死亡率就已大幅落後其他已開發國家。[13]如今我們的工作隨著口袋裡的手機一起被帶回家，我們被要求晚上和周末也投注時間和注意力在工作上。數十年來薪資漲幅始終停滯，但托育費、房價與助學貸款卻愈來愈高，讓我們愈來愈難以負擔。在美國，校園槍擊事件橫行，全國各地必須定期舉辦實彈射擊演習。根據喬治亞理工學院的調查報告指出，這類演習已引發參與者創傷，經歷過演習的孩子更容易出現焦慮、抑鬱與其他不良心理狀態。[14]喔，然後還有氣候，雖然氣候問題不常成為新聞頭條。二〇二一年夏天，美國和加拿大西部發生大火，讓芝加哥、紐約到新罕布夏白山山脈（White Mountains）的天空被染黑。二〇二二年夏天，阿拉斯加苔原大火產生的濃煙從費爾班克斯（Fairbanks）一路延伸到諾姆（Nome），肯塔基州和密蘇里州的城鎮則遭到暴雨沖毀。假使我們考慮到現代生活隱含的壓力、憂鬱與危險，我們可以說選擇不當父母是完全合乎邏輯的，或許生孩子才可能是要好好解釋的決定。

「社會期待我們證明我們的選擇是合理的。人們老是會問：為什麼不生？」關恩・道格拉斯（Guen Douglas）是一名出生在加拿大的刺青師，她在柏林有間工作室，並和伴侶與一隻名叫路德維希的棕色斑點臘腸狗一起住在那裡。她的副業是替童書繪製插圖。道格拉斯是《我們自願無子女》（*We Are Childfree*）中描述的四十名女性之一。這本書是由英國攝影師佐伊・諾伯（Zoë Noble）編纂，展示一系列沒有孩子女性的人像與生命故事。「我們為什麼不問另一個問題？」道格拉斯繼續說。「為什麼你們選擇有小孩？這是一個更大的問題。你有資源與情感能力嗎？或只是姑且試試看，因為你覺得自己應該生？我們從自己的朋友身上，看到很多女性生孩子是為了在人生代辦清單上打勾。這個世界已經人口過剩了，我們還面對氣候危機。如果有人說他們不想要孩子，我們的反應應該是說：很好啊。然後繼續過日子。」[15]

但我們很難繼續前進，其中一個主要原因是核心家庭被視為唯一可行的家庭模式，這種模式要求結婚的父母在沒有外力支援下獨自撫養親生孩子。當今會出現一些詞彙，像「破碎家庭」（broken family）、「混合家庭」（blended family）或大家庭（也是我從小生長的家庭模式）[2]，那是因為人們將家庭定義為完整、非混合且具有限制性的組合，如同我們在電視、電影和社群平台（例如 Instagram）上看到的核心家庭。在這種背景下，母職成為可營利的事業，最有價值的產品就是完美無瑕的家庭。蒙特婁康考迪亞大學（Concordia University）的社會學系博士生潔瑟摩頓（Kathryn Jezer-Morton）便觀察到：「Instagram 是核心家庭實實在在的公關。它完全抹消社群一直以來共享的托育行為，讓人無法看見家庭有多依賴彼此養育小孩。」潔瑟摩頓的博士論文記錄了她稱之為「媽媽圈」（mamasphere）這個不斷擴大的女性世界。「媽媽圈」的成員會在社群媒體上展示自己的家庭、婚姻和孩子，有時甚至能創造非常有利可圖的事業。潔瑟摩頓解釋，這種商業背景「如果只涵蓋核心家庭，就比較容易控制形象。假如說你不會要求每周幫你帶兩次小孩的鄰居珍妮把頭髮弄捲上鏡頭，讓她在照片裡看起來優雅自信吧？」這種商業形式的結果，就是「絕大多數的媽媽圈，以一種完全背離歷史的方法展現家庭生活」。或許我還可以多加一句，就是讓觀看者嚮往這類家庭生活。[16]

然而，家庭的孤立感也存在於人們實際的離線生活中，這些生活雜亂、完全不值得在Instagram上展示。過去兩個世紀以來，美國人退回核心家庭的現象在我們有生之年被強化。一部分是因為現代生活的需求削減每個人的心力。在一份近期的調查中，有超過五分之一的千禧世代的人表示，他們除了伴侶或直系親屬外沒有任何朋友，這遠高於戰後嬰兒潮世代或X世代的比例。有三分之一的人說他們發覺要交心的朋友很困難，而常見的理由是「我忙到沒時間交朋友」。[17]這對父母來說尤其如此。為了確保家中成員每一天在物質和情感需求上至少有一部分得到滿足，許多父母選擇犧牲他們的友誼。專欄作家茱莉・貝克（Julie Beck）在《大西洋雜誌》中便寫道：「你被你的家庭困住了，你會將你的伴侶放在第一優先。」當我們超過自身能力極限，友誼這種並非由法律或血緣聯繫，而需要雙方持續投注時間、注意力與照顧的關係便會受到打擊。[18]要建立一段超越家戶的關係需要花費時間與情感精力，但太多人都缺少這兩者。

「社群很棒，」哈佛神學院的學者卡士柏．特奎勒（Casper ter Kuile）說，他又加上一句：「但社群也很**可怕**。」特奎勒的研究聚焦於年輕人神性的抬頭。當前出現一種日漸增加的趨勢，有愈來愈多人在保持宗教信仰同時，放棄參與組織化的宗教社群。其中原因很多，例如有些宗教集會不太受歡迎或具有歧視性、人們太常搬家以至於無法在任何地方紮根，或者純粹是他們需要在一周精疲力盡的工作後，能在周日早上睡晚一點。[19]一份二〇二〇年的蓋洛普民調顯示，現在只有百分之四十七的美國人會上教堂、猶太教堂或清真寺，這是八十年來持續進行的民調中第一次出現的數值。也就是說如果你隸屬於一個宗教團體，那你將會是美國人口中的少數。[20]這種趨勢不僅反映在教會。在一九五〇年代，美國幾乎有三分之一的受雇者有加入工會，那是勞動者社交的中心。但在二〇二一年，只有超過百分之十的受雇者加入工會，大約與美國的獨立承包商或零工（gig workers）佔相同百分比，後者不僅脫離工會，也在根本上脫離任何工作場所或同事。而在過去二十年來，慈善機構受到的捐款數量大幅增加，但實際從事社區志工的人口比例卻直線下滑，這種現象反映出人們仍對社群抱有責任感，卻相對不願意或無法從事志工工作，或因為與鄰居關係疏遠，可能甚至不知道該如何幫忙。生活中最簡單而持久的樂趣之一就是和別人聚餐，但根據某些統計，美國人在半數的用餐時間中都是單獨吃飯。[21]這些造成一種惡性循環，我們沒有時間與情感精力去建立社群，其中一個理由就是我們缺少社群與支持系統。這些系統在其他時候或地點，有可能幫助我們喘一口氣。

建立與維護社群很困難。社群要人們基於不是法律或血緣的因素去關懷他人，甚至關心自己不完全認識或不那麼喜歡的人。要（重新）建立一個能分擔父母重任、共享養育孩子喜悅的社群，需要一些人主動積極去關心非親生孩子，透過投入密集時間與物質等具體方法，為有孩子的朋友或社群適時伸出援手。同時，父母也須對鄰居投注關心（無論鄰居是否會把頭髮弄捲），讓鄰居能真正共享養育孩子的責任與喜悅。有孩子的人必須停止跟沒孩子的朋友說：「你永遠都不會懂。」而是說：「我會盡力跟你解釋。」無論我們是否有孩子，也都需要共同資助能支持家庭的基礎設施與政策機制，這是在時局艱困時人們總是會做的事：建立親屬關係與照顧彼此。只要我們願意。

二〇二〇年一月底，我跟海豹出版社（Seal Press）簽了一份合約，預計出版一本關於美國歷史上沒有孩子的女人的書。用我的話來說，是關於這群女性所做的選擇、經歷的人生，以及她們「充滿活力而豐富的生活」。然而在接下來六周，我開始在網路上買衛生紙、重新學習如何進行遠距教學，並在我小小的家中參加視訊生日派對。整個春天我內心都充滿恐懼與孤獨，尤其當我試圖幫助學生度過各種危機時。但無論疫情期間我的狀況有多難熬，那和我認識的父母們的處境相比簡直不值得一提。就連在情況最樂觀的時候，他們都沒有獲得一點微薄的支持，這讓他們幾乎無法熬過每一天。

對我來說，過去這兩年是一次教育機會，讓我意識到無論我們如何抗議，社會對母親、家庭與孩子的關心還是那麼少。我們陷入一種奇怪的政治僵局，讓最高法院有機會以保護嬰兒與孩子的名義推翻〈羅伊訴韋德案〉。這起案件的起源地密西西比州被證實在照顧嬰兒與孩子方面前科累累。密西西比州的嬰兒死亡率是全美國最高的，根據非營利組織「拯救兒童」(Save the Children) 調查，在密西西比州有將近四分之一的未成年人經歷過飢餓。[22] 該州州長理弗斯（Tate Reeves）曾發表一篇推特文，提及等到〈羅伊訴韋德案〉被推翻，密西西比州就會努力投入照護母親與孩子。[23] 一名評論家問：「為什麼你非得等到墮胎法修法才開始幫助人？」

這幾年投入寫這本書讓我的態度開始軟化，尤其是對人生中出現的母親與雙親們。原先我想寫的是關於沒有生育女人的價值和成就，一部分是因為我希望我們獲得更多讚揚。我是那種會對沒有孩子的人（尤其是女性）無端被針對而感到惱火甚至憤怒的人，尤其當女性在工作場所被針對時。像在活動結束後被留下來獨自善後，父母卻能先行離去到托兒所接孩子或吃晚餐；或者發現自己工作量變更繁重，因為身邊有人請產假；還有當別人托育安排出現問題時，必須接管對方未完成的工作。我承認我不只一次生氣地想過，我沒有生孩子並不代表我不忙碌、不會疲憊或沒有重要的事情要做。然而，當我深入研究與書寫，並看見周遭父母的掙扎，我開始察覺自己這種思考方式不僅顯得不慷慨與刻薄，同時也是危險的。因為那容易衍生更嚴重的想法，那就是**為什麼我要用我納稅的錢，來資助公立學校、高風險青少年計畫、貧困家庭買房補助以及幼兒措施？我沒有選擇要小孩，是你自己選擇的。**

這本書中的女性還有過去的女性，都教導我這樣想不是唯一的解方。尤其當我看見當代父母的掙扎時，我更加確認將自己與別人的時間、有孩子與沒孩子的群體，還有不同人們的選擇對立起來是行不通的。一直以來我們疏離彼此的選擇，讓我們全體都變得更加孤立，也在母親和沒生孩子的女性間建立一道鴻溝，這種鴻溝只有當我們的生活完全分開時才有意義，但現實並非如此。假使我們依然希望突破人類當前面臨的危機，無論是關於環保、政治或文化，那便需要將照護下一世代當作我們全體共同努力的項目，而非父母獨力承擔的任務。當我想到自己差點要寫出一本在希拉・赫迪所謂「母親－非母親內戰」中選邊站的書時，我不禁感到不安。如果這場戰爭有壕溝，而且看起來確實是有的，那我們都一起待在裡面，我們可以掩護彼此。

這本書以一個問題當作開場：為什麼美國女性不生孩子？它的答案並不簡單。正如我們所見，這個問題有歷史，而且是有很多段歷史。當前我們身處的無子女狀態，無論是出於選擇、命運或介於兩者之間的事物，都不是我們能解決的問題，即便我們能精確指出其中一系列原因，或同意解決這個問題是必要且有益的。事實上，當今女性不生孩子的理由並不新鮮，也並不是藉口。這些理由都是女性對周遭世界進行清醒評估後的結果。與過去的人相比，我們工作的確變多，也更常搬家，擁有的社群聯繫也更少跟更鬆散。同時，當代社會對育兒的要求不斷提高，母親照顧孩子需要花費的時間幾乎是五十年前母親投入時間的兩倍，雖然她們也比較能外出工作。[24] 而相較於三十、七十或一百年前，今日的女性比較難懷孕。[25] 這不僅是因為產婦平均年齡增加（一部分出於當代生活的壓力），也因為我們身處的環境影響我們的生育力（尤其是對男性）。從全球歷史的角度來看，當教育和就業機會向女性開放時，人類的生殖力就一直下跌。地球確實需要少一點人，如果我們希望未來像現在一樣，那就得減少燃燒石油、製造垃圾與吃掉半個世界以外肉類的人。我們的確擁有更多自由，能選擇要走上哪一條人生道路。但當能選擇的路徑變更多，我們留在身後的事物也就隨之增加。

在我比較憤世嫉俗的時刻，我會認為正確的問題不是「為什麼美國女性不生孩子？」而是「到底為什麼我們要生？」當我比較懷抱希望時，則會問相對有幫助的問題，像是我們對這個狀況該怎麼辦？要如何在缺乏足夠時間、金錢與地球資源的情況下製造比較少新生命，又不否認孩子帶給我們的快樂、希望與能量？我們能否想像一個未來，是生與不生兩者間不會存有極大差異，每一個孩子都能有兩位以上成年人撫養，同時，擔任母親不再代表被工作或生活壓垮，不生孩子也不代表自己與養育下一代無關？理論家唐娜．哈洛威問道：「如果生孩子真正成為一種歡喜而具體的行動，並作為一個擴大社群的日常職責，那會是怎麼樣的？」[3] 哈洛威寫道，那會需要一種超越「只屬於我身體的嬰兒」的思考方式。[26]

＊＊＊

我經常在芝加哥的湖畔步道慢跑，那條鋪好的自行車與人行步道，沿著密西根湖繞行長達十八英里，從城市北邊的艾奇瓦特海灘（Edgewater Beach）一路向南延伸到七十一街海灘。其中有一條路線會通往傑克遜公園（Jackson Park），那座公園是歐姆斯德設計的一片綠地，[4] 也是一八九三年芝加哥世界博覽會的舉辦地。那裡有一片開墾過的大草原，冬天時能看到身形有如德國牧羊犬的郊狼在皚皚白雪中嬉鬧。穿過一個隧道就會抵達湖岬點（Promontory Point），那是一座深入密西根湖的人造半島，也是一個堆填區，由建造於一九二〇、三〇年代的石灰岩階梯護岸固定，現在則變成設有火堆的高人氣野餐地點。以我的淺見，那邊也是第三海岸最佳的游泳地點。佇立在海角點最西端，可以飽覽芝加哥北邊的摩天大樓群，並能隱約看到南邊印第安那州蓋瑞市（Gary）的煙囪和巨大工廠。

我通常會在那邊的一排長椅前停下腳步，重新綁鞋帶、伸展我吱吱作響的右臂，或凝視遠處廣闊湖泊與天空交會的地方陷入疲憊。其中那裡一張長椅上有一塊小小的金屬牌匾，寫著獻給「我們深愛的丹尼男孩」。那個男孩在二〇一九年十月去世，年僅十五歲。每次我在那美麗而神聖的地方止步時都會屏住呼吸，感覺安靜的悲傷有如一記重拳打在我腹部。不過我更常去拜訪的是南西．奧莉薇（Nancy Olivi）的紀念長椅，就在丹尼的長椅南邊。那張長椅上的牌匾寫著：「南西．奧莉薇養育了一萬個孩子，她是一名老師。」奧莉薇在芝加哥西南角出生和長大，並擔任一所芝加哥公立學校的老師超過三十七年。當她在二〇一七年以七十歲高齡過世時，《芝加哥論壇報》的訃聞提到她沒有兒子或女兒，但指出那些「她傾注灌溉的孩子們讓她的精神永久長存」。[27]

二〇一五年，唐娜．哈洛威在「科學社會研究學會」（Society for Social Studies of Science）年度大會中協助組織一場座談，探討當今人們應該如何為非親生孩子投注更多關懷。這個學會簡稱為4S，是一個由歷史學家、社會學家、經濟學家與人類學家組成的專業組織，旨在研究科學技術的歷史與現狀。學術研討會是一種與眾不同的周末旅行型態，成百上千名學者會戴著笨拙的名字掛牌，佔據一棟看起來像是在城市中隨意挑選的飯店（這次是在丹佛），與各界專家學者接觸、和編輯出版商建立人脈，還有跟研究所時期認識，現在則分布在全國各機構的朋友在大廳酒吧喝太多又喝到太晚。有時候學者們還會去參加座談會（雖然我從不覺得這是參與學術研討會的首要目的），在座談會上，學者會分享對策畫主題的研究，並邀請聽眾給予回饋。值得注意的是，哈洛威協助組織的座談吸引了大約兩百名左右的與會者放下手上的啤酒、縮短咖啡約會時間前往聆聽。舉辦講座的會議廳常常冷氣開得很冷、迴音很大，而且空蕩蕩的，但這場會議卻座無虛席。

在會議手冊中，有關這場講座的描述詢問道：「在當今時代，我們能否發展一種反殖民主義、反帝國主義、反種族主義，或以科學為研究基礎的女性主義政策，讓嬰兒是既稀有又珍貴的？」把這段描述翻譯成白話就是：我們能重新思考家庭的定義嗎？如果我們真的珍惜我們帶到這個世界上的小孩，如果我們真的關心他們，願意投資他們的未來與人生，那我們能否少生一點，讓孩子的生活更美好，也減輕地球的負擔？我們能夠不採用與「人口控制」幾乎同義的種族主義和脅迫手段來達成這個目標嗎？能否在不減少父母從小孩身上獲得快樂與人生意義的情況下達到這點？又或者說，我們能否透過分散負擔與分享喜悅的方式來實踐？

儘管飯店的會議廳因為擠滿人瀰漫陣陣體熱，這些問題卻能讓溫度降到冰點。對美國保守派來說，他們作為傳統家庭理念的支持者，傾向將人口問題視為「外來」問題。他們高喊著：「美國生育率在下降！」並主張如果要責怪誰，那就去怪印度、中非、南非和南半球等生育率依然相對高的地方。對於一些政治左派來說，光是提出減少人口的建議，就可能敲響「歷史重蹈覆轍」的警鐘。左派人士擔心過往不平等的生育案例重演，像對精神病患、窮人、囚犯、猶太人、非裔美國人或原住民進行絕育，也擔心美國和國際社會只有在發展中國家實施絕育政策時才提供援助。左派人士也憂慮政府只鼓勵一部分群體生育的優生學政策，或剝奪國內外婦女的身體和生育自主權等。「我在發表完演講後，有一些認識多年的女性主義同事對著我尖叫。他們跟我說，我不能再以女性主義者自居。」哈洛威說：「因為我在公開場合辯論人口數量在全球範圍造成的影響。儘管我是透過分析不平等結構的方法，並出於反對種族主義人口控制的立場來細究，我的言論依然駭人聽聞。」但如果我們的目標不僅是減少嬰兒數量，同時也是建立更多社群、更多被視為家人的朋友，以及更多被我們當作親屬的人呢？哈洛威曾提出建議，我們需要在汽車保險桿貼紙上寫著：「製造親人，而非寶寶」

（Make Kin Not Babies）。[28]

我們對母親與沒生育女性間差異的認識，在很久以前就被建立，目的是為了限制女性的選擇，讓她們被社會接納的選項限縮在母職和家庭領域。而那些敢於做其他事的女性，則會被劃分成異類。然而，並非只有不生育的女性作為被壓迫對象，母親的選擇與身分一樣受到侷限。身處在一個期望分化你我的社會，也許我們能做到最激進的事就是接納彼此，邀請對方進入自己的生活與家中。如同近期作家山姆．阿德勒－貝爾（Sam Adler-Bell）在《紐約》雜誌中寫道，如果我們希望改善社會，那我們「必須反覆在不同地方、對不同人、以不同方式提出邀約，邀請人們以相互依存的方式換取共同解放，並期望這種邀約開始產生意義。」[29]當人們看到「製造親人，而非寶寶」這類呼籲時，往往只注意到「不要製造寶寶」的訊息。我覺得這種焦慮是正常的，考量到「不生孩子」的主張在我們漫長歷史上經歷的黑暗道路。但有鑑於美國女性本來就生很少孩子，我認為我們應該將精力集中在「製造親人」的重要性上。也就是說我們應該向非親生的孩子、不具有血緣關係的他者，以及代表未來的年輕人敞開我們的家庭、心靈與承諾。這才是我們該專注的地方。

「南西．奧莉薇養育一萬名孩子，」她的牌額寫著。「世人會懷念她。」

---

1 喬伊・蘇利文（Joy Sullivan），美國詩人，著有詩集《西部旅遊指南》（*Instructions for Traveling West*）。

2 也有一個專有名詞為繼家庭（stepfamily），指兩方配偶都帶著與前配偶生下的小孩組成的家庭。

3 唐娜・哈洛威（Donna J. Haraway，一九四四年—），科學史學家，任教於加州大學聖塔克魯茲分校。知名代表作包含《靈長類視線》（*Private Visions: Gender, Race, and Nature in the World of Modern Science*）與《猿猴、賽伯格和女人》（*Simians, Cyborgs, and Women: The Reinvention of Nature*）等。

4 歐姆斯德（Frederick Law Olmsted，一八二二年—一九〇三年），美國景觀設計師、記者、社會評論家與公共管理人員，曾參與設計諸多重要建築與公共空間，被譽為美國景觀建築的奠基者。

致謝

我深深感謝目標百貨（Target）在整個寫書過程，大量提供我實體和虛擬的療癒，光是走進超市的自動門，就足以讓我有一種全身平靜的感受。最近我愈來愈常想到，假使哪天世界末日發生，我會在這裡找到所有需要的東西。謝謝艾莉、傑克和黛西給予我重要的感情支持。我寫這本書大部分時間是在我的沙發上（沒辦法在椅子上，它容納不下一個人與兩隻狗），我的大腿上會分別躺著一隻熟睡的哈巴狗。

我要感謝我親愛的朋友芭絲榭芭・德穆思（Bathsheba Demuth）反覆而有耐心地告訴我人們到底是如何寫書的，並且幾乎每天都會提醒我要吃午餐，還有在我索盡枯腸的那一刻即時傳來最鼓舞人心的訊息，詢問我：「所以，今天我們要買什麼？」在寫這本書過程我刷爆許多張信用卡。在過去十五年來，芭絲榭芭和Alex Labinov向我展示的選擇家庭的意義。我永遠心存感激。

在我當初感到最不確定的時刻，Don Fehr就是這項寫作計畫的擁護者。他在每個階段都給予我鼓勵、幽默、仁慈和智慧，而且最重要的是他讓我能假裝知道自己在做什麼。感謝Emma Berry、Claire Potter、Madeline Lee、Lara Heimert、Liz Dana和海豹出版社的每一個人。謝謝你們給我這個機會，感謝你們的溫暖、熱情和承諾，帶領這本書度過全球疫情、經濟混亂、個人悲喜、搬家，以及長年在家遠距工作的時光。編輯別人的書是一種無限慷慨的行為，即便這對我和這本書來說太像天上掉下來的禮物了，我還是想說艾瑪是我夢寐以求的編輯。感謝有她，這本書才能比我自己處理來得更好。Stephanie Palazzo、Rebecca Altman和Kathleen Belew是最聰慧而善良出書導師，她們在這份手稿從我的腦海降生到世界上時握緊了我的手。

我非常感謝才華洋溢的詩人凱特．貝爾和喬伊．蘇利文，她們允許我用她們的詩作為這本書的兩篇題詞。她們的詩比我更深刻捕捉到身為一名女人活在這個世界上的矛盾性與複雜性，無論是否為母親、會不會渴望當一名母親，或者有時希望自己不是。蘇利文寫下相當重要的話語——喜悅並非一場騙局——那也許會成為我下一個刺青。我很榮幸能在書中引用她們的詩。我也要感謝Joanna MacKenzie，她重建我對機緣、命運與人們善意的信念。

能在芝加哥大學歷史系任教總是一再讓我感到驚喜。我身邊的同事不僅友善，在智識上更優秀得嚇人。如果沒有他們支持，我的工作以及這本書都不會存在。我對芝加哥大學歷史系的學生更是滿懷感激，謝謝他們的智慧、好奇心、熱情，以及對創造一個比他們所擁有更美好世界的承諾。他們的存在讓我能夠同步更新真正重要的話題，像是如果我不想看起來很老，應該穿什麼樣的牛仔褲。孩子們，你們都很棒。我很幸運能花那麼多時間和你們相處。

我常常在一大清早就堅持打電話給我媽媽，而且通常是在跑步時。我的背景總會有很大的交通噪音與風聲，我也常在一陣抱怨或驚慌後，沒有多問媽媽的情況就掛掉電話，但她總是會接電話。她是我的母親，也是我的朋友。對此我感到非常幸運。

在寫這本書的過程中，我不斷收到來自我的朋友與家人的支持關愛，他們的名單太長，族繁不及備載。他們會傳鼓勵的訊息和星巴克禮品卡給我，會在我沒有回應時不斷打電話來。他們會帶我去吃晚餐，跟我分享好幾籃的炸薯條，也很樂意在平日晚間陪我喝酒。Stephanie Davis每天早上都會傳訊息跟我說早安，很珍貴地提醒著我並不孤單。在二〇二一年十一月的一個星期二，Alice Goff和Ariana Strahl為我調了一杯琴湯尼，那可以說真的拯救的我的一切。眾所周知，每個偉大的女性背後都會有其他更偉大的女性不分晝夜回覆她訊息，謝謝所有在我背後支持我的女性。

最後，就像我對於大多數事情一樣，我非常感謝我的丈夫鮑伯。三年多來，每當我宣布我的書寫得糟透了的時候，他總是盡職盡責地重複：「妳的書並不糟。」他的陪伴和支持讓這一切都成為可能。生日快樂！我是那個幸運的人。

Shanna H. Swan, *Count Down: How Our Modern World Is Threatening Sperm Counts, Altering Male and Female Reproductive Development, and Imperiling the Human Race* (New York: Scribner, 2021).

26. Donna Haraway, "Making Kin in the Chthulucene: Reproducing Multispecies Justice," in Adele E. Clarke and Donna Haraway, eds., *Making Kin not Population* (Chicago: Prickly Paradigm Press, 2019), 79.
27. "Nancy Olivi, 1947–2017," *Chicago Tribune*, February 27, 2017.
28. Donna Haraway, "Making Kin in the Chthulucene," 87, 68.
29. Sam Adler-Bell, "Unlearning the Language of Wokeness," *New York Magazine*, June 10, 2022, https://nymag.com/intelligencer/2022/06/unlearning-the-language-of-wokeness.html.

articles-reports/2019/07/30/loneliness-friendship-new-friends-poll-survey.

18. Julie Beck, "How Friendships Change in Adulthood," *The Atlan- tic*, October 22, 2015, www.theatlantic.com/health/archive/2015/10 / how-friendships-change-over-time-in-adulthood/411466.
19. Anne Helen Petersen, "The Great Unbundling," Culture Study (newsletter), February 10, 2021, https://annehelen.substack.com/p/the -great-unbundling.
20. Jeffrey M. Jones, "U.S. Church Membership Falls Below Majority for First Time," Gallup, March 29, 2021, https://news.gallup.com/poll/341963 /church-membership-falls-below-majority-first-time.aspx.
21. Alexandra Hudson, "*Bowling Alone* at Twenty," *National Affairs*, no. 45 (Fall 2020): www.nationalaffairs.com/publications/detail/bowling-alone-at-twenty; see also Robert Putnam, "Preface," in *Bowling Alone: The Collapse and Revival of American Community*, 20th anniversary ed. (New York: Simon & Schuster, 2000).
22. Save the Children, "Childhood in the Time of COVID," www .savethechildren.org/us/about-us/resource-library/us-childhood-report#.
23. Tate Reeves (@tatereeves), "We need to prove that being pro-life is about more than being anti-abortion. We need to commit more to the mission of supporting mothers and children. We need to continuously improve our foster care system. We need to make it even easier to adopt a child. This is the mission now," Twitter, May 4, 2022, https://twitter.com/tatereeves /status/1521992445751222272.
24. Giulia M. Dotti Sani and Judith Treas, "Educational Gradients in Parents' Child-Care Time Across Countries, 1965–2012," *Journal of Marriage and the Family* 78, no. 4 (August 2016): 1090.
25. Hagai Levine, Niels Jørgensen, Anderson Martino-Andrade, Jaime Mendiola, Dan Weksler-Derri, Irina Mindlis, Rachel Pinotti, Shanna H. Swan, "Temporal Trends in Sperm Count: A Systematic Review and Meta- regression Analysis," *Human Reproduction Update* no. 23, 6 (November– December 2017): 646–659; see also Stacey Colino and

516.
8. Glass, Simon, and Andersson, "Parenthood and Happiness," 17, 19, 22.
9. IMPAQ International and Institute for Women's Policy Research, "Qualifying for Unpaid Leave: FMLA Eligibility Among Working Mothers," January 2017, www.dol.gov/sites/dolgov/files/OASP/legacy/files /IMPAQ-Working-Mothers.pdf.
10. Bureau of Labor Statistics, "What Data Does the BLS Publish on Family Leave?," National Compensation Survey, Chart 3, www.bls.gov/ncs/ebs /factsheet/family-leave-benefits-fact-sheet.pdf.
11. Claire Cain Miller, "The World 'Has Found a Way to Do This': The U.S. Lags on Paid Leave," *New York Times*, October 25, 2021, www.nytimes .com/2021/10/25/upshot/paid-leave-democrats.html.
12. For more, see Ada Calhoun, *Why We Can't Sleep: Women's New Midlife Crisis* (New York: Grove Press, 2020).
13. According to the World Health Organization, the United States has a maternal mortality rate equal to that of Latvia, Ukraine, and Moldova, ranking behind all of western Europe and countries like Saudi Arabia, Iran, and the Russian Federation. "Maternal Mortality Ratio (Modeled Estimate, per 100,000 Live Births)," World Bank, https://data.worldbank.org/indicator /SH.STA.MMRT?most_recent_value_desc=false.
14. "The Impact of Active Shooter Drills in Schools," Everytown Policy and Research, September 3, 2020, https://everytownresearch.org/report /the-impact-of-active-shooter-drills-in-schools.
15. Quoted in Mary Katherine Tramontana, "Female and Childfree, in Pictures," *New York Times*, May 3, 2021, www.nytimes.com/2021/05/03/style /childfree-women.html.
16. Quoted in Anne Helen Petersen, "The Ideological Battlefield of the 'Mamasphere,'" *Culture Study* (newsletter), October 20, 2021, https://anne helen.substack.com/p/the-ideological-battlefield-of-the.
17. Jamie Ballard, "Millennials Are the Loneliest Generation," YouGov America, July 30,2019,https://today.yougov.com/topics/lifestyle/

66. *Le Monde*, April 16, 1986, 19.
67. Yolanda Astarita Patterson, "Simone de Beauvoir and the Demystification of Motherhood," *Yale French Studies* 72 (1986): 90.

結語　所以請容我問，我們為什麼應該生？

1. Ann Landers, "If You Had It to Do Over Again, Would You Have Chil- dren?" *Good Housekeeping*, June 1976, 100–101, 215–216, 223–224; see also Margaret Marsh and Wanda Ronner, *The Empty Cradle: Infertility in America from Colonial Times to the Present* (Baltimore: Johns Hopkins University Press, 1996), 214.
2. "91% Would Have Children (Take That, Ann Landers)," *Newsday*, June 13, 1976 (archived at https://econfaculty.gmu.edu/bcaplan/newsday.jpg).
3. Frank Newport and Joy Wilke, "Desire for Children Still Norm in U.S.," Gallup, September 25, 2013, https://news.gallup.com/poll/164618 /desire-children-norm.aspx.
4. Thomas Hansen, "Parenthood and Happiness: A Review of Folk Theories Versus Empirical Evidence," *Social Indicators Research* 108 (2012): 30 –31.
5. Jennifer Glass, Robin W. Simon, and Matthew A. Andersson, "Parenthood and Happiness: Effects of Work-Family Reconciliation Policies in 22 OECD Countries," *American Journal of Sociology* 122, no. 3 (November 2016): 3–4, 17.
6. K. M. Nomaguchi and M. A. Milkie, "Costs and Rewards of Children: The Effects of Becoming a Parent on Adults' Lives," *Journal of Marriage and Family* 65, no. 2 (2003): 356–374.
7. For much more on this, see Jennifer Senior, *All Joy and No Fun: The Paradox of Modern Parenting* (New York: Ecco, 2014); see also Roy F. Baumeister, Kathleen D. Vohs, Jennifer L. Aaker, and Emily N. Garbinsky, "Some Key Differences Between a Happy Life and a Meaningful Life," *Journal of Positive Psychology* 8, no. 6 (2013): 505–

112, no. 3 (May–June 2015): 162.
52. Levy, "Lesbian Nation."
53. Nick von Hoffman, "Better a Goat! I'm Not Kidding," *Boston Globe*, May 14, 1972, 57, 65.
54. "Down with Kids," *TIME*, July 3, 1972, 35, https://time.com/vault / issue/1972-07-03/page/37.
55. Healey, "Rejecting Reproduction," 144–145.
56. Kathleen Hendrix, "Nonparents Seeking a New Image," *Los Angeles Times*, May 26, 1976.
57. Healey, "Rejecting Reproduction," 145.
58. W. Barry Garett, "High Court Holds Abortion to be 'a Right of Privacy,'" *Baptist Press*, January 31, 1973.
59. Robert O'Brien, "Abortion Court Decision Interpreted by Attorney," *Baptist Press*, January 29, 1973.
60. Gladys Martinez, Kimberly Daniels, and Anjani Chandra, "Fertility of Men and Women Aged 15–44 Years in the United States: National Survey of 9781541675575-text.indd 229 2/1/23 10:54 AM Family Growth, 2006–2010," *National Health Statistics Reports*, no. 51 (April 12, 2012): 4.
61. "About," NotMom, www.thenotmom.com/aboutus.
62. "Testimonials," NotMom, www.thenotmom.com/testimonials.
63. Jennifer Aniston, "For the Record," *HuffPost*, July 12, 2016, www.huff post.com/entry/for-the-record_b_57855586e4b03fc3ee4e626f.
64. See, for example, "Simone de Beauvoir, Author and Intellectual, Dies in Paris at 78," *New York Times*, April 15, 1986, www.nytimes. com/1986/04/15 /obituaries/simone-de-beauvoir-author-and-intellectual-dies-in-paris-at-78 .html; Associated Press, "Feminist Author Simone de Beauvoir Dies," *Los Angeles Times*, April 15, 1986, www.latimes.com/archives/la-xpm-1986-04 -14-mn-3925-story.html; Claude Jannoud, "L'Œuvre: Une vulgarisation plus qu'une creation," *Le Monde*, April 15, 1986.
65. Kate Kirkpatrick, *Becoming Beauvoir: A Life* (New York: Bloomsbury Academic, 2019), 393.

Character, Revelations, and Doctrines of Mother Ann Lee, and the Elders with Her: Through Whom the Word of Eternal Life Was Opened in This Day of Christ's Second Appearing (Albany, NY: Weed, Parsons & Co., Printers, 1888), 13.

39. D'Ann Campbell, "Women's Life in Utopia: The Shaker Experiment in Sexual Equality Reappraised—1810 to 1860," *New England Quarterly* 51, no. 1 (March 1978): 28.
40. Robert Peters, "Ann Lee," in *The Reader's Companion to American History*, eds. Eric Foner and John A. Garraty (Boston: Houghton Mifflin, 1991), 646.
41. Peters, "Ann Lee," 646–647.
42. Campbell, "Women's Life in Utopia," 24–25.
43. John D'Emilio and Estelle B. Freedman, *Intimate Matters: A History of Sexuality in America* (Chicago: University of Chicago Press, 1998), 117.
44. Campbell, "Women's Life in Utopia," 28.
45. William Sims Bainbridge, "Shaker Demographics 1840–1900: An Example of the Use of U.S. Census Enumeration Schedules," *Journal for the Scientific Study of Religion* 21, no. 4 (December 1982): 355.
46. Lilian Faderman, quoted in Ariel Levy, "Lesbian Nation," *New Yorker*, February 22, 2009, www.newyorker.com/magazine/2009/03/02 / lesbian-nation.
47. Rebecca Traister, *All the Single Ladies: Unmarried Women and the Rise of an Independent Nation* (New York: Simon & Schuster, 2016), 21.
48. Susan Brownmiller, *In Our Time: Memoir of a Revolution* (New York: Dial Press, 1999), 82.
49. *The Furies: Lesbian/Feminist Monthly* 1 (January 1972): 1 (archived by Rainbow History Project, Washington, DC, www.rainbowhistory.org / Furies001.pdf).
50. Ruth Rosen, *The World Split Open: How the Modern Women's Movement Changed America* (New York: Viking, 2000), 167–173.
51. Lisa Luetkemeyer and Kimela West, "Paternity Law: Sperm Donors, Surrogate Mothers and Child Custody," *Missouri Journal of Medicine*

18. May, *Barren in the Promised Land*, 189.
19. Ellen Peck, *The Baby Trap* (New York: Pinnacle Books, 1972), 67.
20. Peck, *The Baby Trap*, 10–11.
21. Peck, *The Baby Trap*, 16.
22. Peck, *The Baby Trap*, 22–23.
23. Ellen Peck, "Obituary: Motherhood," *New York Times*, May 13, 1972, www.nytimes.com/1972/05/13/archives/obituary-motherhood.html.
24. Betty Friedan, *The Feminine Mystique* (New York: W. W. Norton, 2016, orig. 1962), 100.
25. Healey, "Rejecting Reproduction," 143.
26. M. Rivka Polatnick, "Diversity in Women's Liberation Ideology: How a Black and a White Group of the 1960s Viewed Motherhood," *Signs* 21, no. 3 (Spring 1996): 688.
27. Sandy Banisky, "Heavy Causes Fill Ellen Peck's Day," *Baltimore Sun*, August 12, 1975.
28. Banisky, "Heavy Causes Fill Ellen Peck's Day."
29. Quoted in Healey, "Rejecting Reproduction," 139.
30. Summary of Non-Parents' Day from Wakefield, "Highlights of a NON-Event," 33–35.
31. Healey, "Rejecting Reproduction," 134–135.
32. Narrative from Wakefield, "Highlights of a NON-Event," 35.
33. Healey, "Rejecting Reproduction," 133.
34. Drut-Davis, *Confessions of a Childfree Woman*, 46.
35. For example, Ellen Mara Nason and Margaret M. Poloma, *Voluntarily Childless Couples: The Emergence of a Variant Lifestyle* (Beverly Hills, CA: Sage Publications, 1976); R. Cooper, B. Cumber, and R. Hartner, "Decision- Making Patterns and Post-Decision Adjustment of Childfree Husbands and Wives," *Alternative Lifestyles* 1, no. 1 (1978): 71–94.
36. This is according to a NON membership survey done in 1976, cited in Healey, "Rejecting Reproduction," 132.
37. Healey, "Rejecting Reproduction," 135.
38. Rufus Bishop, Seth Y. Wells, and Giles B. Avery, *Testimonies of the Life,*

3. Noble and Drut-Davis, "No Regrets."
4. Drut-Davis, *Confessions of a Childfree Woman*, 57.
5. See Shawn G. Kennedy, "Pregnancy and the Single Girl," *New York Times*, December 12, 1976, www.nytimes.com/1976/12/12/archives/long -island-weekly-pregnancy-and-the-single-girl-the-growing.html.
6. Drut-Davis, *Confessions of a Childfree Woman*, 63; Noble and Drut-Davis, "No Regrets."
7. Noble and Drut-Davis, "No Regrets."
8. Drut-Davis, *Confessions of a Childfree Woman*, 65.
9. Elaine Tyler May, *Barren in the Promised Land: Childless Americans and the Pursuit of Happiness* (New York: Basic Books, 1995), 18.
10. Ann Taylor Allen, *Feminism and Motherhood in Western Europe, 1890–1970: The Maternal Dilemma* (New York: Palgrave Macmillan, 2005), 220, 232. See photograph at "Boss of Own Belly," Atria, https://institute-gender equality.org/frames-on-gender/countries/netherlands/boss-of-own-belly.
11. Christina of Markyate's story taken from the most recent translation of her hagiography: C. H. Talbot, ed., *The Life of Christina of Markyate: A Twelfth Century Recluse* (New York: Oxford University Press, 2019).
12. See, for example, Norman Russell, trans., *The Lives of the Desert Fathers* (Kalamazoo, MI: Cistercian Publications, 1981), which is one of my favorite books I read in college.
13. On Hildegard of Bingen, see, for example, Sabina Flanagan, *Hildegard of Bingen: A Visionary Life* (London: Routledge, 1998).
14. *Lesser Feasts and Fasts* (New York: Church Publishing Incorporated, 2019), 438.
15. See, for example, Dan Wakefield, "Highlights of a NON-Event," *New York*, September 9, 1974, 33–35.
16. Jenna Healey, "Rejecting Reproduction: The National Organization for Non-Parents and Childfree Activism in 1970s America," *Journal of Women's History* 28, no. 1 (Spring 2016): 140–142.
17. Pimlico Junior High Alumni, Facebook group, www.facebook.com/groups/48093191715/permalink/10150284397521716.

reproductive-rights.
74. Katherine Kortsmit, Michele G. Mandel, Jennifer A. Reeves, Elizabeth Clark, H. Pamela Pagano, Antoinette Nguyen, Emily E. Petersen, and Maura K. Whiteman, "Abortion Surveillance—United States, 2019," *MMWR Surveillance Summaries* 70, no. SS-9 (2021):1–29, http://dx.doi.org/10.15585 /mmwr.ss7009a1.
75. Scornavacchi, "The Glaring Exception in the Coming Battle Over Reproductive Rights."
76. Alicia Armstrong and Torie C. Plowden, "Ethnicity and Assisted Reproductive Technologies," *Clinical Practice* 9, no. 6 (November 1, 2012): 651–658.
77. May, *Barren in the Promised Land*, 72.
78. James William Kennedy and Archibald Donald Campbell, *Vaginal Hysterectomy* (Philadelphia: F.A. Davis, 1944), 133.
79. Gen. 30:23 (NRSV).
80. Centers for Disease Control and Prevention, *2019 Assisted Reproductive Technology Fertility Clinic Success Rates Report* (Washington, DC: U.S. Department of Health and Human Services, 2021), 26, www.cdc.gov/art /reports/2019/pdf/2019-Report-ART-Fertility-Clinic-National-Summary -h.pdf.
81. This point is borrowed and expanded from Carolyn Morell, *Unwomanly Conduct: The Challenges of Intentional Childlessness* (New York: Routledge, 1994), 56.

第六章　因為我們想要其他人生

1. Zoë Noble and Marcia Drut-Davis, "No Regrets, with 78-Year-Old Childfree Trailblazer Marcia Drut-Davis," March 9, 2021, in *We Are Child- free*, podcast, https://wearechildfree.com/podcast/05-marcia-drut-davis.
2. Marcia Drut-Davis, *Confessions of a Childfree Woman: A Life Spent Swimming Against the Mainstream* (self-pub., 2013), 51.

(New York: Houghton Mifflin, 1993), 30–31.
63. Chuck Johnson and Megan Lestino, *Adoption by the Numbers: A Comprehensive Report of U.S. Adoption Statistics* (Alexandria, VA: National Council for Adoption, 2017), ii.
64. Nicholas K. Park and Patricia Wonch Hill, "Is Adoption an Option? The Role of Importance of Motherhood and Fertility Help-Seeking in Considering Adoption," *Journal of Family Issues* 35, no. 5 (2014): 602.
65. Allen Fisher, "Still 'Not Quite as Good as Having Your Own'? Toward a Sociology of Adoption," *Annual Review of Sociology* 29 (2003): 351–354.
66. Victor Cohn, "U.S. Scientists Urge More Study Before Test-Tube Babies," *Washington Post*, July 27, 1978.
67. "SUPERBABE: Meet Louise, the World's First Test Tube Arrival," *London Evening News*, July 27, 1978.
68. "1st Test Tube Baby Is Born—It's a Girl; Condition 'Excellent,'" *New York Daily News*, July 26, 1978.
69. Ciara Nugent, "What It Was Like to Grow Up as the World's First 'Test-Tube Baby,'" *Time*, July 25, 2018, https://time.com/5344145/louise -brown-test-tube-baby.
70. Robin Marantz Henig, *Pandora's Baby: How the First Test Tube Babies Sparked the Reproductive Revolution* (New York: Houghton Mifflin, 2004), 130, 134, 136, 205.
71. "Abortion Viewed in Moral Terms: Fewer See Stem Cell Research and IVF as Moral Issues," Pew Research Center, August 15, 2013, www .pewforum.org/2013/08/15/abortion-viewed-in-moral-terms/#morality -of-using-in-vitro-fertilization.
72. Quoted in Jennifer Wright, "Why Anti-Choice People Are Okay with IVF," *Harper's Bazaar*, June 14, 2019, www.harpersbazaar.com/culture/politics /a27888471/why-anti-choice-people-against-abortion-are-okay-with-ivf.
73. Emma Scornavacchi, "The Glaring Exception in the Coming Battle Over Reproductive Rights," *New Republic*, August 8, 2018, https://newrepublic .com/article/150545/glaring-exception-coming-battle-

fertility Services: How Much Does Money Matter?" *Health Services Research* 42, no. 3 (June 2007): 976.

52. Smith et al., "Socioeconomic Disparities in the Use and Success of Fertility Treatments," 97, Table 1.
53. Dieke et al., "Disparities in Assisted Reproductive Technology Utilization," 605–608.
54. B. Lunenfeld and A. van Steirteghem, "Infertility in the Third Millennium: Implications for the Individual, Family and Society: Condensed Meet- ing Report from the Bertarelli Foundation's Second Global Conference," *Human Reproduction Update* 10, no. 4 (2004): 321.
55. Marcia C. Inhorn and Pasquale Patrizio, "Infertility Around the Globe: New Thinking on Gender, Reproductive Technologies and Global Movements in the 21st Century," *Human Reproduction Update* 21, no. 4 (March 2015): 414.
56. Measure DHS+, *Infecundity, Infertility, and Childlessness in Developing Countries*, DHS Comparative Reports no. 9 (Calverton, MD: ORC Macro, 2004), 1, www.who.int/publications/m/item/infecundity-infertility -and-childlessness-in-developing-countries---dhs-comparative-reports -no.-9.
57. Kristin L. Rooney and Alice D. Domar, "The Relationship Between Stress and Infertility," *Dialogues in Clinical Neuroscience* 20, no. 1 (March 2018): 41.
58. Gayle Leatherby, "Other Than Mother and Mothers as Others," *Women's Studies International Forum* 22, no. 3 (May 1999): 360.
59. *Oxford English Dictionary* online, s.v. "adoption."
60. Helena M. Wall, *Fierce Communion: Family and Community in Colonial America* (Cambridge, MA: Harvard University Press, 1990), 99.
61. "Planning for Adoption: Knowing the Costs and Resources," Child Welfare Information Gateway, November 2016, www.childwelfare.gov /pubs/s-cost.
62. Elizabeth Bartholet, *Family Bonds: Adoption and the Politics of Parenting*

39. Series A 6-8, "Annual Population Estimates for the United States: 1790 to 1970," in *Historical Statistics of the United States: Colonial Times to 1970* (Washington, DC: US Department of Commerce, 1975), www.census.gov /history/pdf/histstats-colonial-1970.pdf.
40. Ross and Barber, "Slow Suicide Among Our Native Stock," 504.
41. Karen Norrgard, "Human Testing, the Eugenics Movement, and IRBs," *Nature Education* 1, no. 1 (2008): 170.
42. T. G. Thomas, *A Practical Treatise on the Diseases of Women* (Philadelphia: Lea Brothers, 1891), 35, quoted in Margarete Sandelowski, "Failures of Volition: Female Agency and Infertility in Historical Perspective," *Signs* 15, no. 3 (1990): 486.
43. Paul A. Lombardo, ed., *A Century of Eugenics in America: From the Indi- ana Experiment to the Human Genome Era* (Bloomington: Indiana University Press, 2011), 1–7; see also Jason S. Lantzer, "The Indiana Way of Eugenics: Sterilization Laws, 1907–1974," in the same volume.
44. George B. H. Swayze, "Reluctant Pregnancy," *Medical Times*, November 1909, 321, quoted in May, *Barren in the Promised Land*, 72.
45. C. G. Child, *Sterility and Conception* (New York: Appleton, 1931), 12–13.
46. Swayze, "Reluctant Pregnancy," quoted in May, *Barren in the Promised Land*, 72.
47. Charlotte Kroløkke, "ART in the Sun: Assembling Fertility Tourism in the Caribbean," in *Critical Kinship Studies*, eds. Charlotte Kroløkke, Lene Myong, Stine Willum Adrian, and Tine Tjørnhøj-Thomsen (Lanham, MD: Rowman & Littlefield, 2016), 149–152.
48. Simon P. Newman, *A New World of Labor: The Development of Plantation Slavery in the British Atlantic* (Philadelphia: University of Pennsylvania Press, 2013), 54–68, 75.
49. Kroløkke, "ART in the Sun," 153, 162.
50. "State Laws Related to Insurance Coverage for Infertility Treatment," National Conference of State Legislatures, March 12, 2021, www.ncsl.org /research/health/insurance-coverage-for-infertility-laws.aspx.
51. J. Farley Ordovensky Staniec and Natalie J. Webb, "Utilization of In-

24. May, *Barren in the Promised Land*, 43. Quote is from Alexander Hamilton, *A Treatise on the Management of Female Complaints* (New York: Samuel Campbell, 1792), 108–109.
25. Details and quotes from this episode are from A. D. Hard, "Artificial Impregnation," *Medical World* 27 (April 1909): 163–164, https://catalog .hathitrust.org/Record/000060888.
26. Elizabeth Yuko, "The First Artificial Insemination Was an Ethical Nightmare," *The Atlantic*, January 8, 2016, www.theatlantic.com/health /archive/2016/01/first-artificial-insemination/423198.
27. C. L. Egbert, "Regarding Artificial Impregnation," *Medical World* 27 (June 1909): 253, https://catalog.hathitrust.org/Record/000060888.
28. Earnest Bartow, "Impregnation and Religion," *Medical World* 27 (July 1909): 305, https://catalog.hathitrust.org/Record/000060888.
29. Hard, "Artificial Impregnation."
30. Marsh and Ronner, *The Empty Cradle*, 29.
31. See, for example, Thomas W. Carter, "The Morbid Effects of Tight Lacing," *Southern Medical and Surgical Journal* 2, no. 7 (July 1846): 405.
32. James Cassedy, *Medicine and American Growth, 1800–1860* (Madison: University of Wisconsin Press, 1986), 173.
33. George J. Engelmann, "The Increasing Sterility of American Women," *Journal of the American Medical Association* 27 (October 5, 1901): 893.
34. George Engelmann, "The American Girl of Today," *Transactions* 25 (1900): 421, quoted in Marsh and Ronner, *The Empty Cradle*, 86.
35. May, *Barren in the Promised Land*, 73. Quote from "Our Duty to Posterity," *The Independent*, January 4, 1909, 269–271.
36. Edward A. Ross and Roy E. Barber, "Slow Suicide Among Our Native Stock," *Century Magazine*, February 1924, 507–508.
37. Theodore Roosevelt, "On American Motherhood," address before the National Congress of Mothers, March 13, 1905, in Melody Rose, *Abortion: A Documentary and Reference Guide* (Westport, CT: Greenwood Press, 2008), 27.
38. Ross and Barber, "Slow Suicide Among Our Native Stock," 504.

Infertility in Historical Perspective," *Signs* 15, no. 3 (1990): 475–499, quoted in Margaret Marsh and Wanda Ronner, *The Empty Cradle: Infertility in America from Colonial Times to the Present* (Baltimore: Johns Hopkins University Press, 1996), 246.

8. Gen. 30:1 (NRSV).
9. Gen. 16:1 (NRSV).
10. 1 Sam. 1:1–8, 1:14–16 (NRSV).
11. 1 Sam. 1:20–28 (NRSV).
12. Marsh and Ronner, *The Empty Cradle*, 12.
13. Elaine Tyler May, *Barren in the Promised Land: Childless Americans and the Pursuit of Happiness* (New York: Basic Books, 1995), 42–43. Quote from the Diary of Sally Hitchcock Bliss, entry from February 15, 1829, American Antiquarian Society, Worcester, MA.
14. "What Is Infertility?," Infertility FAQs, Centers for Disease Control and Prevention, accessed September 15, 2020, www.cdc.gov/reproductive health/infertility/index.htm.
15. Quoted in Christine Overall, *Ethics and Human Reproduction: A Feminist Analysis* (Winchester, MA: Allen and Unwin, 1987), 141.
16. Marsh and Ronner, *The Empty Cradle*, 12–15, 42; Michael J. Call, *Infertility and the Novels of Sophie Cottin* (Newark: University of Delaware Press, 2002), 56.
17. H. Celcon, "The First Century of Mechanical Electrotherapy," *Physiotherapy* 87, no. 4 (April 2001): 209.
18. Marsh and Ronner, *The Empty Cradle*, 21.
19. Lydia Syson, *Doctor of Love: James Graham and His Celestial Bed* (Surrey, UK: Alma Books, 2008), 418–419, 181, 9–11, 203.
20. Harvey Graham, *Eternal Eve: The History of Gynecology and Obstetrics* (Garden City, NJ: Doubleday, 1951), 371–374.
21. Syson, *Doctor of Love*, 9.
22. Rickie Solinger, *Pregnancy and Power: A Short History of Reproductive Politics in America* (New York: NYU Press, 2007), 59.
23. Frederick Hollick, *The Marriage Guide: Or, Natural History of Generation* (New York: T. W. Strong, 1860), 301.

.com/2021/04/13/opinion/baby-bust-covid-philosophy-natalism.html; see also Anastasia Berg, "Now Is as Good a Time as Any to Start a Family," *New York Times*, April 30, 2020, www.nytimes.com/2020/04/30/opinion /coronavirus-pregnancy.html.

第五章 因為我們不能生

1. Emma Rosenblum, "Later, Baby," *Bloomberg Businessweek*, April 21, 2014, 44–49.
2. Ariana Eunjung Cha, "The Struggle to Conceive with Frozen Eggs," *Washington Post*, January 27, 2018, www.washingtonpost.com/news /national/wp/2018/01/27/feature/she-championed-the-idea-that-freezing -your-eggs-would-free-your-career-but-things-didnt-quite-work-out.
3. "IVF Is Big Business," *Pediatrics* 93, no. 3 (March 1994): 403.
4. Lucy van de Viel, "The Speculative Turn in IVF: Egg Freezing and the Financialization of Fertility," *Critical Studies of Contemporary Biosciences* 39, no. 3 (2020): 306–326.
5. Cha, "The Struggle to Conceive with Frozen Eggs."
6. Ada C. Dieke, Yujia Zhang, Dmitry M. Kissin, Wanda D. Barfield, and Sheree L. Boulet, "Disparities in Assisted Reproductive Technology Utilization by Race and Ethnicity, United States, 2014: A Commentary," *Journal of Women's Health* 26, no. 6 (June 2017): 605–608; James F. Smith, Michael L. Eisenberg, David Glidden, Susan G. Millstein, Marcelle Cedars, Thomas J. Walsh, Jonathan Showstack, Lauri A. Pasch, Nancy Adler, and Patricia P. Katz, "Socioeconomic Disparities in the Use and Success of Fertility Treatments: Analysis of Data from a Prospective Cohort in the United States," *Fertility and Sterility* 96, no. 1 (July 2011): 97, Table 1; Kristin J. Wilson, *Not Trying: Infertility, Childlessness, and Ambivalence* (Nashville, TN: Vanderbilt University Press, 2014), 6–7.
7. Margarete J. Sandelowski, "Failures of Volition: Female Agency and

66. Quoted in Talia Buford, "Thousands Rally to Protest Keystone," *Politico*, February 17, 2013, www.politico.com/story/2013/02/thousands -rally-in-washington-to-protest-keystone-pipeline-087745#ixzz 2LDwj7Myp.
67. Caroline Hickman, Elizabeth Marks, Panu Pihkala, Susan Clayton, R. Eric Lewandowski, Elouise E. Mayall, Britt Wray, Catriona Mellor, and Lise van Susteren, "Young People's Voices on Climate Anxiety, Government Betrayal and Moral Injury: A Global Phenomenon," *The Lancet* (preprint, September 7, 2021): 6, Figure 3, https://ssrn.com/abstract=3918955.
68. Meehan Crist, "Is It Ok to Have a Child?" *London Review of Books* 42, no. 5 (March 5, 2020): www.lrb.co.uk/the-paper/v42/n05/meehan-crist /is-it-ok-to-have-a-child.
69. Sarah Blaffer Hrdy, *Mother Nature: A History of Mothers, Infants, and Natural Selection* (New York: Pantheon Books, 1999), 314.
70. Charles Mann, *1491: New Revelations of the Americas Before Columbus* (New York: Vintage, 2006), 125.
71. Mary Annaïse Heglar, "Climate Change Isn't the First Existential Threat," *Zora*, February 18, 2019, https://zora.medium.com/sorry-yall-but -climate-change-ain-t-the-first-existential-threat-b3c999267aa0.
72. See, for example, Morris Silver, "Births, Marriages, and Business Cycles in the United States," *Journal of Political Economy* 73, no. 3 (1965): 237–255.
73. Ann Taylor Allen, *Feminism and Motherhood in Western Europe, 1890–1970: The Maternal Dilemma* (New York: Palgrave Macmillan, 2005), 9; Hrdy, *Mother Nature*, 316.
74. Quoted in Alan Yuhas, "Don't Expect a Quarantine Baby Boom," *New York Times*, April 8, 2020, www.nytimes.com/2020/04/08/us/coronavirus -baby-boom.html.
75. *Fox & Friends*, February 26, 2019, archived by Media Matters for America, www.mediamatters.org/embed/222969.
76. Tom Whyman, "Why, Despite Everything, You Should Have Kids (If You Want Them)," *New York Times*, April 13, 2021, www.nytimes

quoted in Robertson, *The Malthusian Moment*, 158.
53. Sabin, *The Bet*, 39.
54. "Fertility Rate, Total (Births per Woman)—United States," World Bank, https://data.worldbank.org/indicator/SP.DYN.TFRT.IN?locations=US.
55. Prajakta Gupte, "India: 'The Emergency' and the Politics of Mass Sterilization," *Education About Asia* 22, no. 3 (Winter 2017): 40, 43.
56. Robertson, *The Malthusian Moment*, 188, 193–194.
57. Hodgson and Watkins, "Feminists and Neo-Malthusians," 484; Robertson, *The Malthusian Moment*, 11, 190–191.
58. Walter E. Howard, "The Population Crisis Is Here Now," *BioScience*, September 1969, reprinted in Wes Jackson, *Man and the Environment*, 2nd ed. (Dubuque, IA: William C. Brown, 1973), 189, 191; Robertson, *The Malthusian Moment*, 191.
59. See, for example, Linda Gordon, *Women's Body, Women's Right: Birth Control in America* (New York: Grossman, 1976), 393, 398, 401.
60. See, "Garrett Hardin," Southern Poverty Law Center, www.splcenter.org/fighting-hate/extremist-files/individual/garrett-hardin.
61. Dan Wakefield, "Highlights of a NON-Event," *New York*, September 9, 1974, 34.
62. Naomi Oreskes and Erik M. Conway, *Merchants of Doubt: How a Handful of Scientists Obscured the Truth on Issues from Tobacco Smoke to Global Warming* (New York: Bloomsbury, 2010), 170.
63. Philip Shabecoff, "Global Warming Has Begun, Expert Tells Senate," *New York Times*, June 24, 1988, 1.
64. Bathsheba Demuth, "Against the Tide: The Trump Administration and Climate Change," in *The Presidency of Donald J. Trump: A First Historical Assessment*, ed. Julian E. Zelizer (Princeton, NJ: Princeton University Press, 2022), 183.
65. See Pulitzer Prize–finalist reporting by David Hasemyer and John H. Cushman Jr., "Exxon Sowed Doubt About Climate Science for Decades by Stressing Uncertainty," *Inside Climate News*, October 22, 2015.

31. Hoff, *The State and the Stork*, 178.
32. Paul Sabin, *The Bet: Paul Ehrlich, Julian Simon, and Our Gamble over the Earth's Future* (New Haven, CT: Yale University Press, 2013), 21.
33. Robertson, *The Malthusian Moment*, 135.
34. Robertson, *The Malthusian Moment*, 135–136.
35. Sabin, *The Bet*, 12.
36. Paul R. Ehrlich and Anne H. Ehrlich, "The Population Bomb Revisited," *Electronic Journal of Sustainable Development* 1, no. 3 (2009): 63.
37. Ehrlich, *The Population Bomb*, 3.
38. Hoff, *The State and the Stork*, 179–180; Susan Staggenborg, *The Pro-Choice Movement: Organization and Activism in the Abortion Conflict* (New York: Oxford University Press, 1991), 164.
39. Dennis Hodgson and Susan Cotts Watkins, "Feminists and Neo-Malthusians: Past and Present Alliances," *Population and Development Re- view* 23, no. 3 (September 1997): 475–478.
40. Robert G. Weisbord, *Genocide?: Birth Control and the Black American* (Westport, CT: Greenwood, 1975), 129.
41. Hoff, *The State and the Stork*, 180.
42. Staggenborg, *The Pro-Choice Movement*, 163.
43. Robertson, *The Malthusian Moment*, 173.
44. Hoff, *The State and the Stork*, 180.
45. Robert Rienow, *Moment in the Sun: A Report on the Deteriorating Quality of the American Environment* (New York: Dial Press, 1967), 3.
46. Sabin, *The Bet*, 18–20.
47. Robertson, *The Malthusian Moment*, 160.
48. Robertson, *The Malthusian Moment*, 10, 159.
49. Sabin, *The Bet*, 39.
50. "O and All the Little Babies in the Alameda Gardens, Yes," in *Ecotactics: The Sierra Club Handbook for Environment Activists*, ed. John G. Mitchell (New York: Pocket Books, 1970), 81.
51. Ehrlich, *The Population Bomb*, 140–141.
52. Paul Ehrlich, "Are There Too Many of Us?" *McCall's*, July 1970, 104,

18. Percy Bysshe Shelley, "A Philosophical View of Reform," in *The Complete Works of Percy Bysshe Shelley*, vol. 7 (London: Gordian, 1829), 51.
19. Friedrich Engels, "Outlines of a Critique of Political Economy," in *Eco- nomic and Philosophic Manuscripts of 1844*, by Karl Marx, trans. Martin Milligan (New York: International Publishers, 1964), 219, 199.
20. J. Dupaˆquier, A. Fauve-Chamoux, and E. Grebenik, eds., *Malthus: Past and Present* (Orlando, FL: Academic Press, 1983), 258.
21. F. D'arcy, "The Malthusian League and Resistance to Birth Control Propaganda in Late Victorian Britain," *Population Studies* 31, no. 3 (November 1977): 433.
22. Charles Knowlton, *The Fruits of Philosophy: An Essay on the Population Question*, continental edition (Rotterdam: Van Der Hoven and Buys, 1877; digitized 2013 by the National Library of the Netherlands), 14.
23. Juan Martinez-Allier, *The Environmentalism of the Poor: A Study of Eco- logical Conflicts and Valuation* (Cheltenham, UK: Edward Elgar Publishing, 2009), 47–48.
24. Martinez-Allier, *The Environmentalism of the Poor*, 51–53.
25. Annie Besant, *Annie Besant: An Autobiography* (1893), 81.
26. F. H. Amphlett-Micklewright, "The Rise and Decline of English Neo-Malthusianism," *Population Studies* 15 (July 1961): 39–40.
27. Amphlett-Micklewright, "The Rise and Decline of English Neo-Malthusianism," 39–40.
28. "Annie Besant Cremated," *New York Times*, September 22, 1933, www.nytimes.com/1933/09/22/archives/annie-besant-cremated-theosophist-leaders-body-put-on-pyre-on-river.html.
29. *Mabel Emily Besant-Scott (ne´e Besant)*, unknown photographer, circa 1878, albumen carte-de-visite, 31/2 x 23/8 in. (90 mm x 61 mm), National Portrait Gallery, London, www.npg.org.uk/collections/search/portrait /mw189854.
30. Donald J. Bogue, "Population Growth in the United States," in *The Population Dilemma*, ed. Philip M. Hauser (Englewood Cliffs, NJ: Prentice- Hall, 1963), 92.

3. City of Phoenix, "Phoenix Growth," www.phoenix.gov/budgetsite / Documents/2013Sum%20Community%20Profile%20and%20 Trends.pdf.
4. "Phoenix Rainfall Index," National Weather Service, accessed July 2, 2021, www.weather.gov/psr/PRI.
5. "Population by County, 1860–2000," Bay Area Census, accessed July 2, 2021, www.bayareacensus.ca.gov/historical/copop18602000.htm.
6. For a history of the 1991 Oakland Hills Tunnel Fire, see Gregory Simon, *Flame and Fortune in the American West: Urban Development, Environmental Change, and the Great Oakland Hills Fire* (Berkeley: University of California Press, 2017).
7. Paul Ehrlich, *The Population Bomb* (New York: Ballantine Books, 1968), 1.
8. Derek Hoff, *The State and the Stork: The Population Debate and Policy Making in US History* (Chicago: University of Chicago Press, 2012), 178–179.
9. Robertson, *The Malthusian Moment*, 162.
10. Robertson, *The Malthusian Moment*, 153, 165.
11. Nick Watts et al., "The 2019 Report of the Lancet Countdown on Health and Climate Change: Ensuring that the Health of a Child Born Today Is Not Defined by a Changing Climate," *The Lancet* 394, no. 10211 (November 16, 2019): 1836–1878.
12. William Petersen, *Malthus: The Founder of Modern Democracy* (Cambridge, MA: Harvard University Press, 1979), 21.
13. Robert Mayhew, *Malthus: The Life and Legacies of an Untimely Prophet* (Cambridge, MA: Belknap, 2014), 58.
14. Mayhew, *Malthus: The Life and Legacies*, 60–62.
15. Elinor Accampo, *Blessed Motherhood, Bitter Fruit: Nelly Roussel and the Politics of Female Pain in the Third Republic France* (Baltimore: Johns Hopkins University Press, 2006), 4.
16. Thomas Malthus, *An Essay on the Principle of Population*, vol. 1 (1809), 2–4, 16.
17. Mayhew, *Malthus: The Life and Legacies*, 85.

(Berkeley: University of California Press, 1988), 87.

67. Bill Chappell, “U.S. Births Fell to a 32-Year Low in 2018; CDC Says Birthrate Is in Record Slump,” NPR, May 15, 2019, www.npr.org/2019/05/15/723518379/u-s-births-fell-to-a-32-year-low-in-2018-cdc -says-birthrate-is-at-record-level.
68. Claudia Goldin, Sari Pekkala Kerr, Claudia Olivetti, and Erling Barth, “The Expanding Gender Earnings Gap: Evidence from the LEHD-2000 Census,” *American Economic Review* 107, no. 5 (2017): 110.
69. Sabrina Tavernise, Claire Cain Miller, Quoctrung Bui, and Robert Gebeloff, “Why American Women Everywhere Are Delaying Motherhood,” *New York Times*, June 16, 2021, www.nytimes.com/2021/06/16/us/declining -birthrate-motherhood.html.
70. Ann Chemin, “France's Baby Boom Secret: Get Women into Work and Ditch Rigid Family Norms,” *The Guardian*, March 21, 2015, www.the guardian.com/world/2015/mar/21/france-population-europe-fertility-rate; Jenny Brown, *Birthstrike: The Hidden Fight Over Women's Work* (Oakland, CA: PM Press, 2019), 17, 26.
71. Steffen Kröhnert (rendered phonetically as Stephan Gruenert), interviewed by Rachel Martin, “Germany Frets About Women in Shrinking Work Force,” *Morning Edition*, National Public Radio, May 24, 2006, www .npr.org/templates/story/story.php?storyId=5427278.

第四章　因為地球

1. Stephanie Mills, “Mills College Valedictory Address,” in *American Earth: Environmental Writing Since Thoreau*, ed. Bill McKibben (New York: Library of America, 2008), 470. Cited in Thomas Robertson, *The Malthusian Moment: Global Population Growth and the Birth of American Environmentalism* (New Brunswick, NJ: Rutgers University Press, 2012), 1, 162.
2. Edward Valauskas, “FM Interviews: Stephanie Mills,” *First Monday* 7, no. 6 (June 2002): https://doi.org/10.5210/fm.v7i6.965.

2004), 215.
57. Patricia A. McBroom, *The Third Sex: The New Professional Woman* (New York: W. Morrow, 1986), 23, 236–238.
58. US Bureau of Labor Statistics, "Women in the Labor Force, 1970–2009," *Economics Daily* (blog), January 5, 2011, www.bls.gov/opub/ted/2011 /ted_20110105.htm?view_full.
59. US Bureau of Labor Statistics, "Employment Characteristics of Families Summary," news release, April 20, 2022, www.bls.gov/news.release /famee.nr0.htm.
60. Gretchen Livingston, "Is U.S. Fertility at an All-Time Low? Two of Three Measures Point to Yes," Pew Research Center, May 22, 2019, www .pewresearch.org/fact-tank/2019/05/22/u-s-fertility-rate-explained; Claire Cain Miller and Liz Alderman, "Why U.S. Women Are Leaving Jobs Be- hind," *New York Times*, December 12, 2014, www.nytimes.com/2014/12/14 /upshot/us-employment-women-not-working.html.
61. May, *Barren in the Promised Land*, 12; Tomas Sobotka, Vegard Skirbekk, and Dimiter Philipov, "Economic Recession and Fertility in the Developed World," *Population and Development Review* 32, no. 2 (June 2011): 270.
62. Robert Boyd, "Racial Differences in Childlessness: A Centennial Review," *Sociological Perspectives* 32, no. 2 (Summer, 1989): 185 (Figure 2).
63. Boyd, "Racial Differences in Childlessness," 188–189.
64. Alexis Yamokoski and Lisa A. Keister, "The Wealth of Single Women: Marital Status and Parenthood in the Asset Accumulation of Young Baby Boomers in the United States," *Feminist Economics* 12, no. 1–2 (January/April 2006): 167–194.
65. Morell, *Unwomanly Conduct*, 19.
66. S. Philip Morgan, "Late Nineteenth- and Early Twentieth-Century Childlessness," *American Journal of Sociology* 97, no. 3 (November 1991): 803; Ronald B. Rindfuss, S. Philip Morgan, and Gray Swicegood, *First Births in America: Changes in the Timing of Parenthood*

1990), 14 4 –14 5 .
48. Elizabeth Cady Stanton to Susan B. Anthony, Seneca Falls, December 1, 1853, www.rochester.edu/sba/suffrage-history/susan-b-anthony-and-elizabeth-cady-stanton-their-words.
49. "Elizabeth Cady Stanton Dies at Her Home," *New York Times*, October 27, 1902.
50. Dolores Hayden, *The Grand Domestic Revolution: A History of Feminist Designs for American Homes, Neighborhoods, and Cities* (Cambridge, MA: MIT Press, 1982), 3.
51. Megan McDonald Way, *Family Economics and Public Policy, 1800s–Present* (New York: Palgrave Macmillan, 2018), 152.
52. "The Brandeis Brief," submitted to the Supreme Court of the United States, October 1907, in regard to *Muller v. Oregon*, 208 U.S. 412 (archived by Louis D. Brandeis School of Law Library), https://louisville .edu/law/library/special-collections/the-louis-d.-brandeis-collection /the-brandeis-brief-in-its-entirety.
53. Muller v. Oregon, 208 U.S. 412 (1908).
54. Section 213 of the Economy Act of 1932 is discussed in detail in Lois Scharf, *To Work and to Wed: Female Employment, Feminism, and the Great Depression* (Westport, CT: Greenwood Press, 1980), 45–53; see also John Thomas McGuire, "'The Most Unjust Piece of Legislation': Section 213 of the Economy Act of 1932 and Feminism During the New Deal," *Journal of Policy History* 20, no. 4 (November 4, 2008): 516–541.
55. *Journal of Proceedings of the Sixty-Second Session of the Wisconsin State Legislature*, vol. 3 (Madison, WI: Democrat Printing Company, 1935), 2403, https://books.google.com/books?id=mZJsAAAAMAAJ&lpg=PA2403& dq=married%20women%20work&pg=PA2403#v=onepage &q=married %20women%20work&f=false.
56. Elaine Tyler May, *Barren in the Promised Land: Childless Americans and the Pursuit of Happiness* (New York: Basic Books, 1995), 81; Dorothy Sue Cobble, *The Other Women's Movement: Workplace Justice and Social Rights in Mod- ern America* (Princeton, NJ: Princeton University Press,

OH: Meridian, 1966), 66–67, quoted in Ann Taylor Allen, *Feminism and Motherhood in Western Europe, 1890–1970: The Maternal Dilemma* (New York: Palgrave Macmillan, 2005), 232.

37. "A Conversation with Simone de Beauvoir," in Betty Friedan, *"It Changed My Life": Writings on the Women's Movement* (Cambridge, MA: Harvard University Press, 1998), 399.
38. Carolyn Morell, *Unwomanly Conduct: The Challenges of Intentional Childlessness* (New York: Routledge, 1994), 63.
39. Robin J. Ely, Pamela Stone, and Colleen Ammerman, "Rethink What You 'Know' About High-Achieving Women," *Harvard Business Review*, December 2014, https://hbr.org/2014/12/rethink-what-you-know -about-high-achieving-women.
40. See, for example, Alice Clark, *Working Life of Women in the Seventeenth Century* (New York: A. M. Kelly, 1968); Ivy Pinchbeck, *Women Workers and the Industrial Revolution, 1750–1850* (London: George Routledge & Sons, 1930); Lawrence Stone, *The Family, Sex and Marriage in England, 1500–1800* (New York: Harper & Row, 1977); Martha Howell, *Women, Production, and Patriarchy in Late Medieval Cities* (Chicago: University of Chicago Press, 1987).
41. This "golden era" is (somewhat sarcastically) sketched out by Friedrich Engels, *The Condition of the Working Class in England* (New York, 1887), 16–17.
42. E. P. Thompson, *The Making of the English Working Class* (New York: Pantheon Books, 1964), 416.
43. De Vries, *The Industrious Revolution*, 11.
44. See, e.g., Louise Tilly and Joan Scott, *Women, Work, and Family* (New York: Routledge, 1989).
45. Davidoff and Hall, *Family Fortunes*, 312–313.
46. Sarah Stickney Ellis, *The Women of England: Their Social Duties, and Domestic Habits* (1839), 463, quoted in Davidoff and Hall, *Family Fortunes*, 315.
47. Jeanne Boydston, *Home and Work: Housework, Wages, and the Ideology of Labor in the Early Republic* (New York: Oxford University Press,

University Press, 1996), 32.
22. See Jan de Vries, *The Industrious Revolution: Consumer Behavior and the Household Economy, 1650 to the Present* (New York: Cambridge University Press, 2008), esp. chapter 5; Lenore Davidoff and Catherine Hall, *Family Fortunes: Men and Women of the English Middle Class, 1780–1850* (New York: Routledge, 1987), 182.
23. De Vries, *The Industrious Revolution*, 237.
24. Stephanie Coontz, *The Way We Never Were: American Families and the Nostalgia Trap* (New York: Basic Books, 2016), 31.
25. Bureau of Labor Statistics, "Employment Characteristics of Families—2020," Bureau of Labor Statistics, news release, April 21, 2021, www.bls.gov/news.release/pdf/famee.pdf.
26. "The Harried Life of the Working Mother," Pew Research Cen- ter, October 1, 2009, www.pewresearch.org/social-trends/2009/10/01/the-harried-life-of-the-working-mother.
27. See Dan A. Black, Natalia Kolesnikova, Seth G. Sanders, and Lowell J. Taylor, "Are Children 'Normal'?" *Review of Economic Statistics* 95, no. 1 (March 2013): 21–33.
28. Deirdre Bair, *Simone de Beauvoir: A Biography* (New York: Touchstone, 1990), 60.
29. Bair, *Simone de Beauvoir*, 155–158.
30. Louis Menand, "Stand by Your Man," *New Yorker*, September 18, 2005, www.newyorker.com/magazine/2005/09/26/stand-by-your-man.
31. Judith Butler, "Sex and Gender in Simone de Beauvoir's Second Sex," *Yale French Studies* no. 72 (1986): 35–49.
32. Simone de Beauvoir, *The Second Sex*, trans. Constance Borde and Sheila Malovany-Chevallier (New York: Vintage, 2011), 283.
33. Beauvoir, *The Second Sex*, 556, 565, 524–536.
34. Beauvoir, *The Second Sex*, 181.
35. Alice S. Rossi, *The Feminist Papers: From Adams to De Beauvoir* (Boston: Northeastern University Press, 1988), 673–674.
36. Simone de Beauvoir, *The Prime of Life*, trans. Peter Green (Cleveland,

9. Quoted in William Safire, "The Way We Live Now: 3-18-01: On Language; Having It All," *New York Times*, March 18, 2001, www.nytimes.com/2001/03/18/magazine/the-way-we-live-now-3-18-01-on-language-having -it-all.html.
10. Scanlon, *Bad Girls Go Everywhere*, 184–185.
11. Helen Gurley Brown, *Having It All: Love, Success, Sex, Money* (New York: Simon & Schuster, 1982), 90–91.
12. Szalai, "The Complicated History of 'Having It All.'"
13. Anne-Marie Slaughter, "Why Women Still Can't Have It All," *The Atlantic*, July/August 2012.
14. Laurel Wamsley, "Michelle Obama's Take on 'Lean In'? 'That &#%! Doesn't Work'," NPR, December 3, 2018, www.npr.org/2018/12/03/67289 8216/michelle-obamas-take-on-lean-in-that-doesn-t-work.
15. Carrie L. Lukas, *The Politically Incorrect Guide to Women, Sex, and Feminism* (Washington, DC: Regnery, 2006), 141.
16. Quoted in Danielle Paquette, "Mike Pence Has Mocked Working Moms: 'Sure, You Can Have It All.'" *Washington Post*, July 19, 2016, www .washingtonpost.com/news/wonk/wp/2016/07/19/mike-pence-has-mocked -working-moms-sure-you-can-have-it-all.
17. See, for example, Sheryl Sandberg, *Lean In: Women, Work, and the Will to Lead* (New York: Knopf Doubleday, 2013).
18. "Kim Kardashian's Business Advice: 'Get Your F**king Ass Up and Work'," *Variety*, video, 5:54, March 9, 2022, www.youtube.com/watch?v =XX2izzshRmI&t=353s.
19. Rebecca Onion, "The 'Women Can Have It All' Narrative Around Amy Coney Barrett Is a Trap," *Slate*, October 1, 2020, https://slate.com/news -and-politics/2020/10/amy-coney-barrett-and-the-women-can-have-it-all -trap.html.
20. Lisa Belkin, "Judging Women," *New York Times*, May 10, 2010, www .nytimes.com/2010/05/23/magazine/23FOB-wwln-t.html.
21. Margaret Marsh and Wanda Ronner, *The Empty Cradle: Infertility in America from Colonial Times to the Present* (Baltimore: Johns Hopkins

the Carrie Steele-Pitts Home," *Atlanta Journal-Constitution*, June 8, 2010, www.ajc.com/news/local/ollivette-eugenia-smith-allison-great-mother-the-carrie-steele-pitts-home/hUXT003kHFF1syqx9QqccI.
72. "CSPH: A Rich History."
73. Andrew Karch, *Early Start: Preschool Politics in the United States* (Ann Arbor: University of Michigan Press, 2013), 66–69, 81.
74. Karch, *Early Start*, 82–83; "Veto of the Economic Opportunity Amendments of 1971," S. Doc. 92-48, 92nd Cong., 1st Sess. (1971), 3 (archived by the American Presidency Project, University of California, Santa Barbara).
75. Quoted in Stanlie M. James, "Mothering: A Possible Black Feminist Link to Social Transformation," in *Theorizing Black Feminisms: The Visionary Pragmatism of Black Women*, eds. Stanlie M. James and Abena P. A. Busia (New York: Routledge, 1993), 44.

第三章　因為我們無法擁有一切

1. Helen Gurley Brown, *Sex and the Single Girl* (New York: Bernard Geis, 1962), 257.
2. Jennifer Scanlon, *Bad Girls Go Everywhere: The Life of Helen Gurley Brown* (New York: Oxford University Press, 2009), 15–22.
3. Scanlon, *Bad Girls Go Everywhere*, 119, 178.
4. "'Cosmo' Editor Helen Gurley Brown Dies at 90," NPR, August 13, 2012, www.npr.org/transcripts/158712834.
5. Taken from Dwight Garner's review, "Biography of Helen Gurley Brown, the Original Carrie Bradshaw," *New York Times*, April 21, 2009, www.nytimes.com/2009/04/22/books/22garn.html.
6. Scanlon, *Bad Girls Go Everywhere*, 106.
7. Jennifer Szalai, "The Complicated History of 'Having It All'," *New York Times Magazine*, January 2, 2015.
8. Wendy Wasserstein, act 2, scene 3, in *Isn't It Romantic* (New York: Nelson Doubleday, 1984), 66.

Soundings 55, no. 1 (Spring 1972): 28.

55. Stone, *The Family*, 7.
56. Heman Humphrey, *Domestic Education* (Amherst, MA, 1840), 16, quoted in Jodi Vandenberg-Daves, *Modern Motherhood: An American History* (New Brunswick, NJ: Rutgers University Press, 2014), 23.
57. Lewis Henry Morgan, *Systems of Consanguinity and Affinity of the Human Family* (Washington, DC: Smithsonian, 1871), xxii.
58. Kim TallBear, "Making Love and Relations Beyond Settler Sex and Family," in *Making Kin Not Population*, eds. Adele E. Clarke and Donna Har- away (Chicago: Prickly Paradigm Press, 2018), 148.
59. Anderson, "Affirmations of an Indigenous Feminist," 83.
60. TallBear, "Making Love," 146–148.
61. Leith Mullings and Alaka Wali, *Stress and Resilience: The Social Context of Reproduction in Central Harlem* (New York: Kluwer Academic/ Plenum Publishers, 2001), 1–3.
62. Mullings and Wali, *Stress and Resilience*, 3–6; Collins, *Black Feminist Thought*, 196; Ruha Benjamin, "Black Afterlives Matter," in *Making Kin Not Population*, 61.
63. Leith Mullings, *On Our Own Terms: Race, Class, and Gender in the Lives of African American Women* (New York: Routledge, 1997), 93.
64. Mullings and Wali, *Stress and Resilience*, 29.
65. Collins, *Black Feminist Thought*, 196, 198.
66. Ellen Cantarow and O'Malley, *Moving the Mountain*, 61.
67. Edward Randolph Carter, *The Black Side: A Partial History of the Business, Religious and Educational Side of the Negro in Atlanta, Ga.* (Atlanta, 1894), 35–36.
68. Collins, *Black Feminist Thought*, 195.
69. "CSPH: A Rich History," Carrie Steele-Pitts Home, www.csph.org / history.
70. W. E. B. Du Bois, ed., *Some Efforts of American Negroes for Their Own Social Betterment* (Cambridge, MA: Harvard University Press, 1898), 60–61.
71. Rick Badie, "Ollivette Eugenia Smith Allison, 86: 'Great Mother' at

tank/2015/01/15/for-most-highly-educated-women-motherhood-doesnt-start-until-the-30s.
43. Niara Sudarkasa, "Reflections on Motherhood in Nuclear and Extended Families in Africa and the United States," in *Extended Families in Africa and the African Diaspora*, eds. Osei-Mensah Aborampah and Niara Sudarkasa (Trenton, NJ: Africa World Press, 2011), 46, 51.
44. Carol B. Stack, *All Our Kin: Strategies for Survival in a Black Community* (New York: Basic Books, 1974), xiii.
45. Stack, *All Our Kin*, 60–62, 66.
46. Stack, *All Our Kin*, 74–75, 85.
47. Patricia Hill Collins, "The Meaning of Motherhood in Black Culture and Black Mother-Daughter Relationships," *Sage* 4, no. 2 (Fall 1987): 4; Collins, *Black Feminist Thought*, 195.
48. Andrea G. Hunter, "Counting on Grandmothers: Black Mothers' and Fathers' Reliance on Grandmothers for Parenting Support," *Journal of Fam- ily Issues* 18, no. 3 (May 1997): 265; Collins, *Black Feminist Thought*, 192–198.
49. George C. Williams, "Pleiotropy, Natural Selection, and the Evolution of Senescence," *Evolution* 11, no. 4 (December 1957): 407–408.
50. John Hajnal, "European Marriage Patterns in Perspective," in *Population in History: Essays in Historical Demography*, eds. D. V. Glass and D. E. C Eversley (New Brunswick, NJ: Transaction Publishers, 1965), 101.
51. Jan Luiten van Zanden, Tine De Moor, and Sarah Carmichael, *Capital Women: The European Marriage Pattern, Female Empowerment, and Economic Development in Western Europe, 1300–1800* (New York: Oxford University Press, 2019), 5, 21–25, 38–40.
52. Josef Ehmer, "The Significance of Looking Back: Fertility Before the 'Fertility Decline,'" *Historical Social Research/Historische Sozialforschung* 36, no. 2 (2011): 24.
53. Marsh and Ronner, *The Empty Cradle*, 19.
54. From a contribution titled "Home" in *Ladies Magazine*, May 1830, quoted in Kirk Jeffrey, "The Family as Utopian Retreat from the City,"

24. Lawrence Stone, *The Family, Sex and Marriage in England, 1500–1800* (New York: Harper & Row, 1977), 6.
25. Carroll Smith-Rosenberg, "The Female World of Love and Ritual: Relations Between Women in Nineteenth-Century America," *Signs* 1, no. 1 (October 1975): 1–29.
26. Marsh and Ronner, *The Empty Cradle*, 17.
27. Mary Ann Mason, *From Father's Property to Children's Rights: The His- tory of Child Custody in the United States* (New York: Columbia University Press, 1994), 39.
28. Wall, *Fierce Communion*, 97–98.
29. Robert Wells, *Revolutions in Americans' Lives: A Demographic Perspective on the History of Americans, Their Families, and Their Society* (Westport, CT: Greenwood Press, 1982), 50–51.
30. Stone, *The Family*, 4; Wall, *Fierce Communion*, 127; Marsh and Ronner, *The Empty Cradle*, 10–11, 17–19.
31. Ransby, *Ella Baker*, 64–65.
32. Payne, "Ella Baker and Models of Social Change," 887.
33. Aprele Elliott, "Ella Baker: Free Agent in the Civil Rights Movement," *Journal of Black Studies* 26, no. 5 (May 1996): 595.
34. Quoted in Juan Williams, *Eyes on the Prize: America's Civil Rights Years, 1954–1965* (New York: Penguin, 2013), 180.
35. Raymond Arsenault, *Freedom Riders: 1961 and the Struggle for Justice* (New York: Oxford University Press, 2006), 153–157.
36. Payne, "Ella Baker and Models of Social Change," 888.
37. Baker, interview with Sue Thrasher, April 19, 1977; Payne, "Ella Baker and Models of Social Change," 888; see also Ransby, *Ella Baker*, 120.
38. Ransby, *Ella Baker*, 34, 145.
39. Ransby, *Ella Baker*, 145.
40. Baker, interview with Sue Thrasher, April 19, 1977.
41. Ransby, *Ella Baker*, 254–255.
42. See, for example, Gretchen Livingston, "For Most Highly Educated Women, Motherhood Doesn't Start Until the 30s," Pew Research Center, January 15, 2015, www.pewresearch.org/fact-

12. Helena M. Wall, *Fierce Communion: Family and Community in Colonial America* (Cambridge, MA: Harvard University Press, 1990), 8.
13. Collins, *Black Feminist Thought*, 55; see also James H. Sweet, *Domingos A´lvarez, African Healing, and the Intellectual History of the Atlantic World* (Chapel Hill: University of North Carolina Press, 2013), 33.
14. Kim Anderson, "Affirmations of an Indigenous Feminist," in *Indigenous Women and Feminism: Politics, Activism, Culture*, eds. Cheryl Suzack, Shari M. Huhndorf, Jeanne Perreault, and Jean Barman (Vancouver: University of British Columbia Press, 2010), 83.
15. Sacha C. Engelhardt, Patrick Bergeron, Alain Gagnon, Lisa Dillon, and Fanie Pelletier, "Using Geographic Distance as a Potential Proxy for Help in the Assessment of the Grandmother Hypothesis," *Cur- rent Biology* 29 (2019): 652–653; Jonathan Lambert, "Living Near Your Grandmother Has Evolutionary Benefits," NPR, February 7, 2019, www .npr.org/sections/goatsandsoda/2019/02/07/692088371/living-near -your-grandmother-has-evolutionary-benefits.
16. Biography of Le Play in *Fifty Key Sociologists: The Formative Theorists*, ed. John Scott (New York: Routledge, 2007), 70.
17. Oxford English Dictionary cites the first use of the term from Malinowski's 1924 text *Psyche*, *Oxford English Dictionary* online, s.v. "nuclear family," accessed June 29, 2021.
18. William M. Fowler, *The Baron of Beacon Hill: A Biography of John Hancock* (Boston: Houghton Mifflin, 1980), 10–11, 13–14.
19. Marsh and Ronner, *The Empty Cradle*, 18.
20. 100,000 pounds sterling in 1764 is equivalent to well over $19 million today. Eric W. Nye, "Pounds Sterling to Dollars: Historical Conversion of Currency," accessed November 18, 2020, www.uwyo.edu/numimage /currency.htm.
21. Fowler, *The Baron of Beacon Hill*, 49.
22. Tamara K. Hareven, "The History of the Family and the Complexity of Social Change," *American Historical Review* 96, no. 1 (February 1991): 104.
23. Wall, *Fierce Communion*, 14.

第二章 因為我們會孤立無援

1. Barbara Ransby, *Ella Baker and the Black Freedom Movement: A Radical Democratic Vision* (Chapel Hill: University of North Carolina Press, 2003), 37–40.
2. Ella Baker, interview with Sue Thrasher, April 19, 1977, interview G-0008, Southern Oral History Program Collection #4007, Southern Historical Collection, Wilson Library, University of North Carolina at Chapel Hill, https://docsouth.unc.edu/sohp/G-0008/excerpts/excerpt_8569.html.
3. Ransby, *Ella Baker*, 29.
4. Charles Payne, "Ella Baker and Models of Social Change," *Signs* 14, no. 4 (Summer 1989): 886.
5. Ellen Cantarow and Susan O'Malley, *Moving the Mountain: Women Working for Social Change* (Old Westbury, NY: Feminist Press, 1980), 58.
6. Payne, "Ella Baker and Models of Social Change," 886.
7. Patricia Hill Collins, *Black Feminist Thought: Knowledge, Consciousness, and the Politics of Empowerment* (New York: Routledge, 2000), 194; Cantarow and O'Malley, *Moving the Mountain*, 59.
8. Collins, *Black Feminist Thought*, 53.
9. W. Dale Nelson, "Quayle Says He'd Support Daughter on Any Abortion Decision," Associated Press, July 23, 1992, https://apnews.com/article /c3a19b8dd82a54646b424ef6a651d2c3.
10. Ann Hartman, "Murphy Brown, Dan Quayle, and the American Family," *Social Work* 37, no. 5 (September 1992): 387–388.
11. James Danforth Quayle III, "Murphy Brown Speech," May 19, 1992 (archived by Voices of Democracy: The U.S. Oratory Project, University of Maryland), https://voicesofdemocracy.umd.edu/quayle-murphy-brown -speech-text; Andrew Rosenthal, "Quayle Attacks a 'Cultural Elite,' Saying It Mocks Nation's Values," *New York Times*, June 10, 1992, A1, www.nytimes .com/1992/06/10/us/1992-campaign-quayle-attacks-cultural-elite-saying -it-mocks-nation-s-values.html.

46. Werbel, *Lust on Trial*, 127–128.
47. Jonathan Eig, *The Birth of the Pill: How Four Crusaders Reinvented Sex and Launched a Revolution* (New York: W.W. Norton, 2014), 257, 265, 313.
48. Eisenstadt v. Baird, 405 U.S. 438 (1972), 453.
49. Centers for Disease Control and Prevention, "Achievements in Public Health, 1900–1999: Healthier Mothers and Babies," *Morbidity and Mortality Weekly Report* 48, no. 38 (October 1, 1999): 849–858.
50. Caroline S. Carlin, Angela R. Fertig, and Bryan E. Dowd, "Affordable Care Act's Mandate Eliminating Contraceptive Cost Sharing Influenced Choices of Women with Employer Coverage," *Health Affairs* 35, no. 9 (September 2016); Sue Ricketts, Greta Klingler, and Renee Schwalberg, "Game Change in Colorado: Widespread Use of Long-Acting Reversible Contraceptives and Rapid Decline in Births Among Young, Low-Income Women," *Perspectives on Sexual and Reproductive Health* 46, no. 3 (September 2014): 125–132.
51. "About Teen Pregnancy," Reproductive Health: Teen Pregnancy, Centers for Disease Control and Prevention, last modified November 15, 2021, www.cdc.gov/teenpregnancy/about/index.htm.
52. Stories about delayed care were widely reported in the weeks after the *Dobbs* decision. For example, Frances Stead Sellers and Fenit Nirappil, "Confusion Post-Roe Spurs Delays, Denials for Some Lifesaving Pregnancy Care," *Washington Post*, July 16, 2022, www.washingtonpost.com /health/2022/07/16/abortion-miscarriage-ectopic-pregnancy-care.
53. S. Philip Morgan, "Late Nineteenth- and Early Twentieth-Century Childlessness," *American Journal of Sociology* 97, no. 3 (November 1991): 779.
54. Rachel Benson Gold, "Lessons from Before Roe: Will Past Be Prologue?," *Guttmacher Policy Review* 6, no. 1 (March 2003): 8.

Education and Labor Committee, *Report of the Committee of the Senate Upon the Relations Between Capital and Labor* (Washington, DC: Government Printing Office, 1885), 597, https://hdl.handle.net/2027/pst.000006655358.

34. Mary Alden Hopkins, "Birth Control and Public Morals: An Interview with Anthony Comstock," *Harper's Weekly*, May 22, 1915 (archived by Pluralism and Unity Project, Michigan State University), www.expo98.msu.edu /people/comstock.htm.
35. Amy Werbel, *Lust on Trial: Censorship and the Rise of American Obscenity in the Age of Anthony Comstock* (New York: Columbia University Press, 2018), 15.
36. Werbel, *Lust on Trial*, 267.
37. Amendment to the Comstock Act, ch. 186, 5 1, 19 stat. 90 (1876), 42. 3 Q.B. 360 (1868).
38. "Debated In Senate," February 20, 1873, Cong. Globe, 42nd Cong., 2nd Sess., 1525 (1873).
39. "Amended and Passed House," March 1, 1873, Cong. Globe, 42nd Congress, 2nd Sess., 2005 (1873).
40. Hopkins, "Birth Control and Public Morals."
41. Werbel, *Lust on Trial*, 90.
42. Brodie, *Contraception and Abortion*, 281.
43. Hopkins, "Birth Control and Public Morals."
44. Browder, *The Wickedest Woman in New York*, 185; Werbel, *Lust on Trial*, 306.
45. Statement by Joseph Earle Moore (Joint Army and Navy Committee, Conference of Morale Officers, Washington, DC, February 25–28, 1941); "Classified List of Social Hygiene Pamphlets—February 1944," Publications A–D, Records of the Office of Community War Services, Record Group 215, National Archives Building, College Park, MD, cited in Madeleine L. Gaiser, "The Other 'VD': The Educational Campaign to Reduce Venereal Disease Rate During World War II" (thesis, Gettysburg College, 2016), https://cupola.gettysburg.edu/student_scholarship/475.

Texts of Jewish Law (Northvale, NJ: J. Aronson, 1998), 169–170.
20. Soranus of Ephesius, *Soranus' Gynecology*, trans. Owsei Temkin (Baltimore: Johns Hopkins University Press: 1991), 60–66.
21. Ludwig Edelstein, *The Hippocratic Oath: Text, Translation, and Interpretation* (Baltimore: Johns Hopkins Press, 1943), 6; Hippocrates of Cos, "Nature of the Child," in *Hippocrates*, trans. Paul Potter, vol. 10 (Cambridge, MA: Harvard University Press, 2014), 36–37.
22. Taylor, *The Prehistory of Sex*, 88–91.
23. Ehmer, "The Significance of Looking Back," 27.
24. Gen. 38:9 (NRSV); These (and more!) can be found in Gigi Santow, "Coitus Interruptus and the Control of Natural Fertility," *Population Studies* 49, no. 1 (March 1995): 35–37.
25. Simon Szreter and Eilidh Garrett, "Reproduction, Compositional Demography, and Economic Growth: Family Planning in England Long Before the Fertility Decline," *Population and Development Review* 26, no. 1 (March 2000): 57.
26. Ann Taylor Allen, *Feminism and Motherhood in Western Europe, 1890–1970: The Maternal Dilemma* (New York: Palgrave Macmillan, 2005), 11.
27. Judith Walzer Leavitt, *Brought to Bed: Childbearing in America, 1750–1950* (New York: Oxford University Press, 1986), 19.
28. Margaret Marsh and Wanda Ronner, *The Empty Cradle: Infertility in America from Colonial Times to the Present* (Baltimore: Johns Hopkins University Press, 1996), 92.
29. Peggy Cooper Davis, "Neglected Stories and the Lawfulness of Roe v. Wade," *Harvard Civil Rights–Civil Liberties Law Review* 28, no. 299 (1993): 375.
30. See Carol Anderson, *White Rage: The Unspoken Truth About Our Racial Divide* (New York: Bloomsbury, 2017).
31. Solinger, *Pregnancy and Power*, 63–65.
32. Alice Kessler-Harris, *Out to Work: A History of Wage-Earning Women in America* (New York: Oxford University Press, 2003), 98.
33. Lillie Devereux Blake, testimony of September 18, 1883, in US

7. Reagan, *When Abortion Was a Crime*, 8–14.
8. James Mohr, *Abortion in America: The Origins and Evolution of National Policy* (New York: Oxford University Press, 1978), 50.
9. Janet Farrell Brodie, *Contraception and Abortion in Nineteenth-Century America* (Ithaca, NY: Cornell University Press, 1994), 227.
10. Discussed in William D. Haggard, "Abortion: Accidental, Essential, Criminal," address before the Nashville Academy of Medicine, August 4, 1898; see also Carroll Smith-Rosenberg, *Disorderly Conduct: Visions of Gender in Victorian America* (New York: Oxford University Press, 1986), 221.
11. Daniel K. Williams, *Defenders of the Unborn: The Pro-Life Movement Before* Roe v. Wade (New York: Oxford University Press, 2016), 13.
12. Dale Cockrell, *Demons of Disorder: Early Blackface Minstrels and Their World* (New York: Cambridge University Press, 1997), 96–98; Dixon, *Trial of Madame Restell*, 5.
13. Multiple classified advertisements, *New York Herald*, December 10, 1841.
14. Dixon, *Trial of Madame Restell*, 3.
15. Carlson, *Crimes of Womanhood*, 118–120.
16. Sarah Gristwood, *Elizabeth and Leicester: The Truth About the Virgin Queen and the Man She Loved* (New York: Viking Penguin, 2007), 125.
17. Kate Clifford Larson, *Bound for the Promised Land: Harriet Tubman, Portrait of an American Hero* (New York: Random House, 2004), 260.
18. Josef Ehmer, "The Significance of Looking Back: Fertility Before the 'Fertility Decline,'" *Historical Social Research/Historische Sozialforschung* 36, no. 2 (2011): 24.
19. John M. Riddle, *Eve's Herbs: A History of Contraception and Abortion in the West* (Cambridge, MA: Harvard University Press, 1997), 54; Aine Collier, *The Humble Little Condom: A History* (Buffalo, NY: Prometheus Books, 2010), 29; Timothy Taylor, *The Prehistory of Sex: Four Million Years of Human Sexual Culture* (New York: Bantam Books, 1996), 86–87; David Michael Feldman, *Birth Control in Jewish Law: Marital Relations, Contraception, and Abortion as Set Forth in the Classic*

Meaning,'" *The Guardian*, May 25, 2018, www.theguardian.com/books/2018/may/25 /sheila-heti-motherhood-interview.

53. "The Ghost Ship That Didn't Carry Us," Dear Sugar, *The Rumpus*, April 21, 2011, https://therumpus.net/2011/04/dear-sugar-the-rumpus -advice-column-71-the-ghost-ship-that-didnt-carry-us.
54. See Jenny Brown, *Birth Strike: The Hidden Fight over Women's Work* (Oakland, CA: PM Press, 2019).
55. Tavernise et al., "Why American Women Everywhere Are Delaying Motherhood."
56. Michel-Rolph Trouillot, *Silencing the Past: Power and the Production of History* (Boston: Beacon Press, 1995), 24.

第一章　因為我們總得做選擇

1. George Washington Dixon, *Trial of Madame Restell, Alias Ann Lohman, for Abortion and Causing the Death of Mrs. Purdy* (New York, 1841), 3; Clifford Browder, *The Wickedest Woman in New York: Madame Restell, the Abortionist* (Hamden, CT: Archon Books, 1988), 42.
2. Marvin Olasky, "Advertising Abortion in the 1830s and 1840s: Madame Restell Builds a Business," *Journalism History* 13, no. 2 (Summer 1986): 49–50.
3. A. Cheree Carlson, *The Crimes of Womanhood: Defining Femininity in a Court of Law* (Urbana: University of Illinois Press, 2009), 112–113, 120.
4. Leslie J. Reagan, *When Abortion Was a Crime: Women, Medicine, and Law in the United States, 1867–1973* (Berkeley: University of California Press, 1997), 8–9.
5. Madame Restell, *The Wonderful Trial of Caroline Lohman, Alias Restell, with Speeches of Counsel, Charge of Court, and Verdict of Jury* (New York: Burgess Stringer & Co., 1847), 17.
6. Rickie Solinger, *Pregnancy and Power: A Short History of Reproductive Politics in America* (New York: New York University Press, 2005), 55.

of Native American Women," *American Indian Quarterly* 24, no. 3 (Summer 2000): 400.

44. Maya Manian, "Immigration Detention and Coerced Sterilization: History Tragically Repeats Itself," ACLU News & Commentary, September 29, 2020, www.aclu.org/news/immigrants-rights/immigration -detention-and-coerced-sterilization-history-tragically-repeats-itself.
45. Mary Harris and Laurie Bertram Roberts, "What Happens to the Pro-Choice Movement Now," October 26, 2020, in *What Next*, podcast, https://slate.com/transcripts/cUdVY0F0WGcvWEo5alFkUVR0KzhRbUdDL2E1eEdRQk85RDB2ZXhUS1VDZz0=.
46. Gladys Martinez, Kimberly Daniels, Anjani Chandra, "Fertility of Men and Women Aged 15–44 Years in the United States: National Survey of Family Growth, 2006–2010," *National Health Statistics Reports*, no. 51 (April 12, 2012): 4.
47. Tomas Frejka, "Childlessness in the United States," in *Childlessness in Europe: Contexts, Causes, and Consequences*, eds. Michaela Kreyenfeld and Dirk Konietzka (Cham, Switzerland: Springer, 2017), 169.
48. Kristen J. Wilson, *Not Trying: Infertility, Childlessness, and Ambivalence* (Nashville, TN: Vanderbilt University Press, 2014), 25.
49. Lauren Bauer, Sara Estep, and Winnie Yee, "Time Waited for No Mom in 2020," Brookings, July 22, 2021, www.brookings.edu/blog/up -front/2021/07/22/time-waited-for-no-mom-in-2020. Data taken from 2020 American Time Use Survey, published by the US Bureau of Labor Statistics, July 22, 2021.
50. Hooleeya M-N (@hooleeya), "But also, there's a reason I chose not to have kids and while being stuck at home for weeks during a pandemic wasn't explicitly one, it isn't far off.," Twitter, March 16, 2020, https://twitter.com /hooleeya/status/1239714705947660291.
51. Natalie Zemon Davis, "'Women's History' in Transition: The European Case," *Feminist Studies* 3, no. 3/4 (Spring–Summer 1976): 90.
52. This is paraphrased from Emma Brockes, "Sheila Heti: 'There's a Sad- ness in Not Wanting the Things That Give Others Their Life's

millennials -end-and-generation-z-begins.
33. Anna Louie Sussman, "The Sexual-Health Supply Chain Is Broken," *The Atlantic*, June 8, 2020, www.theatlantic.com/international/archive/2020/06 /coronavirus-pandemic-sex-health-condoms-reproductive-health /612298.
34. Laura D. Lindberg, Alicia VandeVusse, Jennifer Mueller, and Marielle Kirstein, "Early Impacts of the COVID-19 Pandemic: Findings from the 2020 Guttmacher Survey of Reproductive Health Experiences," Guttmacher Institute, June 2020, www.guttmacher.org/report/early-impacts-covid-19 -pandemic-findings-2020-guttmacher-survey-reproductive-health#.
35. Quote from Dr. Meera Shah, chief medical officer of Planned Parenthood Hudson Peconic, in AP, "Abortion Demand Rising Amid Pandemic," CBS News, April 14, 2020, www.cbsnews.com/news/abortion-demand -rising-amid-pandemic.
36. Lindberg et al., "Early Impacts of the COVID-19 Pandemic."
37. Quoted in Natalie Gontcharova, "Yes, the 'COVID Baby Bust' Is Real—Unless You're Rich," *Refinery29*, March 3, 2021, www.refinery29.com/en-us/2021/03/10320247/covid-pregnancy-baby-bust.
38. Jennifer Nelson, *Women of Color and the Reproductive Rights Movement* (New York: New York University Press, 2003), 3.
39. Theodore Roosevelt, "On American Motherhood," delivered to the National Congress of Mothers, March 13, 1905, in Melody Rose, *Abortion: A Documentary and Reference Guide* (Westport, CT: Greenwood Press, 2008), 24.
40. Donna Haraway, "Making Kin in the Chthulucene: Reproducing Multispecies Justice," in *Making Kin Not Population*, 68.
41. Linda Gordon, *Women's Body, Women's Right: Birth Control in America* (New York: Grossman, 1976), 332.
42. Dorothy E. Roberts, *Killing the Black Body: Race, Reproduction, and the Meaning of Liberty* (New York: Vintage Books, 1999), 90; Clarke and Har- away, *Making Kin Not Population*, 55.
43. Jane Lawrence, "The Indian Health Service and the Sterilization

MarketWatch, November 10, 2021, www.marketwatch.com/story/international-adoptions-dropped-by -nearly-half-during-2020-but-covid-19-only-helped-to-accelerate-a-years -long-decline-11636496504.

26. According to data from the Pew Research Center, as of 2018, 55 percent of millennial women had experienced at least one live birth. Amanda Barroso, Kim Parker, and Jesse Bennett, "As Millennials Near 40, They're Approach- ing Family Life Differently Than Previous Generations," Pew Research Center, May 27, 2020, www.pewresearch.org/social-trends/2020/05/27/as-millennials-near-40-theyre-approaching-family-life-differently -than-previous-generations.
27. Anna Brown, "Growing Share of Childless Adults in U.S. Don't Expect to Ever Have Children," Pew Research Center, November 19, 2021, www .pewresearch.org/fact-tank/2021/11/19/growing-share-of-childless-adults-in-us-dont-expect-to-ever-have-children.
28. According to data from the World Bank, "Fertility Rate, Total (Births per Woman)—East Asia and Pacific," https://data.worldbank.org/indicator /SP.DYN.TFRT.IN?locations=Z4.
29. "Fertility Statistics," Eurostat Statistics Explained, March 2021, https://ec.europa.eu/eurostat/statistics-explained/index.php?title=Fertility_statistics#live_births_per_woman_in_the_EU_in_2019; East-West Center, "The Influence of Family Policies on Fertility in France" (policy brief no. 7, United Nations Expert Group Meeting on Policy Responses to Low Fertility, November 2–3, 2015).
30. Hamilton, Martin, and Osterman, "Births: Provisional Data for 2021."
31. Sabrina Tavernise, Claire Cain Miller, Quoctrung Bui, and Robert Gebeloff, "Why American Women Everywhere Are Delaying Mother- hood," *New York Times*, June 16, 2021, www.nytimes.com/2021/06/16/us /declining-birthrate-motherhood.html.
32. The Pew Research Center defines millennials as people born be- tween 1981 and 1996. Michael Dimock, "Defining Generations: Where Millennials End and Generation Z Begins," Pew Research Center, January 17, 2019, www.pewresearch.org/fact-tank/2019/01/17/where-

-liberal-pope-ever; Stephanie Kirchgaessner, "Pope Francis: Not Having Children Is Selfish," *The Guardian*, February 11, 2015, www. theguardian .com/world/2015/feb/11/pope-francis-the-choice-to-not-have-children-is -selfish.

16. Quoted in "Pope Francis Says Choosing Pets Over Kids Is Selfish," BBC News, January 5, 2022, www.bbc.com/news/world-europe -59884801.
17. Amy Blackstone, *Childfree By Choice: The Movement Redefining Family and Creating a New Age of Independence* (New York: Dutton, 2019), 25–26.
18. Adrienne Rich, *Of Woman Born: Motherhood as Experience and Institution* (1986; repr., New York: W. W. Norton, 1995), 11.
19. Quoted in Frank F. Furstenburg, Sheela Kennedy, Vonnie C. McCloyd, Ruben G. Rumbaut, and Richard A. Setterstein Jr., "Growing Up Is Harder To Do," *Contexts* 3, no. 3 (August 2004): 35.
20. See Stanlie M. James, "Mother*ing*: A Possible Black Feminist Link to Social Transformation," in *Theorizing Black Feminisms: The Visionary Prag- matism of Black Women*, eds. Stanlie M. James and Abena P. A. Busia (New York: Routledge, 1993), 34–54.
21. bell hooks, "Revolutionary Parenting," in *Feminist Theory: From Margin to Center* (New York: Routledge, 2016), 133–147.
22. Lawrence Stone, *The Family, Sex and Marriage in England, 1500–1800* (New York: Harper & Row, 1977), 7–9.
23. Elaine Tyler May, *Barren in the Promised Land: Childless Americans and the Pursuit of Happiness* (New York: Basic Books, 1996), 12.
24. Brady E. Hamilton, Joyce A. Martin, and Michelle J. K. Osterman, "Births: Provisional Data for 2021," National Center for Health Statistics, Vital Statistics Rapid Release report no. 20, May 2022, www. cdc.gov/nchs /data/vsrr/vsrr020.pdf.
25. Jo Jones and Paul Placek, *Adoption: By the Numbers* (Alexandria, VA: National Council for Adoption, 2017), ii; Katherine Wiles, "International Adoptions Dropped by Nearly Half During 2020. But COVID-19 Only Helped to Accelerate a Years-Long Decline,"

5. J. Christopher Herold, *The Age of Napoleon* (New York: Mariner Books, 2002), 434.
6. Linda K. Kerber, *Women of the Republic: Intellect and Ideology in Revolu- tionary America* (Chapel Hill: University of North Carolina Press, 1980), 11.
7. Myra Bradwell v. State of Illinois, 83 U.S. 130 (1873), 141.
8. The video has since been deleted. Quoted in Dayna Evans, "Ivanka Trump Says a Woman's Most Important Job Is Being a Mother," *The Cut*, October 3, 2016, www.thecut.com/2016/10/ivanka-trump-says-a-womans-most-important-job-is-motherhood.html.
9. White House, "Remarks by the First Lady at Tuskegee University Commencement Address," news release, May 9, 2015, https://obamawhite house.archives.gov/the-press-office/2015/05/09/remarks-first-lady-tuskegee-university-commencement-address.
10. Amy Chozik, "Hilary Clinton and the Return of the (Unbaked) Cookies," *New York Times*, November 5, 2016, www.nytimes.com/2016/11/06/us /politics/hillary-clinton-cookies.html.
11. Anastasia Berg, "Now Is as Good a Time as Ever to Start a Family," *New York Times*, April 30, 2020, www.nytimes.com/2020/04/30/opinion /coronavirus-pregnancy.html; Tom Whyman, "Why, Despite Everything, You Should Have Kids (If You Want Them)," *New York Times*, April 13, 2021, www.nytimes.com/2021/04/13/opinion/baby-bust-covid-philosophy-natalism.html.
12. Ross Douthat, "More Babies, Please," December 1, 2012, www.nytimes .com/2012/12/02/opinion/sunday/douthat-the-birthrate-and-americas -future.html.
13. Senator Mike Lee, "Remarks on the Green New Deal," March 26, 2019, www.lee.senate.gov/2019/3/remarks-on-the-green-new-deal.
14. Quoted in Caroline Vakil, "JD Vance Takes Aim at Culture Wars, Childless Politicians," *The Hill*, July 23, 2021, https://thehill.com/homenews /senate/564646-jd-vance-takes-aim-at-culture-wars-and.
15. Keith Wagstaff, "Is Francis the Most Liberal Pope Ever?," *The Week*, January 9, 2015, https://theweek.com/articles/461664/francis-most

文獻索引

作者小記

1. Sheila Heti, *Motherhood* (New York: Henry Holt, 2018), 157–158.
2. Adele E. Clarke, "Introduction," in *Making Kin Not Population*, eds. Adele E. Clarke and Donna Haraway (Chicago: Prickly Paradigm Press, 2018), 30–31.

序言　為什麼我們不要生小孩

1. Sheila Heti, *Motherhood* (New York: Henry Holt, 2018), 90.
2. I'm thinking specifically of the episode titled "Cherry" of the 2018 HBO miniseries *Sharp Objects*, but there are many, many other examples.
3. *House of Cards*, season 4, episode 12, "Chapter 51," directed by Jakob Verbruggen, Netflix, March 4, 2016.
4. Meredith Hale, "5 Things People Without Kids Just Don't Understand," *Scary mommy*, September 29, 2015, www.scarymommy.com/5-things-people -without-kids-just-dont-understand/; Natalie Stechyson, "I Didn't Lose Friends After Having Kids. I Just Moved On," *HuffPost*, September 16, 2019, www.huffpost.com/archive/ca/entry/losing-friends-after-kids_ca_5d76ab bee4b0752102312651; "Can Mothers and Childless Women Ever Truly Be Friends? Two Writers Explain Why They Believe These Relationships Rarely Work Out," *Daily Mail*, October 11, 2017, www.dailymail.co.uk /femail/article-4971826/Can-mothers-childless-women-truly-friends.html.

Beyond 52

沒有小孩的她們：一段女性抉擇生與不生孩子的歷史

Without Children: The Long History of Not Being a Mother

作者——佩吉．歐唐納．海芬頓（Peggy O'Donnell Heffington）
譯者——廖素珊
執行長——陳蕙慧
副總編輯——洪仕翰
責任編輯——宋繼昕
行銷總監——陳雅雯
行銷——趙鴻祐、張偉豪、張詠晶
封面設計——誠美作
排版——宸遠彩藝
出版——衛城出版／左岸文化事業有限公司
發行——遠足文化事業股份有限公司（讀書共和國出版集團）
地址——二三一四一 新北市新店區民權路一〇八—三號八樓
電話——〇二—二二一八一四一七
傳真——〇二—二二一八〇七二七
客服專線——〇八〇〇—二二一〇二九
法律顧問——華洋法律事務所 蘇文生律師
印刷——呈靖彩藝有限公司
初版——二〇二三年九月
定價——四五〇元

國家圖書館出版品預行編目資料

沒有小孩的她們：一段女性抉擇生與不生孩子的歷史/佩吉.歐唐納.海芬頓(Peggy O'Donnell Heffington)著；廖素珊譯.
－初版.－新北市：衛城出版，左岸文化事業股份有限公司出版：遠足文化事業股份有限公司發行，2023.09
面； 公分.--（Beyond；52）
譯自：Without children : the long history of not being a mother
ISBN 978-626-7052-96-9（平裝）
1. CST: 女性 2. CST: 生育 3. CST: 女性心理學
544.5 112013337

ISBN 9786267052969（紙本）
9786267052983（PDF）
9786267052976（EPUB）

ACRO POLIS 衛城
email acropolismde@gmail.com
facebook www.facebook.com/acrolispublish